21世纪高等院校教材——法学系列

刑法总论

（第二版）

主　编　陈建清　王学沛

撰稿人　（按姓氏笔画排序）

王小青　王志华　王学沛　王联合

邓定永　刘期湘　杨　静　肖吕宝

陈建清　柳国斌　谢雄伟　廖劲敏

科学出版社

北　京

内 容 简 介

本书共17章，涉及刑法概述、犯罪论、刑事责任论和刑罚论四个部分，系统介绍了刑法的概念、原理和制度。其中，犯罪论范畴详细阐述了犯罪构成及排除犯罪事由、犯罪形态、共同犯罪和罪数等原理；刑事责任论范畴阐述了刑事责任的概念、根据和实现方式等内容；刑罚论范畴重点阐明了刑罚体系和刑罚的量刑、执行、消灭制度。全书具有以下特点：①内容新。融入了最新的立法动向和司法解释。②理论与实践兼顾。将理论的阐述与司法解释、司法实务紧密结合。③结构严谨。章节严谨合理、内容详略得当、篇幅适中。④格式新颖。章前有“重点提示”，章后有“复习题”及“相关法规和司法解释”，便于读者自学时把握各章重点和难点。

本书主要适用于高等院校法学专业本科生，同时也适宜于法学专业专科、成人教育以及自学法学的读者。

图书在版编目（CIP）数据

刑法总论 / 陈建清，王学沛主编.——第二版 .——北京：科学出版社，2012

21世纪高等院校教材 . 法学系列

ISBN 978-7-03-034988-0

Ⅰ. 刑… Ⅱ. ①陈…②王… Ⅲ. 刑法-中国-高等学校-教材 Ⅳ. D924.01

中国版本图书馆CIP数据核字（2012）第134131号

责任编辑：徐　蕊 / 责任校对：陈玉凤
责任印制：徐晓晨

科学出版社出版
北京东黄城根北街16号
邮政编码：100717
http://www.sciencep.com

北京虎彩文化传播有限公司 印刷

科学出版社发行　各地新华书店经销

*

2008年2月第　一　版　　开本：720×1000 1/16
2012年6月第　二　版　　印张：15
2019年2月第四次印刷　　字数：287 000

定价：42.00 元

（如有印装质量问题，我社负责调换）

第二版前言

本教材为广东商学院“十一五”规划教材系列丛书之一，由广东商学院牵头，联合华南农业大学、湖南商学院、广东警官学院、广东嘉应学院的刑法专职教师合作编写完成。本教材于2008年2月由科学出版社出版第一版，为使本教材的内容更加充实、体例更加完善，在科学出版社的大力支持下，我们对教材进行了全面的修改并交付再版。

全书具有以下几个显著特点：①内容新。本书涵盖了全国人民代表大会常务委员会通过的《关于惩治骗购外汇、逃汇和非法买卖外汇犯罪的决定》、八个《刑法修正案》和九个立法解释以及最新的司法解释的内容，使得教材内容更为丰富和完整。②理论性与应用性统一。本书对刑法学基本概念和原理的阐述力求深入浅出，并紧密结合现行立法及司法解释的相关规定，通过适当的案例解析，使理论知识得以具体而鲜活。同时，对于存在争论的观点和问题，本书均以通说为主，更体现教材内容的权威性和一致性。③体系完整、结构严谨。本书共17章，较完整地覆盖了刑法学总论的知识内容。在章节编排上以现行刑法典体例为基础，并进行了合理的调整，使本书结构更为严谨、科学。④格式新颖。本书在每章之前列有“重点提示”，在各章之后有“复习题”以及“相关法规和司法解释”，便于系统、深入地进行教学和读者自学。

本书主要适用于高等院校法学专业本专科生，同时也适用于法学专业成人教育和自学法学的读者。

本书由陈建清、王学沛主编，各章（节）的撰写者分别是：廖劲敏（第一章、第二章）；陈建清（第三章、第六章）；邓定永（第四章）；刘期湘（第五章）；肖吕宝（第七章）；王联合（第八章）；谢雄伟（第九章、第十章）；杨静（第十一章）；柳国斌（第十二章、第十三章）；王小青（第十四章）；王学沛（第十五章、第十六章）；王志华（第十七章）。全书最后由陈建清、王学沛统审定稿。

由于水平所限，书中不足与疏漏之处难免，敬请广大读者指正。

编　者

2012年1月10日

目　　录

第一章　刑法概论

【重点提示】

- 刑法的性质
- 罪刑法定原则的含义
- 罪责刑相适应原则的含义和司法适用
- 刑法空间效力的概念和原则
- 刑法溯及力的概念及原则

第一节　刑法的概念、渊源与分类

一、刑法的概念

我国刑法理论界关于刑法概念的提法，主要有三种。第一种认为："刑法是掌握国家政权的统治阶级，为了维护本阶级的统治和利益，根据自己的意志，规定何种行为是犯罪并对该行为处以何种刑罚的法律。"① 第二种认为："刑法是掌握政权的阶级，为了维护其阶级利益，根据本阶级的意志，以国家名义颁布的、规定犯罪及其刑事责任的法律规范的总和。"② 第三种认为："刑法是规定犯罪、刑事责任和刑罚的法律。具体些说，刑法是掌握政权的阶级即统治阶级，为了维护本阶级政治上的统治和经济上的利益，根据自己的意志，规定哪些行为是犯罪和负刑事责任，并给犯罪以何种刑罚处罚的法律。"③ 我们赞同第三种提法，因为它不仅揭示了刑法的阶级本质和法律特征，而且科学地揭示了刑法的内容。我国刑法以及德国、法国、俄罗斯等国刑法，除规定了什么行为是犯罪外，还规定了刑事责任和刑罚。所以，在刑法的定义中，不反映刑事责任或者不反映刑罚，都是不全面的。只有将犯罪、刑事责任和刑罚完全反映出来，才符合我国以及上述其他国家刑法的实际。

---

① 何秉松：《刑法教程》，中国法制出版社，1998 年，第 8 页。

② 张明楷：《刑法学》（上），法律出版社，1997 年，第 11 页。

③ 高铭暄、马克昌：《刑法学》（上编），中国法制出版社，1999 年，第 3 页。

二、刑法的渊源

所谓刑法的渊源，是指刑法的表现形态。我国刑法的渊源主要有三种，分别是刑法典、单行刑法和附属刑法。

刑法典是指国家以刑法名称颁布的、系统规定犯罪、刑事责任及其刑罚的法律。我国 1979 年颁布的《中华人民共和国刑法》以及 1997 年经过修订颁布的《中华人民共和国刑法》，可谓刑法典①。当人们说“《刑法》第××条”或“根据《刑法》有关规定”等时，其中的“刑法”都是指上述刑法典。目前，刑法的渊源基本上是新刑法典。

单行刑法是指国家以决定、规定、补充规定、条例等名称颁布的规定某一类犯罪及其刑事责任或者刑法的某一事项的法律。1981 年 6 月至 1995 年 10 月，全国人民代表大会常务委员会颁布了 23 个单行刑法，这些单行刑法要么是针对旧刑法典的漏洞作了增加规定，要么是针对旧刑法典的不完善作了补充规定，要么是针对旧刑法典的缺陷作了修改规定。但随着新刑法典的颁布与施行，其中，《惩治军人违反职责罪暂行条例》等 15 个单行刑法被废止；《关于禁毒的决定》等 7 个单行刑法有关刑事责任的规定失去效力，有关行政处罚与行政措施的规定则继续有效。这是因为上述 23 个单行刑法的内容基本上都能纳入新刑法。

附属刑法是指附带规定于经济法、行政法等非刑事法律中的罪刑规范。旧刑法公布后，出现了 130 余个附属刑法条文，对惩治犯罪起到了一定作用。但随着新刑法的颁布与施行，这些附属刑法规范基本上都失去了效力。

此外，民族自治地方的省级人民代表大会根据当地民族的政治、经济、文化特点和刑法典的基本原则制定的变通或补充规定，也是我国刑法的渊源。但这种规定只在特定地域适用，并没有普遍的效力。

三、刑法的分类

在刑法理论上，根据不同的标准，可以将刑法做不同的分类。较为常见的刑法分类主要有以下几种：

第一，以刑法内涵的情况为标准，可以将刑法分为广义刑法与狭义刑法两大类。所谓广义刑法，是指规定犯罪、刑事责任和刑罚的一切法律，包括刑法典、

---

① 本书通常所称的刑法与刑法典，是指 1997 年 3 月修订后的《中华人民共和国刑法》；在需要比较说明等情况下，将 1979 年颁布的《中华人民共和国刑法》称为旧刑法或旧刑法典，将 1997 年 3 月修订的《中华人民共和国刑法》称为新刑法或新刑法典。

单行刑法和附属刑法。所谓狭义刑法，是指具有法典形式的刑法。“刑法”一词常常在狭义上使用，但有时也在广义上使用。

第二，以刑法适用的情况为标准，可以将刑法分为普通刑法和特别刑法两大类。所谓普通刑法，是指具有普遍适用性质的刑法。普通刑法适用的范围很广，原则上不论对什么人、什么事（犯罪），在什么时间、什么地域均可能适用。刑法典、刑法修正案均属之。所谓特别刑法，是指仅适用于特别人、特别事（犯罪）或仅在特别时间、特别地域适用的刑法。现行的单行刑法和附属刑法，均属特别刑法。这里需要指出的是，普通刑法与特别刑法是相对而言的。一个行为既触犯普通刑法又触犯特别刑法时，根据特别法优于普通法的原则，应当适用特别刑法。

第三，以刑法外形表现的情况为标准，可以将刑法分为形式刑法和实质刑法两大类。所谓形式刑法，是指从外形上或名称上一看便知其为刑法的法律，刑法典和单行刑法均属之。例如，《中华人民共和国刑法修正案》（以下简称《刑法修正案》），从名称上即可知其为刑法，所以是形式刑法。所谓实质刑法，是指从外形上或名称上看不出是刑法，但其内容却规定了犯罪、刑事责任和刑罚的法律条款，各种附属刑法均属之。例如，《中华人民共和国药品管理法》中规定犯罪、刑事责任和刑罚的条款，是实质刑法。形式刑法由于均以规定犯罪、刑事责任和刑罚为内容，所以又被称为单一刑法。而实质刑法由于将犯罪、刑事责任和刑罚附于某一法律中，所以又被称为附属刑法。

第四，以规定犯罪的情况为标准，可以将刑法分为司法刑法和行政刑法两大类。所谓司法刑法，又称犯罪刑法或固有刑法，是指规定以反社会伦理道德为前提的犯罪的刑法。刑法典中规定杀人、放火、抢劫、强奸等犯罪的条文，都是司法刑法。所谓行政刑法，有广义与狭义之分。广义的行政刑法，是指规定对违反行政法的行为加以制裁的法律。这里所指的制裁，包括行政罚与刑罚。狭义的行政刑法，是指规定某些违反行政法的行为构成犯罪并使之负刑事责任、受刑罚处罚的法律。通常认为，将仅受行政罚的法律称为行政刑法是不妥当的，因为它与刑法的定义不相符合。所以，行政刑法应当只限于狭义的层面。

第二节 刑法的性质、任务与功能

一、刑法的性质

刑法的性质有两层含义，一是刑法的阶级性质，二是刑法的法律性质。

第一，刑法的阶级性质。刑法和其他法律一样不是从来就有的，它是历史发展到一定阶段的产物，是在原始社会末期，随着私有制、阶级和国家的产生而产生的。刑法是统治阶级根据自己的意志制定的，是统治阶级对被统治阶级实行专政的工具。刑法规定的基本内容是犯罪、刑事责任和刑罚，也就是通过对犯罪人追究刑事责任和适用刑罚来为统治阶级服务。刑法的阶级本质是由国家的阶级本质决定的。一切剥削阶级国家的刑法，包括奴隶制国家刑法、封建制国家刑法和资产阶级国家刑法，尽管因国家类型不同和朝代更替使得刑法的内容和形式有所差异，但它们都是以生产资料私有制为基础，反映剥削阶级意志并为剥削阶级服务的，它们都是镇压人民的工具，这就是剥削阶级国家刑法的共同阶级本质。当然，剥削阶级国家刑法为了自身的整体利益，也处罚统治阶级内部的某些犯罪人，也规定了一些所谓保护全体人民利益的条款，但这并不能掩盖剥削阶级国家的刑法的阶级性。与此不同，我国刑法是社会主义类型的刑法。我国刑法建立在以生产资料公有制为主体，多种经济成分共同发展的经济基础之上，反映工人阶级领导的广大人民群众的意志，保卫社会主义的根本制度和国家政权，维护广大人民群众的合法权益，因此，我国刑法与剥削阶级国家刑法是有本质区别的。

第二，刑法的法律性质。刑法作为法律体系的重要组成部分，与其他部门法如民法、行政法等比较起来，有两个显著的特点：首先，刑法所保护的社会关系的范围更为广泛。刑法所保护的是所有受到犯罪侵害的社会关系，这些社会关系具有广泛性的特点，涉及社会生活的各个方面，既涉及经济基础，也涉及上层建筑。而民法、行政法等部门法所保护和调整的只能是某种特定的社会关系。比如，民法所调整的只能是一定范围内的财产关系和人身关系；行政法所调整的只能是一定的行政关系。还必须指出，所有这些部门法所保护和调整的社会关系，也都同时借助刑法的保护和调整。比如，假冒注册商标、偷税分别属于违反商标法、税收征收管理法的行为，需由工商行政管理部门、税务部门来处理，但如果数量大、情节严重的，则分别构成假冒注册商标罪、偷税罪，应由司法机关依照刑法的有关规定论处。可见，从这个意义上讲，刑法是其他部门法的保护法。如果把其他部门法比做“第一道防线”，刑法则是“第二道防线”，没有刑法作后盾、作保证，其他部门法往往难以得到彻底贯彻实施。其次，刑法的强制性最为严厉。任何法律都有强制性，任何侵犯法律所保护的社会关系的行为人，都必须承担相应的法律后果，受到国家强制力的干预。例如，违反民法的，要承担民事责任；违反治安管理处罚法的，要受到治安管理处罚；等等。但是，所有这些强制，都不及刑法对犯罪分子适用刑罚这种强制方法严厉。因为刑罚不仅可以剥夺犯罪分子的财产，限制或剥夺犯罪分子的人身自由，剥夺犯罪分子的政治权利，而且在最严重的情况下还可以剥夺犯罪分子的生命。像这样严厉的强制性，是任何其他法律所没有的。

二、刑法的任务

我国《刑法》第 2 条规定：“中华人民共和国刑法的任务，是用刑罚同一切犯罪行为作斗争，以保卫国家安全，保卫人民民主专政的政权和社会主义制度，保护国有财产和劳动群众集体所有的财产，保护公民私人所有的财产，保护公民的人身权利、民主权利和其他权利，维护社会秩序、经济秩序，保障社会主义建设事业的顺利进行。”由此可见，我国刑法的任务包括惩罚和保护两个方面，惩罚的任务是完成保护的任务的手段，保护的任务是惩罚的任务所要达到的目的。二者紧紧联系，不可偏废。

（一）刑法的惩罚的任务

我国《刑法》第 2 条明确揭示了刑法的惩罚任务，即“用刑罚同一切犯罪行为作斗争”。它包含三层意思：其一，用刑罚同犯罪行为作斗争，即对犯罪行为判处刑罚或以刑罚相威胁，这显示了刑法的特色。其二，这里讲的是同犯罪行为作斗争，而不是同犯罪思想作斗争。因为只有行为才可能引起外界的变化，才可能造成危害社会的结果。其三，所谓同一切犯罪行为作斗争，就是既要同危害国家安全的犯罪作斗争，也要同普通刑事犯罪作斗争。

（二）刑法的保护的任务

根据《刑法》第 2 条的规定，刑法的保护任务有以下四个方面：

第一，保卫国家安全，保卫人民民主政权和社会主义制度。国家安全是国家生存和发展的根本前提，是人民根本利益的集中体现。保护国家安全是我国刑法的首要任务。为此，我国《刑法》将危害国家安全罪置于分则第一章，列为各类犯罪之首，并对其规定了特别严厉的刑罚。

第二，保护社会主义的经济基础。经济基础是与一定社会的历史阶段的生产力水平相适应的生产关系的总和，它是进行经济建设、提高人民群众物质文化生活水平的物质保障，其主要内容是生产资料所有制形式以及与之相联系的生产、分配、流通的形式。现阶段，我国实行的是以生产资料公有制为主体、多种所有制并存的所有制形式和社会主义市场经济。我国刑法保护社会主义经济基础，就是保护社会主义公共财产和公民私人所有的合法财产，保护社会主义市场经济。我国刑法设置“破坏社会主义市场经济秩序罪”和“侵犯财产罪”两章犯罪，就是为了同这些犯罪作斗争，以保障社会主义的经济基础。

第三，保护公民的人身权利、民主权利和其他权利。保护公民的人身权利、民主权利和其他权利，是社会主义制度优越性的体现，是刑法的一项重要任务。人身权利是指人身安全和其他与人身有关的权利，如生命、健康等权利。民主权利则是指依法参与国家管理和参加社会生活的权利，如选举权与被选举权、宗教信仰自由权等。其他权利则是指上述人身权利、民主权利以外的权利，如婚姻自由权等。为了保护公民的上述权利，我国刑法对杀人、伤害、绑架等严重侵犯人身权利的犯罪，规定了严厉的刑罚；同时规定了破坏选举罪、侵犯通信自由罪、暴力干涉婚姻自由罪、虐待罪等，以便用刑罚方法同侵犯公民民主权利和其他权利的犯罪行为作斗争。

第四，维护良好的社会秩序，保障社会主义建设事业的顺利进行。稳定良好的社会秩序，是保障社会主义建设事业顺利进行的必要条件。因此，维护社会秩序是我国刑法的又一重要任务。为此，我国刑法设置了“危害公共安全罪”、“妨害社会管理秩序罪”、“渎职罪”等专章，对放火罪、交通肇事罪、妨害公务罪、招摇撞骗罪、滥用职权罪、玩忽职守罪等犯罪，规定了相应的刑罚，以便维护稳定良好的社会秩序。

三、刑法的功能

所谓刑法的功能，就是指刑法可以产生的积极作用。关于刑法的功能，学术界的观点并不统一。其中，多数学者认为，刑法具有以下三个方面的主要功能：

第一，刑法的规制功能，也可称为维持秩序功能。即对人们的行为加以规制，或者说维护社会的正常秩序，当然此功能并不限于刑法，其他法律甚至道德也有这种功能，只是刑法的形式比较独特。刑法将一定的行为规定为犯罪并规定与之相适应的刑罚，表明国家对这种行为的否定的价值评判，根据刑法的规定，公民必须禁止实施某种行为，或者必须实施某种行为。公民按照刑法中包含的行为规范规制自己的行为，从而维持了社会的正常秩序。

第二，刑法的保护功能，也可称为保护法益功能。所谓法益，就是指法律所保护的国家、社会或个人的利益。刑法将侵害一定利益的行为规定为犯罪并规定相应的刑罚，从行为人的角度来看，这是要求行为人必须规制自己的行为，不得侵害任何法益；而从可能遭受侵害的法益的角度来看，这是对国家、社会或个人的法益的保护。

第三，刑法的保障功能，也可称为保障人权功能。即刑法要限制国家权力的滥用，保障公民不受刑罚权的非法侵害，同时还要保障有犯罪行为的人不受刑法规定之外的刑罚处罚。我国《刑法》明确规定实行罪刑法定原则，“法无明文规定不为罪，法无明文规定不处罚”，行为人只有实施了刑法规定为犯罪的行为，才受到刑法追究；没有实施刑法规定为犯罪的行为，则不受刑法追究。即使实施了刑法规定为犯罪的行为，也必须依照刑法的规定追究。既不能为了加重处罚而随意更改罪名，更不能法外用刑。

第三节 刑法的体系与解释

一、刑法的体系

刑法的体系就是指刑法的组成和结构，它有广义与狭义之分。广义的刑法体系指刑法的各种渊源（刑法典、单行刑法、附属刑法）及其相互关系；狭义的刑法体系则是指刑法典的组成和结构。这里所说的刑法体系，通常是指狭义的刑法体系。我国新《刑法》分为总则、分则和附则三个部分。其中总则、分则各为一编，在编之下，再根据法律规范的性质和内容有次序地划分为章、节、条、款、项等层次。

我国新《刑法》第一编为总则，共五章，即刑法的任务、基本原则和适用范围，犯罪，刑罚，刑罚的具体运用，其他规定。第二编为分则，共十章，即危害国家安全罪，危害公共安全罪，破坏社会主义市场经济秩序罪，侵犯公民人身权利、民主权利罪，侵犯财产罪，妨害社会管理秩序罪，危害国防利益罪，贪污贿赂罪，渎职罪，军人违反职责罪。刑法总则第二章、第三章和第四章的章下均设若干节；刑法分则大多数章下不设节，但由于第三章破坏社会主义市场经济秩序罪和第六章妨害社会管理秩序罪涉及具体犯罪较多、内容庞杂，因而该两章下也设了若干节。刑法除总则编和分则编外，第三部分为附则。刑法附则部分仅一个条文，即《刑法》第 452 条。该条的内容是规定修订后的刑法开始施行的日期以及修订的刑法与以往单行刑法的关系。

刑法总则是关于犯罪、刑事责任和刑罚的一般原则、原理的规范体系，这些规范是认定犯罪、确定责任和适用刑罚所必须遵守的共同规则。刑法分则是关于十大类具体犯罪和具体法定刑的规范体系，这些规范是解决具体定罪量刑问题的标准。刑法总则与刑法分则的关系是一般与特殊、抽象与具体的关系。总则指导分则，分则是总则所确定的原则、原理的具体体现，二者相辅相成，缺一不可。只有将两者紧密地结合起来，才能正确地认定犯罪、确定责任和适用刑罚。

刑法规范都以条文的形式出现。配置在各编、章、节中的刑法条文，全部用统一的序号进行编排，从第 1 条至第 452 条，不受篇、章、节划分的影响。刑法条文采用统一编号，既可以达到系统化的目的，又可以保证查阅方便，引用准确。条下是款，款无编号，其标志是另起一行。有的条文只有一款，如《刑法》第 1 条、第 2 条、第 3 条等；有的条文则包含数款，例如，《刑法》第 6 条包含 3 款，第 17 条包含 4 款，第 347 条包含 7 款。款下是项，用加括号的序数编排而且每项另起一行。例如，《刑法》第 191 条第 1 款包含 5 项，引用时应写成第×条第×款第×项；第 315 条只有 1 款，包含 4 项，引用时应写成第×条第×项。刑法条文采用条、款、项这样的结构是非常严谨的，任何人都不能随便颠倒改动，引用条文时须绝对准确。

有的条文在同一款里，可能仅表达一个意思，也可能表达两个或两个以上意思。例如，《刑法》第 232 条规定："故意杀人的，处死刑、无期徒刑或者十年以上有期徒刑；情节较轻的，处三年以上十年以下有期徒刑。"这是两个意思，用分号隔开。又如，《刑法》第 50 条规定："判处死刑缓期执行的，在死刑缓期执行期间，如果没有故意犯罪，二年期满以后，减为无期徒刑；如果确有重大立功表现，二年期满以后，减为十五年以上二十年以下有期徒刑；如果故意犯罪，查证属实的，由最高人民法院核准，执行死刑。"这是三个意思，用分号隔开。再如，《刑法》第 67 条第 1 款规定："犯罪以后自动投案，如实供述自己的罪行的，是自首。对于自首的犯罪分子，可以从轻或者减轻处罚。其中，犯罪较轻的，可以免除处罚。"这也是三个意思，用句号隔开。一个条文的同一款中包含有两个或两个以上意思的，在学理上称之为前段、后段，或者前段、中段、后段，或者第一段、第二段……在具有这种结构的条款当中，如有用"但是"这个连接词来表示转折关系的，那么从"但是"开始的这段文字，在学理上就称为"但书"。

我国刑法条文中的"但书"，包括以下几种情况：①对前段表示相反的意思，如《刑法》第 13 条的"但书"。②对前段表示例外的意思，如《刑法》第 65 条的"但书"。③对前段表示限制的意思，如《刑法》第 20 条第 2 款的"但书"。④对前段表示补充的意思，如《刑法》第 37 条的"但书"。

二、刑法的解释

刑法的解释，是指对于刑法规范含义的阐明。刑法规范之所以需要解释，主要是因为刑法条文具有一定的抽象性，有的抽象用语具有多义性，难免使人们产生不同理解，加之现实生活又是千姿百态的和复杂多变的，为了正确理解刑法规范的含义，为了使抽象的法条适用于具体的案件，使司法活动能够跟上客观情况的变化，就需要对刑法规范进行解释。根据不同的标准，可以将刑法的解释进行不同的分类。常见的分类主要有以下两种：

第一，按解释的效力进行分类，刑法的解释可分为立法解释、司法解释和学理解释。

所谓立法解释，是指由最高立法机关所作的解释。刑法的立法解释包括以下三种情况：①在刑法中用条文的形式对有关刑法术语所作的解释。例如，《刑法》第 99 条规定："本法所称以上、以下、以内，包括本数。"②在法律的起草说明或者修订说明中所作的解释。例如，时任全国人民代表大会常务委员会副委员长的王汉斌在《关于〈中华人民共和国刑法（修订草案）〉的说明》中，将《刑法》第 5 条解释为罪刑相当原则，并进一步解释说："罪刑相当，就是罪重的量刑要重，罪轻的量刑要轻……”③在刑法施行的过程中对发生歧义的规定所作的解释。例如，2000年4月29日全国人民代表大会常务委员会对《刑法》第93条第2款规定的“其他依照法律从事公务的人员”进行的解释。

所谓司法解释，是指由最高司法机关所作的解释。有权进行司法解释的是最高人民法院和最高人民检察院。根据1981年6月10日第五届全国人民代表大会常务委员会第十九次会议通过的《关于加强法律解释工作的决议》的规定：“凡属于法院审判工作中具体应用法律、法令的问题，由最高人民法院进行解释。凡属于检察院检察工作中具体应用法律、法令的问题，由最高人民检察院进行解释。最高人民法院和最高人民检察院的解释如果有原则性的分歧，报请全国人民代表大会常务委员会解释或决定。”1997年新《刑法》颁行后，最高人民法院和最高人民检察院又对刑法具体应用的问题作了大量的司法解释。这些司法解释对于统一司法机关的认识，加强办案工作，提高审判工作和检察工作质量，起着重要的指导作用。当然，最高人民法院和最高人民检察院的司法解释在个别问题上也存在歧见，尚有待协调。

所谓学理解释，是指由国家宣传机构、社会组织、教学科研单位或者专家学者从学理上对刑法规定的含义所作的解释。例如，刑法教材、专著、论文、案例分析以及对刑法所作的释义等，都属于学理解释。学理解释不具有法律效力。但是，正确的学理解释有助于理解刑法规范的含义，对于司法实践和立法工作都具有参考价值，对于提高广大干部和群众的法律意识和法学水平，以及促进刑法理论的发展，具有重要的作用。

第二，按解释的方法进行分类，刑法的解释可分为文理解释和论理解释。

所谓文理解释，是指对法律条文的字义，包括单词、概念、术语，从文理上所作的解释。拉丁法谚云：“文字之解释为先”，因而文理解释被认为是刑法解释的基础。刑法总则对“公共财产”、“公民私人所有的财产”等所作的解释，从解释的方法来看，都属于文理解释。

所谓论理解释，是指按照立法精神，联系有关情况，从逻辑上所作的解释。论理解释又分为当然解释、扩张解释和限制解释。所谓当然解释，又称自然解释，是指刑法的规定虽然没有明示某一事项，但依规范目的、事物属性和形式逻辑，将该事项当然包含在该规范适用范围之内的解释。例如，《刑法》第50条前段规定，判处死缓在缓期执行期间，如果没有故意犯罪，“二年期满以后，减为无期徒刑”。据此，没有满两年的，不得减为无期徒刑。当然解释在学理解释中占有较大的比例。所谓扩张解释，是指根据刑法的立法精神，对刑法条文作超过字面意思的解释。例如，对于1979年《刑法》第3条中的“飞机”一词，学理上往往将其扩大解释为“航空器”。所谓限制解释，又称缩小解释，是根据刑法的立法精神，对刑法条文作狭于字面意思的解释。例如，将《刑法》第232条规定的故意杀人罪的“人”，解释为他人而非本人，这就属于限制解释。

第四节　刑法的基本原则

一、刑法的基本原则概述

所谓刑法基本原则，是指贯穿全部刑法规范、具有指导和制约全部刑事立法和刑事司法意义，并体现我国刑事法制的基本精神的准则。

刑法基本原则是贯穿全部刑法规范，具有指导和制约全部刑事立法和刑事司法意义的准则。在刑事立法上，为了解决定罪和量刑问题，需要制定出各种不同的法律原则，在刑事司法中也必须遵循这些原则。但是，并非每一个原则都是刑法的基本原则，而只有那些对刑法的制定、修改、补充具有全局性意义，并且在刑法的全部规范体系中具有根本性意义的原则，才能成为刑法的基本原则。例如，我国刑法中规定的对未成年人犯罪从宽处罚的原则，对累犯从严处罚的原则，以及从旧兼从轻的处理刑法溯及力问题的原则等，虽然都是刑法中不可缺少的重要原则，但是，这些原则并不具有全局性的指导意义，只是刑法中局部性的原则，仅适用于某些问题或某些案件，因此，它们不能作为刑法的基本原则。

同时，刑法基本原则也是体现我国刑事法制基本精神的准则。这就要求我们必须坚持法治，摒弃人治；坚持平等，反对特权；讲求公正，反对徇私。刑法基本原则问题是刑事立法和刑事司法中一个带有全局性、根本性的问题。1979 年的《刑法》没有规定刑法的基本原则，但是，在该部法典颁布之后，刑法基本原则作为一个重大理论问题，曾引起刑法理论界和实务界的高度重视与关注。1997 年修订的《刑法》第 3 条至第 5 条明确规定了三项刑法基本原则，即罪刑法定原则、适用刑法人人平等原则、罪责刑相适应原则。

二、罪刑法定原则

（一）罪刑法定原则的概念及其派生原则

所谓罪刑法定原则，是指什么行为是犯罪和对这种行为处以何种刑罚，必须预先由法律明文规定的原则。罪刑法定的思想渊源，最早可以追溯到 1215 年的英国《大宪章》，而罪刑法定原则是 19 世纪西方资产阶级启蒙思想家为反对封建刑法的罪刑擅断而提出的，它的宗旨是限制司法权的滥用和保障人权。这一原则同时又派生出以下六项具体原则：

第一，排斥习惯法。刑法的渊源只能是由立法机关通过的成文法，习惯法不能成为刑法的渊源，法院不能以习惯法对行为人定罪处刑，而只能以规定犯罪和刑罚的成文法作为定罪处刑的依据。

第二，禁止类推。所谓类推，是指对刑法没有明文规定为犯罪的行为，比照分则中同它最相类似的条文定罪处刑的制度。它有悖于罪刑法定原则，因为按照罪刑法定原则的要求，行为的定罪处刑，必须根据事前法律所作的明文规定；而类推则是对刑法没有明文规定为犯罪的行为，根据法官的理解，依照与之最相类似的条文定罪处刑。这在某种程度上可能导致法官随意适用法律，侵害公民的自由权利。

第三，刑法无溯及效力。即不允许根据实施行为后施行的刑法来处罚刑法施行前的行为。主张这一派生原则的理由有两个：首先，一个人只能根据已经施行的法律规范自己的行为，依行为当时的法律不构成犯罪，他的行为就是合法的；即使行为后的法律规定其行为构成犯罪，也不能用该法对他处罚，因为这是行为人所不能预测的。其次，如果实施行为时是合法的行为，却因行为后的法律认为是犯罪并用来处罚行为人，那么人们不知自己的行为从此是否会被定罪处刑，这显然不利于维持社会的稳定。当然，我们也看到，由于这些理由都是从保障人权出发的，因此后来西方学者根据"有利被告"的原则，对刑法无溯及力的观点也有所改变，不再主张刑法绝对无溯及力，而是主张新法重于旧法时，无溯及力；新法轻于旧法时，则有溯及力。

第四，禁止绝对的不确定刑。绝对的不确定刑，是指法律没有明文规定的刑罚，它包括两种情况：一是刑种和刑量法律均没有加以规定，这种情况称为绝对的不定期刑。例如，仅规定对直接责任人员可以由司法机关追究刑事责任。二是只规定刑种而没有规定刑量，这种情况称为相对的不定期刑。例如，规定构成犯罪的处有期徒刑。我们认为，无论是绝对的不定期刑，还是相对的不定期刑，都有悖于罪刑法定原则中保障人权的宗旨。

第五，明确性原则。这一原则早在启蒙思想家的著作中就已论及，例如，孟德斯鸠在《论法的精神》一书中就曾说过，"在法律已经把各种观念很明确地加以规定之后，就不应再回头使用含糊笼统的措辞"①，这就是要求立法者立法时用语必须明确，要做到通俗易懂，避免含糊笼统。明确性原则是一项新的派生原则，它有别于上述四个传统派生原则。

第六，实体的适当原则。这是指刑法规定的犯罪和刑罚都应认为适当的原则。原来罪刑法定原则只理解为犯罪与刑罚的法定，但 20 世纪 60 年代以后，以日本刑法学家团藤重光为代表的一批学者由于受美国宪法中适当的法律程序原则的影响，提出了实体适当原则的观点，并认为此原则也应是罪刑法定原则的派生

① ［法］孟德斯鸠：《论法的精神》（下），张雁深译，商务印书馆，1982 年，第 297 页。

原则。它包括如下两方面的内容：一是犯罪规定的适当，即在刑法中将该行为规定为犯罪有合理的根据，亦即根据行为侵犯客体的重要性和行为对社会危害的严重程度，应当将该行为在刑法中作为犯罪加以规定。二是刑罚规定的适当，包括残酷刑罚的禁止和罪刑的相当。

（二）罪刑法定原则在我国刑法立法上的体现

现行《刑法》第 3 条规定："法律明文规定为犯罪行为的，依照法律定罪处刑；法律没有明文规定为犯罪行为的，不得定罪处刑。"这是用条文的形式在刑法中明确肯定了罪刑法定原则，表明了我国实行罪刑法定原则的坚定立场。不仅如此，上述罪刑法定原则的各个派生原则，均在我国刑法立法上得到充分的体现。

第一，我国刑法一贯采取成文法而排斥习惯法，习惯法不是我国刑法的渊源。现行《刑法》对罪刑法定原则的表述，不仅要求犯罪要法定化，而且要求刑罚也要法定化。

第二，现行《刑法》取消了 1979 年《刑法》关于类推制度的规定。在这个问题上，我国刑法与罪刑法定原则的禁止类推的派生原则也完全相符合。

第三，现行《刑法》关于溯及力问题上采取从旧兼从轻原则，即原则上适用旧法，但新法不认为是犯罪或者处刑较轻的，适用新法，这是符合罪刑法定原则的。

第四，现行《刑法》分则规定的法定刑都是确定的法定刑，没有规定不确定的法定刑；同时，除个别情况规定的是绝对确定的法定刑外，绝大多数都是相对确定的法定刑。这也完全符合罪刑法定原则。

第五，现行《刑法》注意体现明确性原则。例如，取消流氓罪、投机倒把罪，分解为若干具体的犯罪，新规定的犯罪多采用叙明的罪状，注意用词的清晰明确，体现了立法机关对明确性原则的重视。

第六，现行《刑法》第 13 条明文规定了犯罪的定义，同时在"但书"部分规定，"但是情节显著轻微危害不大的，不认为是犯罪"，这就为我们判断犯罪提供了科学的标准。我国刑法分则中的各种犯罪都是根据这一根本标准规定的。

（三）罪刑法定原则在刑事司法上的实现

第一，定罪上的体现。对行为人的行为确定罪名，必须完全根据《刑法》的规定，而不允许为了加重或减轻处罚而随意更改罪名。

第二，量刑上的体现。法院在已确定犯罪后进而进行量刑时，必须严格根据《刑法》对犯罪规定的法定刑幅度，按照量刑原则确定适当的刑罚，而不能脱离刑法的规定随意量刑。

第三，行刑上的体现。《刑法》规定了各个不同的刑种，还规定了刑罚执行制度如减刑、假释等，执行刑罚时必须严格遵守这些规定。不根据法定条件和法定程序，任何人都不能进行减刑和假释。

三、适用刑法人人平等原则

（一）适用刑法人人平等原则的含义

我国《刑法》第4条规定："对任何人犯罪，在适用法律上一律平等。不允许任何人有超越法律的特权。"这条规定就是适用刑法人人平等原则。该原则的具体含义是指对实施了犯罪行为的人，在适用刑法上，不分种族、民族、性别、职业、地位、出身、财产状况，一律依照刑法的规定，同等地追究刑事责任。这一原则是我国宪法规定的"法律面前人人平等"的原则在刑法上的体现。我国刑法是社会主义刑法，历来主张在适用刑法上一律平等，这是我国刑法的坚定立场。在《刑法》中规定这一原则，主要理由是：其一，我国宪法虽然规定了法律面前人人平等的原则，但应在《刑法》这一部门法中把这一原则具体化。其二，由于长期受封建思想的影响，因此我们虽然强调法律面前人人平等，但在现实生活中往往不能真正做到。因此在刑法中规定这一原则，有利于避免在司法实践中出现超越法律的特权问题。

（二）适用刑法人人平等原则的适用

第一，在定罪上一律平等。不论行为人的出身、地位等如何，只要行为符合刑法规定的某一犯罪，都应依照刑法条文的规定平等地定罪，不能由于身份地位的不同，离开刑法的规定而定罪，绝不允许拥有某种权力的人，以权压法、以言代法。

第二，在量刑上一律平等。即犯有同样罪行的人，依据相同的量刑标准判处刑罚，不得在法律之外因行为人的出身、地位、财产状况等的不同而减轻或加重处罚。我国刑法是身份平等的刑法，只有严格依法量刑，适用刑法人人平等的原则才能真正实现。

第三，在行刑上一律平等。在执行刑罚时，对于同等刑罚的受刑人要平等对待。即判处同样刑罚的人，不得在法律之外因出身、地位、财产状况等的不同而受到不同的待遇。

四、罪责刑相适应原则

（一）罪责刑相适应原则的含义和内容

我国《刑法》第 5 条规定："刑罚的轻重，应当与犯罪分子所犯罪行和承担的刑事责任相适应。"这条规定就是罪责刑相适应的原则。该原则的具体含义是指刑罚的轻重应与犯罪行为的社会危害性程度和犯罪分子应承担的刑事责任的大小相适应。这一原则是 18 世纪西方资产阶级启蒙思想家为反对封建刑法的重刑主义而提出的，又称为罪刑相当原则、罪刑等价原则、罪刑均衡原则或罪刑相适应原则。孟德斯鸠认为，罪与刑之间应用适当的比例，刑罚的轻重应当协调；贝卡里亚明确提出"刑罚与犯罪相对称"的观点，认为犯罪行为有一个从最严重犯罪到最轻微犯罪顺序排列的阶梯，因此也需要有一个相应的由最重到最轻的刑罚的阶梯，互相对称，勿乱其序。我们认为，我国《刑法》规定的这一原则具体包括如下两个方面的内容：

第一，在立法上，法定刑必须与犯罪行为的性质和社会危害性程度相适应。这里主要是指法定刑的刑罚种类应当与犯罪的性质相适应。按照贝卡里亚的观点，刑罚所剥夺的利益应当是犯罪所追求的利益或侵害的利益，应针对犯罪人所追求的不同利益设置不同的刑种。

第二，在裁判时，对犯罪人的宣告刑应当与犯罪行为和承担的刑事责任的大小相适应。宣告刑是法官就特定犯罪在裁判上实际量定宣告的刑罚。确定宣告刑，首先应考虑与犯罪行为的轻重相适应，在与危害程度相当的法定刑的幅度内选择应当判处的刑罚。其次必须考虑承担的刑事责任，这里所说的承担的刑事责任，是针对刑事责任的大小而言。因为刑罚是以刑事责任为前提的，至于判处什么刑罚，应当根据刑事责任的大小来确定，所以宣告刑还应当与承担的刑事责任大小相适应。刑事责任的大小，首先由犯罪行为的社会危害性程度的大小来决定，同时它还受到行为人犯罪情节的影响。

（二）罪责刑相适应原则在刑事立法上的体现

第一，规定了不同的量刑原则。根据我国《刑法》第 61 条规定："对于犯罪分子决定刑罚的时候，应当根据犯罪的事实、犯罪的性质、情节和对于社会的危害程度，依照本法的有关规定判处。"这就要求量刑时必须根据不同的犯罪事实和刑事责任程度来区别对待，做到刑罚的轻重与犯罪行为和刑事责任相适应。

第二，规定了不同的量刑情节。我国《刑法》根据犯罪行为的社会危害性程度和人身危险性的大小，规定了从轻、减轻、免除处罚或者从重处罚的诸多情节。例如，又聋又哑的人或者盲人犯罪，可以从轻、减轻或者免除处罚；已满14周岁不满18周岁的人犯罪，应当从轻或者减轻处罚；对中止犯，没有造成损害的，应当免除处罚；造成损害的，应当减轻处罚；犯罪后自首又有重大立功表现的，应当减轻或者免除处罚；对累犯，应当从重处罚；等等。这些不同的量刑情节充分体现了罪责刑相适应的原则。

第三，规定了不同的刑种。我国《刑法》对危害生命的犯罪，如故意杀人罪、故意伤害致人死亡、抢劫致人死亡以及其他特别严重的犯罪，均规定了死刑；对经济犯罪和财产犯罪，一般均规定了罚金，情节严重的，则规定了没收财产；对聚众冲击国家机关，非法游行、集会、示威等犯罪，均规定了剥夺政治权利；对比较轻微的犯罪，规定了拘役或者管制；而对绝大多数犯罪则规定了有期徒刑，因为有期徒刑有较大的幅度。由此可见，对不同性质的犯罪在刑种的设置上也体现了罪责刑相适应原则。

第四，规定了轻重不同的法定刑幅度。我国《刑法》对法定刑幅度的设置主要有两种情况：①设置可供选择的不同刑种。例如，《刑法》第234条第1款规定："故意伤害他人身体的，处三年以下有期徒刑、拘役或者管制。"这里就规定了可供选择的三个刑种：有期徒刑、拘役和管制。②同一刑种设置可供选择的量刑幅度。例如，《刑法》第232条规定："故意杀人的，处死刑、无期徒刑或者十年以上有期徒刑；情节较轻的，处三年以上十年以下有期徒刑。"这便于审判机关根据犯罪的性质、罪行的轻重、行为人危险性的大小，依法判处与其犯罪和刑事责任相适应的刑罚。

（三）罪责刑相适应原则在刑事司法上的适用

第一，既重视定罪又重视量刑。我国审判机关在刑事审判中，对犯罪行为的定性一贯给予高度重视，但对量刑工作的重要性却往往重视不够。这种情况不利于罪责刑相适应原则的贯彻。近年来最高人民法院对此特别关注，强调要改变观念，纠正重定罪轻量刑的错误倾向，避免所判刑罚与犯罪和刑事责任不相适应的情况发生。

第二，克服重刑主义的思想，强化量刑公正的观念。重刑主义的封建刑法思想至今仍然根深蒂固，这对我国刑事立法和司法都产生较大的影响，这种重刑主义同罪责刑相适应原则是冲突的。为了更好地贯彻罪责刑相适应原则，必须克服重刑思想，树立现代法治理念，强化重罪重判、轻罪轻判、量刑公正的执法观念。

第三，在行刑的过程中也要做到罪责刑相适应。罪责刑相适应原则，不仅要在量刑环节适用，在行刑过程中也要贯彻。在行刑过程中服刑人的情况是各不相同的，例如，有的认罪服法，遵守监规，努力劳动，加紧改造；有的钻研技术，搞发明创造，受到立功奖励；有的大错不犯，小错不断，劳动应付，生活懒散；有的则在监狱中称王称霸，欺压其他犯人，甚至故意犯了新罪。这些不同情况反映了服刑人人身危险性的消长。面对这些情况，应依据《刑法》规定，该减刑的减刑，该假释的假释，该撤销缓刑的撤销缓刑，该撤销假释的撤销假释，这就使罪责刑相适应原则在行刑过程中也得到了贯彻。

第五节　刑法的适用范围

所谓刑法的适用范围，又称刑法的效力范围，是指刑法在什么地域内，对什么人和在什么时间内具有效力。它包括刑法的空间效力和刑法的时间效力两个方面。刑法的适用范围涉及国家的主权、国际关系、国家和公民利益的保护以及新旧刑法如何适用等重大问题，因而各国刑法典对刑法的适用范围都作了规定，我国《刑法》总则于第一章第 6 条至第 12 条规定了刑法的空间效力与时间效力。

一、刑法的空间效力

（一）刑法空间效力的概念和原则

所谓刑法的空间效力，就是指刑法在什么地方，对什么人具有效力，它解决的是国家刑事管辖权的范围问题。任何一个独立自主的国家，都会在刑法中对刑法的空间效力即刑事管辖权的范围问题作出规定。不过，由于各国社会政治情况和历史传统习惯的差异，在解决刑事管辖权范围问题上有各种不同的主张，概括起来，有以下几种：

第一，属地原则，又称领土原则。该原则强调以地域为标准，凡是在本国领域内犯罪，无论是本国人还是外国人，都适用本国刑法；反之，在本国领域外犯罪，都不适用本国刑法。

第二，属人原则，又称国籍原则。该原则强调以人的国籍为标准，凡是本国人犯罪，不论是在本国领域内还是在本国领域外，都适用本国刑法。

第三，保护原则，又称自卫原则。该原则强调以保护本国利益为标准，凡侵害本国国家或者公民利益的，不论犯罪人是本国人还是外国人，也不论犯罪地在本国领域内还是在本国领域外，都适用本国刑法。

第四，普遍原则，又称世界原则。该原则强调以保护国际社会的共同利益为标准，凡发生国际条约所规定的侵害国际社会共同利益的犯罪，不论犯罪人是本国人还是外国人，也不论犯罪在本国领域内还是在本国领域外，都适用本国刑法。

第五，综合原则，又称折中原则。上述各种原则，虽各有所长，但也各有不足。属地原则，直接维护了领土主权，但单纯实行这项原则，遇到本国人或外国人在本国领域外侵害本国国家或公民利益的犯罪，就无法适用本国刑法，这不利于维护本国主权和保护本国利益。属人原则，就对本国公民实行管辖而言，无可非议，但单纯实行这个原则，遇到外国人在本国领域内犯罪，竟不能适用本国刑法，这显然有悖于国家主权原则。保护原则，就保护本国利益而言，值得肯定，但如果犯罪人是外国人，犯罪地又在国外，这就必然会涉及国与国之间的关系和刑事法律的冲突，因此，彻底实行这个原则是很困难的。普遍原则，是针对某些国际犯罪而由国际条约加以规定，要求各有关国家实行普遍管辖权，这本身就是有条件限制的。由于各国的阶级利益和政治法律观点不同，不可能对所有犯罪都实行普遍管辖权。

基于以上情况，便产生了综合原则，该原则兼采以上诸原则的长处，强调以属地原则为基础，其他原则为补充。这就是说，凡是在本国领域内犯罪的，不论本国人或外国人，都适用本国刑法；本国人或外国人在本国领域外犯罪的，在一定条件下，也适用本国刑法。这种结合型的刑事管辖权体制，既有利于维护国家主权，又有利于同犯罪行为作斗争，比较符合各国的实际情况和利益，所以为世界大多数国家的刑法所接受。我国刑法有关空间效力的规定，采取的也是综合原则。

（二）我国刑法的属地管辖权

我国《刑法》第 6 条第 1 款规定："凡在中华人民共和国领域内犯罪的，除法律有特别规定的以外，都适用本法。"这里所说的我国"领域"，是指我国国境以内的全部区域，具体包括：①领陆，即国境线以内的陆地及其地下层；②领水，即内水、领海及其水床及底土（我国政府关于领海的声明宣布，我国领海宽度为 12 海里）；③领空，即领陆、领水的上空。这里所说的"法律有特别规定"，主要是指以下几种情形：

第一，对享有外交特权和豁免权的外国人的刑事责任的特别规定。我国《刑法》第 11 条规定："享有外交特权和豁免权的外国人的刑事责任，通过外交途径解决。"这是根据国际惯例作出的规定。

第二，我国《香港特别行政区基本法》和《澳门特别行政区基本法》作出的特别规定。我国已恢复对香港和澳门行使主权，《香港特别行政区基本法》第 2 条规定："全国人民代表大会授权香港特别行政区依照本法的规定实行高度自治，享有行政管理权、立法权、独立的司法权和终审权。"《澳门特别行政区基本法》

也有类似规定。这样，除了恢复对香港、澳门行使国家主权，统一管理外交与国防事务外，香港、澳门的政治、经济、法律等各项制度保持不变，全国性的刑法对其没有效力。

第三，民族自治地方所制定的补充规定。我国《刑法》第 90 条规定："民族自治地方不能全部适用本法规定的，可以由自治区或者省的人民代表大会根据当地民族的政治、经济、文化的特点和本法规定的基本原则，制定变通或者补充的规定，报请全国人民代表大会常务委员会批准施行。"

第四，刑法施行后国家立法机关所制定的特别刑法的规定。我国《刑法》第 6 条第 2 款规定："凡在中华人民共和国船舶或者航空器内犯罪的，也适用本法。"这里所说的船舶或者航空器（包括军用和民用），既包括航行途中，也包括停泊状态；既包括在公海或公海的上空，也包括在别国的领域内。总之，凡在我国船舶或者航空器内犯罪的，不论该船舶或者航空器在何地点，我国均有刑事管辖权。

此外，根据我国承认的《维也纳外交关系公约》的规定，各国驻外大使馆、领事馆及其外交人员，不受驻在国的司法管辖而受本国的司法管辖。因此，凡在我国驻外大使馆、领事馆内犯罪的，也应适用我国刑法。

我国《刑法》第 6 条第 3 款还对"中华人民共和国领域内犯罪"的犯罪地标准作了明确的规定，即"犯罪的行为或者结果有一项发生在中华人民共和国领域内，就认为是在中华人民共和国领域内犯罪"。犯罪的行为和结果通常发生在同一地方，但有时行为实施地和结果发生地也可能不一致。这些情况都属于在我国领域内犯罪，都适用我国刑法。

在中国领域内犯罪的，多数是中国人，即具有中华人民共和国国籍的中国公民，同时也有少数是外国人。我国刑法中所说的外国人，是指具有外国国籍的人和无国籍的人。但是，对于犯罪的外国人适用我国刑法也有例外，这就是《刑法》第 11 条的规定："享有外交特权和豁免权的外国人的刑事责任，通过外交途径解决。"所谓外交特权和豁免权，是指一个国家为保证驻在本国的外交代表机构及其工作人员正常执行职务而给予的一种特殊权利。这种特殊权利是建交国家之间按照相互尊重和对等的原则给予的。《刑法》第 11 条的这个规定，既维护了我国的主权和法律的尊严，又尊重了有关国家，有利于协调我国与他国之间正常的外交关系。

（三）我国刑法的属人管辖权

我国《刑法》第 7 条第 1 款规定："中华人民共和国公民在中华人民共和国领域外犯本法规定之罪的，适用本法，但是按本法规定的最高刑为三年以下有期徒刑的，可以不予追究。”第 7 条第 2 款规定：“中华人民共和国国家工作人员和军人在中华人民共和国领域外犯本法规定之罪的，适用本法。”

根据上述第 1 款规定，我国公民在我国领域外犯我国刑法规定之罪的，不论其侵犯的是何国或何国公民的利益，也不论当地法律是否认为是犯罪，原则上都适用我国刑法。只是按照我国刑法的规定，法定最高刑为 3 年以下有期徒刑的，可以不予追究。所谓可以不予追究，是表明不予追究的一种倾向性，但不是绝对不追究，仍保留有追究的可能性。此外，根据上述第 2 款规定，如果是我国的国家工作人员或者军人在我国领域外犯罪的，则不论其所犯之罪的法定最高刑是否为 3 年以下有期徒刑，都要追究其刑事责任。这主要是考虑到国家工作人员和军人负有特殊职责和使命，他们在域外犯罪，管辖应从严要求。

另外，我国《刑法》第 10 条规定：“凡在中华人民共和国领域外犯罪，依照本法应当负刑事责任的，虽然经过外国审判，仍然可以依照本法追究，但是在外国已经受过刑罚处罚的，可以免除或者减轻处罚。”这一规定说明，我国作为一个独立自主的主权国家，外国的刑事判决对我国没有约束力；不过也要照顾实际情况，如果犯罪分子在外国已经受过刑罚处罚，或者执行了刑期的一部分或者全部的，可以考虑免除或者减轻处罚。这样的规定充分体现了原则性与灵活性的统一。

（四）我国刑法的保护管辖权

我国《刑法》第 8 条规定：“外国人在中华人民共和国领域外对中华人民共和国国家或者公民犯罪，而按本法规定的最低刑为三年以上有期徒刑的，可以适用本法，但是按照犯罪地的法律不受处罚的除外。”这条规定表明，外国人在我国领域外对我国国家或者公民犯罪，我国刑法有刑事管辖权，但这种管辖权是有条件的。首先，这种犯罪侵犯了我国的国家利益或公民利益；其次，这种犯罪按我国刑法规定的最低刑必须是 3 年以上有期徒刑；最后，这种犯罪按照犯罪地的法律应受刑罚处罚。我国刑法作出这样的规定，对于保护我国国家利益，保护我国驻外工作人员、考察访问人员、留学生、侨民的利益是完全必要的。

（五）我国刑法的普遍管辖权

根据国际公约及各国刑法的规定，适用普遍管辖原则必须受到一定的限制：其一，这种犯罪是危害人类共同利益的国际犯罪；其二，管辖国必须是有关条约的缔约国；其三，管辖国国内刑法也规定该行为犯罪；其四，行为人出现在该国领域内。我国《刑法》第 9 条规定：“对于中华人民共和国缔结或者参加的国际条约所规定的罪行，中华人民共和国在所承担条约义务的范围内行使刑事管辖权的，适用本法。”根据这一规定，凡是我国缔结或者参加的国际条约所规定的罪行，不论其发生在我国领域内还是我国领域外，也不论犯罪分子是中国人还是外国人，只要犯罪分子在我国境内被发现，我国就应当在所承担条约义务的范围内，行使刑事管辖权。

二、刑法的时间效力

（一）刑法的生效时间和失效时间

刑法的生效时间，是指刑法发生效力的时间。通常有两种方式：一是从公布之日起生效，这通常是一些单行刑事法律的做法。二是公布之后经过一段时间再施行。例如，我国 1997 年 3 月 14 日修订的《中华人民共和国刑法》通过并公布后，从 1997 年 10 月 1 日起施行。这样做是考虑到新法需要在公布后给广大人民群众及司法工作人员学习、掌握的时间，从而给法律的实施打下良好的基础。

刑法的失效时间，是指刑法失去效力的时间。通常也有两种方式：一是由国家立法机关明确宣布某些法律失效。例如，1997 年修订的《刑法》第 452 条第 2 款规定，列于附件一的全国人民代表大会常务委员会制定的单行刑法，自 1997 年 10 月 1 日起予以废止。二是新法的施行使旧法自然失效。即新法施行后代替了同类内容的旧法，或者由于原来特殊的立法条件已经消失，旧法自行废止。

（二）刑法的溯及力

所谓刑法的溯及力，也称溯及既往的效力，是指刑法生效后，对于其生效以前未经审判或者判决尚未确定的行为是否适用的问题。如果适用，就是有溯及力；如果不适用，就是没有溯及力。

对于刑法溯及力问题，各国理论有不同的主张，主要有以下四种原则：①从旧原则。即主张新刑法没有溯及力，按照行为时的旧刑法处理。②从新原则。即主张新刑法有溯及力，按照新刑法处理。③从新兼从轻原则。即主张新刑法原则上有溯及力，但旧刑法不认为犯罪或者处刑较轻的，要按照旧刑法处理。④从旧兼从轻原则。即主张新刑法原则上没有溯及力，但新刑法不认为犯罪或者处刑较轻的，则要按照新刑法处理。

上述关于刑法溯及力的诸原则中，从旧兼从轻原则更符合罪刑法定原则的要求，因而为绝大多数国家所采用，我国刑法关于溯及力问题亦采用了这一原则。

（三）我国刑法关于溯及力的规定

我国《刑法》第12条规定："中华人民共和国成立以后本法施行以前的行为，如果当时的法律不认为是犯罪的，适用当时的法律；如果当时法律认为是犯罪的，依照本法总则第四章第八节的规定应当追诉的，按照当时的法律追究刑事责任，但是如果本法不认为是犯罪或者处刑较轻的，适用本法。本法施行以前，依照当时的法律已经作出的生效判决，继续有效。"根据这一规定，对于中华人民共和国成立后至1997年9月30日前发生的行为，应按以下不同情况分别处理：

第一，当时的法律不认为是犯罪，而修订后的刑法认为是犯罪的，适用当时的法律，即新刑法没有溯及力，不能以新刑法规定为犯罪为由而追究行为人的刑事责任。

第二，当时的法律认为是犯罪，但新刑法不认为是犯罪的，只要这种行为未经审判或者判决尚未确定，就应当适用新刑法，即新刑法具有溯及力。

第三，当时的法律认为是犯罪，新刑法也认为是犯罪，并且按照新刑法总则第四章第八节的规定应当追诉的，原则上按当时的法律追究刑事责任，即新刑法不具有溯及力。但是，如果新刑法比当时的法律处刑较轻的，则适用新刑法，即新刑法具有溯及力。处刑较轻，是指刑法对某种犯罪规定的法定刑比修订前的刑法轻。

第四，如果在新刑法施行以前，依照当时的法律已经作出了生效判决，那么该判决继续有效。即使按新刑法的规定其行为不构成犯罪或处刑较轻，也不例外。这主要是维护人民法院生效判决的严肃性和稳定性。

［复习题］

（1）简述刑法的解释。

（2）何谓罪刑法定原则？罪刑法定原则在我国的刑法立法及司法上是如何体现的？

（3）何谓罪责刑相适应原则？如何在刑事司法上贯彻罪责刑相适应原则？

（4）简述我国刑法的属地管辖权、属人管辖权、保护管辖权以及普遍管辖权。

（5）何谓刑法溯及力？我国刑法关于溯及力问题的解决原则是什么？

［相关法规和司法解释］

（1）全国人民代表大会常务委员会《关于中华人民共和国缔结或者参加的国际条约所规定的罪行行使刑事管辖权的决定》

(2)《中华人民共和国外交特权与豁免权条例》

(3)《中华人民共和国领事特权与豁免权条例》

(4) 最高人民法院《关于适用刑法时间效力规定若干问题的解释》

(5) 最高人民法院《关于依法不再核准类推案件的通知》

(6) 最高人民法院、最高人民检察院《关于适用刑事司法解释时间效力问题的规定》

(7) 最高人民法院《关于审理拐卖妇女案件适用法律有关问题的解释》

(8) 最高人民法院《关于适用刑法第十二条几个问题的解释》

(9) 最高人民检察院《关于对跨越修订刑法施行日期的继续犯罪、连续犯罪以及其他同种数罪应如何具体适用刑法问题的批复》

第二章　犯罪与犯罪构成

【重点提示】

- 犯罪的基本特征
- 犯罪构成的概念和特征
- 犯罪构成要件的含义和种类
- 共同构成要件和选择构成要件

第一节　犯罪的定义和分类

一、犯罪的定义

犯罪定义是揭示犯罪概念内涵的逻辑方法。它指出犯罪概念所反映的犯罪本质属性或基本特征。各国刑法理论对犯罪所下定义都有所不同，归结起来主要有以下三种类型：

第一，犯罪的形式定义。这是指仅仅从犯罪的法律特征上给犯罪下定义，而不涉及犯罪的本质特征，这在西方国家刑事立法和刑法理论上表现得比较明显。例如，日本著名刑法学家团藤重光认为："如果更正确地给刑法上的犯罪下定义，可以说它是充足构成要件的违法，有责的行为。"① 又如，《西班牙刑法典》第1条规定："依自由意志及疏忽之行为而为法律所处罚者谓之犯罪及过失罪。"这些犯罪的定义都只是说明了犯罪的法律特征，而对于法律为什么将这种行为规定为犯罪，则完全避而不谈。

第二，犯罪的实质定义。这是指仅仅从犯罪的本质特征上给犯罪下定义，而不涉及犯罪的法律特征。犯罪的实质定义是想说明犯罪行为之所以被刑法规定为犯罪的根据和理由。尽管西方国家刑法典没有从实质上给犯罪下定义，但却有不少西方刑法学者提出过犯罪的实质定义。例如，刑事实证学派的代表、意大利著名犯罪学家加罗法洛认为："犯罪是一种既对社会有害又侵害了一种或两种最基本怜悯和正直情感的行为。"② 这是从人类的道德感情角度给犯罪下定义，这种

---

① ［日］团藤重光：《刑法纲要总论》（修订版），创文社，1979年，第84页。

② ［意］加罗法洛：《犯罪学》，耿伟、王新译，中国大百科全书出版社，1996年，第67页。

定义没有揭示犯罪的阶级本质，回避了犯罪的法律特征。又如，1922 年《苏俄刑法典》第 6 条规定："威胁苏维埃制度基础及工农政权在向共产主义制度过渡时期所建立的法律秩序的一切危害社会的作为或不作为，都认为是犯罪。"这种犯罪定义明确地表明了犯罪的阶级性，揭示了法律何以将某种行为规定为犯罪，但没有阐明犯罪的法律特征，不能明确判断某种行为是否构成犯罪，在司法实践中缺乏可操作性。

第三，实质与形式相统一的定义。这是指从犯罪的本质特征和法律特征两个方面给犯罪下定义，既指出犯罪的本质特征，又指出犯罪的法律特征。例如，1958 年《苏联和各加盟共和国刑事立法纲要》第 7 条第 1 款规定："凡是刑事法律规定的危害苏维埃社会制度或国家制度，破坏社会主义经济体系和侵犯社会主义所有制，侵犯公民的人身、政治权利、劳动权利、财产权利和其他权利的危害社会的行为（作为或不作为），以及刑事法律规定的违反社会主义法律秩序的其他危害社会的行为，都是犯罪。"又如，1997 年起施行的《俄罗斯联邦刑法典》第 14 条第 1 款规定："本法典从刑罚相威胁所禁止的有罪过地实施的危害社会的行为，被认为是犯罪。"前苏联学者认为："犯罪就是刑事法律所规定的危害社会、侵犯社会主义社会关系并应受到惩罚的行为。"① 这种定义既揭示了犯罪的阶级性，又阐明了犯罪的法律特征，将犯罪的实质特征与法律特征有机结合起来，比较合理，值得借鉴。

二、中国刑法中的犯罪及基本特征

我国《刑法》第 13 条给犯罪下了一个实质与形式相统一的定义，规定："一切危害国家主权、领土完整和安全，分裂国家、颠覆人民民主专政的政权和推翻社会主义制度，破坏社会秩序和经济秩序，侵犯国有财产或者劳动群众集体所有的财产，侵犯公民私人所有的财产，侵犯公民的人身权利、民主权利和其他权利，以及其他危害社会的行为，依照法律应当受到刑罚处罚的，都是犯罪，但是情节显著轻微危害不大的，不认为是犯罪。"这是一个实质与形式相统一的犯罪定义，它揭露了犯罪行为危害我国的各种社会关系的实质，同时又揭示了犯罪的法律特征——依照法律应当受刑罚处罚，这一定义是认定犯罪、划分罪与非罪界限的基本依据。根据我国《刑法》第 13 条的规定，我国刑法所规定的犯罪具有以下三个方面的基本特征：

第一，犯罪具有严重的社会危害性。这是犯罪最基本的特征。所谓社会危害性，即指行为对刑法所保护的社会关系造成或可能造成这样或那样损害的特性。

① ［苏］别利亚耶夫 H A 等：《苏维埃刑法总论》，马改秀等译，群众出版社，1987 年，第 68 页。

所以，犯罪的社会危害性，也就是指对国家和公民利益的危害性，犯罪的本质就在于它们危害了国家和人民的利益，危害了社会主义社会。如果某种行为根本不可能给社会带来危害，或者对社会的危害程度轻微，法律就不可能把它规定为犯罪，也不会对它进行惩罚。由此可见，没有社会危害性，就没有犯罪；社会危害性没有达到相当的程度，也不构成犯罪。

决定犯罪社会危害性大小的因素主要有以下几个方面：①行为侵犯的客体，即行为侵犯了什么样的社会关系。例如，危害国家安全罪侵犯的是国家安全，因此，危害国家安全罪比其他犯罪的社会危害性要大，是最危险的犯罪。放火罪、爆炸罪等属于危害公共安全的犯罪，这类犯罪侵犯了广大人民生命、健康以及财产的安全，社会危害性也很大。故意杀人罪危害人的生命，故意伤害罪危害人的健康，二者的社会危害性就有所不同。②行为的手段、后果以及时间、地点。犯罪的手段是否凶狠，是否残酷，是否使用暴力，在很大程度上决定着社会危害性，例如，抢劫就比抢夺危害严重。危害后果是决定社会危害性程度的重要因素，例如，盗窃500元与盗窃5000元，杀死1个人与杀死全家10个人，其社会危害性程度显然是不同的。③行为人的情况及其主观因素。例如，行为人是成年人还是未成年人，是精神正常的人还是精神失常的人，是偶尔犯罪还是累犯、惯犯；行为人主观上是故意还是过失，有预谋还是没预谋等。这些情况对社会危害性程度也是起制约作用的。

分析、考察犯罪社会危害性的方法主要有以下几种：①历史发展的方法。社会危害性是一个历史发展的范畴。社会发展了，社会条件变化了，社会危害性也随之发生变化。同一种行为，在这一时期符合社会发展的要求，在另一时期，则可能对社会发展造成危害。所以，考察一种行为是否具有社会危害性，应当用历史的、发展的眼光来观察。②全面的方法。社会危害性是由多种因素决定的。衡量社会危害性轻重大小，不能只看一种因素，而要全面地综合主客观方面的各种因素。不但要看到有形的、物质性的危害，还要看到对社会政治、对人们心理等带来的无形的、非物质性的危害。③由表及里的方法。即要透过现象抓住事物的本质。比如，某人把另一人杀死了，就要弄清是什么性质的杀人，有无社会危害性，危害性有多大，是故意杀人，还是过失致人死亡，还是正当防卫杀人，这需要经过仔细调查予以判明，也就是说，要透过杀死人这一现象，把握事件的实质。所以，要搞清行为有无社会危害性以及危害性的大小，要透过事物的现象去把握行为的实质。

第二，犯罪具有刑事违法性。违法行为有多种多样，有的是违反民事法律、法规，叫民事违法行为；有的是违反行政法律、法规，叫行政违法行为；犯罪也是违法行为，但不是一般违法行为，而是违反刑法即触犯刑律的行为，是刑事违法行为。违法并不都是犯罪，只有违反刑法的才构成犯罪。例如，盗窃、诈骗少量财物属于违反治安管理处罚法的行为，只有盗窃、诈骗公私财物数额较大的，才构成刑法中的盗窃罪、诈骗罪；一般的干涉婚姻自由，属于违反婚姻法的行为，而暴力干涉婚姻自由，则是刑法所禁止的犯罪行为；等等。可见，只有当危害社会的行为触犯了刑法的时候，才构成犯罪。行为的社会危害性是刑事违法性的基础；刑事违法性是社会危害性在刑法上的表现。只有当行为不仅具有社会危害性，而且违反了刑法，具有刑事违法性时，才能被认定为犯罪。

第三，犯罪具有应受刑罚处罚性。任何违法行为，都要承担相应的法律后果。民事违法行为要承担民事责任，接受民事制裁，如赔偿损失、支付违约金等。行政违法行为则是要受到行政处罚，如罚款、行政拘留等，或者要受到行政处分，如警告、记过、降职等。对于违反刑法的犯罪行为来说，则要接受刑罚处罚。应受刑罚处罚性，是指行为具有应当受到刑罚处罚的性质。犯罪是适用刑罚的前提，刑罚是犯罪的法律后果。因此，应受刑罚处罚也是犯罪的一个基本特征，这个特征将犯罪与刑罚这两种社会现象联系起来。在此，需要弄清“不应受惩罚”和“不需要惩罚”这两个概念。所谓不应受惩罚，是指行为人的行为根本不构成犯罪，当然就不存在应受惩罚的问题；所谓不需要惩罚，是指行为人的行为已经构成了犯罪，本应惩罚，但考虑到具体情况，如犯罪情节轻微，或者有自首、立功等表现，从而免予刑事处罚。不需要处罚说明，行为是犯罪的，但是不给予刑罚处罚，它与无罪不应当受惩罚是性质不同的。

犯罪的以上三个基本特征是紧密结合的。严重的社会危害性是犯罪最基本的属性，是刑事违法性和应受惩罚性的基础。社会危害性如果没有达到违反刑法、应受刑罚处罚的程度，也就不构成犯罪。同时我们要看到，正是这三个基本特征，把犯罪与不犯罪、犯罪与其他违法行为从总体上区别开来。

三、犯罪的分类

（一）犯罪的理论分类

第一，自然犯与法定犯。这是以犯罪行为是否违反社会伦理为标准所作的分类。所谓自然犯，又称为刑事犯，是指无须法律规定，由于其性质上违反社会伦理而被认为犯罪者。例如，盗窃罪、抢劫罪、杀人罪、放火罪等均属于自然犯。这类犯罪在各国刑法中均普遍作了规定，由于具有违反社会伦理的特点，所以其社会危害性易于为人们所认识。所谓法定犯，又称为行政犯，是指并不违反社会伦理，由于行政取缔的目的，根据法律的禁止性规定而被认为犯罪者。例如，虚假出资、抽逃出资罪、非法出具金融票证罪、强迫交易罪等均属之。这类犯罪都以违反一定的行政法规为前提，原来未被认为是犯罪，由于社会情况的变化，在一些行政法规中首先作为被禁止的行为或作为犯罪加以规定，随后在修订的刑法中加以吸收而规定为犯罪。虽然自然犯与法定犯的区分具有相对性，但二者存在区别则是不争的事实。因此，认识和掌握两者各自的特点，对司法实践是有帮助的。

第二，隔离犯与非隔离犯。这是以犯罪行为与犯罪结果之间是否存在时间的或地点的间隔为标准所作的分类。所谓隔离犯，又称隔隙犯，是指行为实施的时间或地点与犯罪结果发生的时间或地点存在间隔的犯罪。隔离犯又可细分为隔时犯与隔地犯。隔时犯是指行为人实施的行为与作为犯罪构成要件的结果发生于不同时间的犯罪。隔地犯则是指行为人实施的行为与作为犯罪构成要件的结果发生在不同地点的犯罪。隔时犯存在犯罪时间的确定问题，隔地犯则存在犯罪地点的确定问题。对于隔时犯而言，原则上应以行为时作为犯罪时；对于隔地犯而言，行为地和结果地均为犯罪地。所谓非隔离犯，又称非隔隙犯，是指行为实施的时间或地点与犯罪结果发生的时间或地点相同的犯罪。

（二）犯罪的法定分类

第一，国事犯罪与普通犯罪。这是以行为是否危害国家的主权、社会制度和安全为标准所作的分类。所谓国事犯罪，是指行为危害国家的主权、社会制度和安全的犯罪。我国《刑法》分则第一章所规定的“危害国家安全罪”就属于国事犯罪。国事犯罪危害国家的根本政治制度和国家安全，具有最严重的社会危害性，所以我国刑法将这类犯罪置于分则的第一章并设置了严厉的刑罚。所谓普通犯罪，是指国事犯罪即危害国家安全罪之外的刑事犯罪。我国《刑法》分则第二章至第十章规定的犯罪均属于普通犯罪。从总体上看，普通犯罪的法定刑一般较国事犯罪轻。

第二，身份犯与非身份犯。这是指是否以特定的身份作为犯罪主体要件所作的分类。所谓身份犯，是指在犯罪构成上犯罪主体被限定于具有一定身份的人才能构成的犯罪。例如，贪污罪、受贿罪、刑讯逼供罪、滥用职权罪、玩忽职守罪等，都是身份犯。所谓非身份犯，是在犯罪构成上不要求犯罪主体具有一定的身份即可以构成的犯罪。例如，爆炸罪、故意杀人罪、故意伤害罪、盗窃罪、诈骗罪等，都是非身份犯。这些犯罪只要达到法定年龄，具有刑事责任能力的人均可构成。区分身份犯与非身份犯对于正确定罪具有重要意义。

第三，亲告罪与非亲告罪。这是根据是否以被害人的告诉为处理条件所作的分类。所谓亲告罪，指刑法明文规定需要被害人的告诉才处理的犯罪。根据我国《刑法》第98条的规定，告诉才处理，是指被害人告诉才处理，如果被害人因受强制、威吓无法告诉的，人民检察院和被害人的近亲属也可以告诉。例如，我国

《刑法》规定的侮辱罪、诽谤罪、暴力干涉婚姻自由罪和虐待罪等，都是亲告罪。这些犯罪之所以规定为亲告罪，主要是考虑到以下三个因素：首先，这类犯罪比较轻微，危害不是很大，法院是否处理，宜尊重被害人的意见；其次，这类犯罪涉及被害人的名誉，不宜任意提起诉讼，以免损害被害人的名誉，是否告诉应由被害人决定；最后，这类犯罪往往发生在亲属、邻里及同事之间，被害人与被告人之间一般存在较为密切的关系。所以，对于这类犯罪采取“告诉才处理”的原则，对于上述特殊情况，司法机关一般不必主动追究。所谓非亲告罪，是指刑法规定亲告罪以外的犯罪，这类犯罪在刑法分则中占绝大多数。这些犯罪不需要被害人的告诉就能进入侦查、起诉、审判等诉讼程序，除了《中华人民共和国刑事诉讼法》（以下简称《刑事诉讼法》）规定的自诉案件外，均由人民检察院向人民法院提起公诉，人民检察院遇有《刑事诉讼法》第 142 条规定的情况时，应当或者可以作出不起诉决定。

第四，基本犯与加重犯或减轻犯。这是指根据行为的社会危害性程度的轻重所作的分类。所谓基本犯，是指我国《刑法》分则规定的不具有加重或减轻情节的犯罪。《刑法》分则首先是以基本犯为标准规定各种犯罪的。所谓加重犯，是指《刑法》分则条文以基本犯为基础规定了加重情节与较重法定刑的犯罪。我国《刑法》分则中的加重犯，条文大多表述为“情节特别严重的”、“后果特别严重的”、“致使国家利益遭受特别重大损失的”或者列举若干严重情节等。在《刑法》分则中，规定加重犯的条款比较多。所谓减轻犯，是指《刑法》分则条文以基本犯为基础规定了减轻情节与较轻法定刑的犯罪。我国《刑法》分则中的减轻犯，条文大多表述为“情节较轻的”、“积极参加的”、“其他参加的”等。在《刑法》分则中，规定减轻犯的条款相对比较少。

第二节　犯罪构成及犯罪构成要件

一、犯罪构成的概念

犯罪构成与犯罪这两个概念既有联系又有区别。犯罪概念是对犯罪实质内容的概括与抽象，它在于说明犯罪是什么，以揭示犯罪的本质特征和法律特征，明确犯罪与非罪之间的根本界限；犯罪构成是犯罪成立条件的有机统一体，它在犯罪概念的基础上进一步说明犯罪是如何成立的，它解释了犯罪成立的规律，为区分罪与非罪、此罪与彼罪的界限提供了法律上的具体的标准。可见，犯罪概念是犯罪构成的理论基础，犯罪构成是犯罪概念的理论深化。

在我国刑法学中，所谓犯罪构成，就是指由我国刑法所规定的、决定某一具体行为的社会危害性的有无及其程度而使该行为成立犯罪所必需的一切客观要件和主观要件的有机统一体。这一概念包括以下三层含义：

第一，犯罪构成内容的决定性。犯罪构成是犯罪所有成立条件的总和，是由一系列刑法规定的犯罪成立条件所组成的一个整体。犯罪构成所包含的每一个要件都是决定犯罪成立与否不可或缺的事实条件。实践中，任何一个犯罪的发生都会形成或者留下许多案件事实和情节，但并非所有的事实和情节都是犯罪成立的必要条件。只有那些决定行为的社会危害性有无及其大小，并使该行为成立犯罪所必需的案件事实和情节，才属于犯罪构成要件。譬如，对于一起抢劫案件来说，只要具备以下四个方面的事实或情节，就可以成立抢劫罪：①行为侵犯了他人的人身权和财产权；②行为在客观上表现为以暴力、胁迫或者其他强制方法强取他人财物；③行为人在实施抢劫行为时已年满 14 周岁，且精神正常；④行为人在主观上具有非法占有他人财物的目的。至于被抢劫者是谁、抢得财物的数额有多少、抢劫行为是在什么地点和时间发生的等其他案件事实和情节，均不影响抢劫罪的成立，因此，不属于抢劫罪的构成要件。

第二，犯罪构成内容的有机性。犯罪构成不仅是犯罪成立条件的总和，而且是犯罪成立条件的有机统一体。即每一个犯罪的成立都是由一系列要件共同决定的，各构成要件之间既相对独立、相互区别，又相互联系、相互制约，并构成了一个犯罪成立条件的有机整体。因此，犯罪构成就是由一系列犯罪成立条件所组成的一个系统，而不是犯罪成立条件的简单组合。犯罪构成大致可以分为两类构成要件：一类是客观性要件，即表现为客观、外在的事实情况，具体包括犯罪客体要件和犯罪客观要件；另一类是主观性要件，即指行为人犯罪时的心理活动，或者与犯罪人心理活动相关的事实情况，包括犯罪主体要件和犯罪主观要件。例如，《刑法》第 305 条关于伪证罪的规定是：在刑事诉讼中，证人、鉴定人、记录人、翻译人对与案件有重要关系的情节，故意作虚假证明、鉴定、记录、翻译，意图陷害他人或者隐匿罪证的行为。根据这一规定，并结合刑法总则关于犯罪一般成立条件的相关规定，伪证罪的构成包括如下一系列主观和客观要件：①犯罪客体要件，即伪证行为侵犯了国家司法机关正常的刑事诉讼活动；②犯罪客观要件，即伪证行为在客观方面表现为在刑事诉讼中对与案件有重要关系的情节作虚假的证明、鉴定、记录、翻译；③犯罪主体要件，即伪证罪只能由年满 16 周岁并且精神正常的证人、鉴定人、记录人、翻译人构成；④犯罪主观要件，即行为人在故意的心理支配下实施的伪证行为，并具有陷害他人或者隐匿罪证的意图。如果行为人不是因为故意而作了错误的证明、鉴定、记录、翻译，则不构成伪证罪。

第三，犯罪构成内容的法定性。根据罪刑法定原则的基本要求，犯罪成立与否以及成立何种犯罪都必须有刑法明确的明文规定。因此，犯罪构成作为犯罪的成立标准，不是一个纯粹的理论，而是以我国刑法规定为前提的，是对刑法确定的犯罪成立条件的理论化和条理化，即犯罪构成是对刑法规定的犯罪成立条件的一种理论概括和总结。刑法关于犯罪成立条件的规定包括总则规范和分则规范两个部分。其中，刑法总则规范所确定的犯罪成立条件是所有犯罪成立的共同条件，或曰通用条件、普遍性条件，即这些条件适用于刑法规定的所有或者大部分犯罪；而刑法分则规范所确定的犯罪成立条件是某一具体犯罪的成立所必须具备的特有条件。刑法理论将刑法规定的犯罪成立条件归纳为犯罪构成四大要件，即犯罪客体要件、犯罪客观方面要件、犯罪主体要件和犯罪主观方面要件。其中，犯罪客体表明了犯罪侵害了什么样的利益，犯罪客观要件说明了犯罪是如何对犯罪客体进行侵犯的，犯罪主体是说明谁的行为侵犯了犯罪客体，犯罪主观要件说明了犯罪主体在什么样的心理支配下实施的犯罪行为。犯罪构成所包含的内容都被规定或者包含于刑法规范之中，刑法是犯罪构成理论的法律基础。例如，在《刑法》第 232 条规定的故意杀人罪中，行为侵犯的客体是他人的生命权，犯罪客观要件表现为非法剥夺他人生命的行为及造成被害人死亡的结果，犯罪主体要件是年满 14 周岁且精神健康的人，犯罪主观要件表现为行为人具有故意的罪过心理。

二、犯罪构成要件

（一）犯罪构成要件的概念和种类

所谓犯罪构成要件，是指犯罪构成系统中的组成要素，或曰犯罪成立的必要条件。根据刑法理论的通说，犯罪构成由四大类要件组成，分别是犯罪客体要件、犯罪客观方面要件、犯罪主体要件和犯罪主观方面要件。

第一，犯罪客体要件。这是指刑法所规定的成立犯罪所必需的而为犯罪行为所侵犯的某种社会关系。犯罪客体要件是一切犯罪必须具备的条件，因此，理论上称之为必要条件。犯罪之所以具有社会危害性，是因为任何犯罪行为都会侵犯到一定的社会关系，例如，背叛国家罪侵犯了国家安全，故意杀人罪侵害了他人的生命权利，抢劫罪侵害了他人的财产权利和人身权利等。但是，并非犯罪行为所侵犯到的一切社会关系都是该犯罪成立所必须具备的客体要件。只有那些决定犯罪成立与否的犯罪客体才是犯罪客体要件。譬如，强奸行为不仅侵犯到了妇女的性自由权利，而且可能还会侵害到被害妇女的生命、健康权利。但是，根据刑法规定，作为强奸罪的犯罪客体要件只是妇女的性自由权利这一特定的犯罪客体，而妇女的生命、健康权利是否受到侵害，并不影响强奸罪的成立。可见，妇女的生命、健康权利可以成为强奸罪的犯罪客体，但并不属于强奸罪的客体要件。

第二，犯罪客观方面要件。犯罪在客观方面会表现出诸多事实和情况，如行为表现形式、行为引起的结果、行为指向的对象、行为实施的地点、方法，等等。但并不是所有的客观事实情况都可以成为犯罪的成立条件。其中，只有那些由刑法所规定的成立某一犯罪所必需的客观事实情况才是犯罪的客观方面要件。犯罪客观要件属于犯罪构成系统中的一个类要件，即它本身不是一个具体的要素，而是一个子系统。在客观方面要件这一子系统中又包含着危害行为、危害行为引起的结果、危害行为指向或侵犯的对象、危害行为实施的时间、地点、方法等诸多客观事实要素。其中，危害行为是一切犯罪都必须具备的客观要件，因此，在理论上称之为犯罪客观方面的共同要件，而危害行为的结果、对象、时间、地点和方法等客观事实并非所有犯罪的成立都必须具备的客观要件，只是某些犯罪所必需的客观要件，因此，在理论上称之为犯罪客观方面的选择要件。

第三，犯罪主体要件。根据我国刑法规定，不仅自然人可以构成犯罪，而且公司、企业、事业单位、机关、团体单位等社会组织也可以构成犯罪。因此，在我国刑法中犯罪主体有两大类，一是自然人犯罪主体，二是单位犯罪主体。所谓自然人犯罪主体，是指实施了犯罪行为的有生命的自然人；所谓单位犯罪主体，是指实施了犯罪行为的公司、企业、事业单位、机关、团体等社会组织。刑法上的犯罪都是指人（包括单位）的危害行为，因此，任何犯罪都存在犯罪主体。从这层意义上讲，犯罪主体是一切犯罪的成立都必须具备的条件。但是，刑法学中所讲的犯罪主体要件，并不是笼统地指实施犯罪行为的个人或者单位，而是指刑法规定的成立犯罪所必需的犯罪主体所具有的某种特殊情况。就自然人犯罪而言，犯罪必须是有生命的自然人实施的，但并不能因此而认为，自然人就是犯罪中的主体要件。因为，自然人实施的危害行为并不一定都可以构成犯罪。例如，根据刑法规定，没有达到一定年龄或者有严重精神障碍的精神病人实施任何危害社会的行为都不能构成犯罪，这里的年龄和精神状况才是犯罪成立的主体要件。就单位犯罪而言，并不是任何单位都可以构成犯罪。例如，根据《刑法》第387条规定，单位受贿罪只能由国家机关、国有的公司、企业、事业单位、人民团体等社会组织构成，非国家机关、国有单位或者人民团体则不能构成该罪。在此，国家机关、国有的公司、企业、事业单位、人民团体才属于单位受贿罪的主体要件。

自然人犯罪主体要件也不是一个具体的要件，而是自然人犯罪构成系统中的一个子要件系统，它具体包括两个要素：一是自然人的刑事责任能力，二是自然人的身份特征。其中，自然人的刑事责任能力是一切自然人犯罪成立都必须具备的主体要件，因此，属于犯罪主体中的共同要件。根据刑法规定，自然人刑事责任能力的有无及其程度取决于年龄和精神状况两个因素，因此，刑事责任能力要件具体又包括年龄和精神状况这两个要件。自然人的身份特征只是某些犯罪成立必须具备的主体要件，因此，属于犯罪主体中的选择要件。例如，贪污罪的主体身份必须是国家工作人员，非国家工作人员不能单独构成贪污罪。

单位犯罪主体要件不同于自然人犯罪主体要件，通常情况下，单位犯罪的主体只要是一个相对独立的社会组织即可满足单位犯罪的主体要件，这里的社会组织可以是任何形式的公司、企业、事业单位、机关、团体等社会组织。例如，刑法规定的生产、销售伪劣产品罪、走私罪等，虽然实践中多为经济组织实施，但刑法并没有限定必须是何种形式、何种性质的社会组织。但有的犯罪，刑法却明确规定了只有特定的单位才能构成。例如，《刑法》第162条规定的妨害清算罪的犯罪主体必须是公司或者企业，其他机关、事业单位、团体等社会组织则不能构成该罪。可见，在单位犯罪中，相对独立的社会组织是单位犯罪必须具备的共同要件，而单位的性质、形式等只是某些单位犯罪成立必须具备的条件，因此，属于单位犯罪构成中的选择要件。

第四，犯罪主观方面要件。犯罪都是行为人在一定的主观心理支配下实施的危害行为，因此，任何犯罪在主观方面都包含着一定的主观心理活动。但犯罪的主观心理活动并不等于犯罪的主观要件。所谓犯罪主观方面要件，是指刑法所规定的成立某一犯罪所必须的行为人实施危害行为时所持有的主观心理状态。根据刑法规定，只有行为人出于故意或者过失心理而实施的危害行为才能构成犯罪。如果行为在客观上造成了损害结果，但是不是出于故意或者过失，而是由于不能抗拒或者不能预见的原因所引起的，不是犯罪。因此，故意或者过失心理就是所有犯罪的成立都必须具备的主观方面要件。此外，根据刑法规定，某些故意犯罪的成立，还要求行为人在主观上必须具有特定的目的。例如，《刑法》第216条规定的侵犯著作权罪，行为人在主观上必须具有营利的目的，这时，营利的目的也是本罪在主观方面必须具备的要件之一。

（二）犯罪构成要件的理论分类

在刑法理论中，根据不同的标准可以将犯罪构成要件进行不同的划分。对犯罪构成要件进行多视角和多层次的分类研究，有助于我们对犯罪构成获得更加全面和清晰的认识。

第一，从存在范围的角度可以将犯罪构成要件分为共同要件和选择要件。所谓共同要件，是指存在于一切犯罪中的构成要件，或者说是所有犯罪成立都必须具备的构成要件。在犯罪构成要件中，属于共同要件的有犯罪的客体要件、危害行为、刑事责任能力（年龄和精神状况）、罪过等；所谓选择要件，是指只存在于某些犯罪或者某一个犯罪中的构成要件，或者说是部分犯罪或者个别犯罪成立所必须具备的构成要件，而非所有犯罪的成立都必须具备的构成要件。属于选择要件的有：犯罪客观方面的结果、对象、时间、地点和方法，犯罪主体中的身份，犯罪主观方面的目的等。

第二，从表现形式的角度可以将犯罪构成要件分为客观性要件和主观性要件。所谓客观性要件，是指表现为客观、外在、具体的事实特征的构成要件，这类要件可以凭借人们的感官感知和把握。在犯罪构成要件中属于客观性要件的有犯罪的客体要件、危害行为、行为的结果、行为的对象、时间、地点和方法等。所谓主观性要件，是指属于行为人主观心理方面的、内在的、抽象的事实特征，以及与主观心理相联系的事实特征的构成要件。在犯罪构成要件中属于主观性要件的有罪过、犯罪的目的、刑事责任能力等。

第三，从属种关系的角度可以将犯罪构成要件分为属要件和种要件。所谓属要件，是指犯罪构成中的子系统要件，也就是说，这类要件是若干个具体要件的总和。例如，犯罪客观方面要件就属于属要件，它具体包括危害行为、危害结果、行为对象等要件。所谓种要件，是指作为犯罪构成系统具体要素的构成要件，从属种关系上对其不能再进行具体的划分。例如，犯罪客体、危害行为、犯罪对象、犯罪目的等。

第四，从价值判断的角度可以将犯罪构成要件分为记述构成要件和规范构成要件。所谓记述构成要件，是指无须经过一定的价值判断，只要根据对事实的认识就能够确定的构成要件。譬如，对于强奸罪中的“妇女”、盗窃罪中的“财物”、挪用资金罪中的“资金”等对象要件，只要通过事实的认定，而不需要经过特别的价值判断就可以确定其存在与否。所谓规范构成要件，是指需要通过多方面的价值判断才能确定其存在的构成要件。例如，猥亵妇女、儿童罪中的“猥亵”行为、传播淫秽物品罪中的“淫秽物品”等，对于这些构成要件的认定，仅仅通过事实的认定，尚不足以确定其存在，还必须经过特别的价值判断才能最终确定其存在与否。由于记述的构成要件较之规范的构成要件在内涵与外延上更为明确、具体，更易认识和把握，因此，记述的构成要件有利于实现罪刑法定原则，而规范构成要件的内涵和外延不够明确，容易导致认识的差异和分歧，因此，刑事立法中应当尽量避免出现这类构成要件。

三、研究犯罪构成的意义

犯罪构成是认定和识别犯罪的标准，对刑事立法与司法审判活动，以及刑法理论的研究发展具有极其重要的现实意义。

首先，研究犯罪构成对于刑事立法完善具有重要指导意义。犯罪构成的基本功能在于对犯罪行为的评价和判断。但是，犯罪构成并非是一个纯理论的犯罪评判标准，它以刑事立法为基础，是对刑事立法关于犯罪成立条件的理论概括和总结，是对刑法规定的犯罪成立基本规律的揭示。对于犯罪构成理论的深入研究，不仅有助于准确理解和把握刑法规定和立法精神，而且能够发现刑事立法中存在的缺陷与不足，从而为刑事立法的进一步完善提供有益的理论指导。

其次，研究犯罪构成对于刑事司法审判活动具有重要指导意义。刑事司法活动的基本任务就是定罪准确和量刑适当。所谓定罪准确，就是在查明案件事实的基础上，对犯罪嫌疑人、被告人的行为是否构成犯罪，构成何种犯罪作出正确的认定和裁判。根据罪刑法定原则的基本要求，定罪的依据是刑法之规定。犯罪构成则是对刑法规定的犯罪成立条件进行理论化、条理化的一种犯罪成立的评价标准。因此，正确理解犯罪构成理论，有助于准确而全面地把握刑法关于犯罪成立条件的规定，从而能够准确地区分罪与非罪的界限、此罪与彼罪的界限，进而实现定罪准确的基本目标。同时，准确地定罪又为适当量刑提供了基本的前提和保障。因此，犯罪构成对于量刑也具有一定的指导意义。

最后，研究犯罪构成理论对于刑法学的丰富和发展具有重大意义。刑法学由犯罪论和刑罚论两大基本范畴组成，其中，犯罪论是刑法学中最重要的研究内容。犯罪论以犯罪构成原理为核心，同时还包括正当防卫和紧急避险理论、共同犯罪理论、犯罪停止形态理论、罪数理论等。之所以犯罪构成理论在犯罪论中处于核心地位，是因为犯罪构成原理是刑法学犯罪论中的基础理论。正当防卫和紧急避险理论中的不当防卫和不当避险的刑事责任问题需要由犯罪构成加以解决，共同犯罪和犯罪停止形态理论是犯罪构成原理的进一步演变和发展，犯罪构成是罪数理论中的一罪与数罪的判断标准。可见，对犯罪构成理论的深入研究，对于犯罪论、乃至整个刑法学的丰富和发展都具有决定性的影响。

[复习题]

(1) 犯罪有哪些基本特征?

(2) 简述犯罪构成的概念及其特征。

(3) 何谓犯罪构成要件? 犯罪构成包括哪些具体要件?

(4) 简述犯罪构成的共同要件和选择要件。

第三章 犯 罪 客 体

【重点提示】

- 犯罪客体的层次划分
- 直接客体的概念
- 简单客体和复杂客体

第一节 犯罪客体与犯罪客体要件概述

一、犯罪客体和犯罪客体要件

（一）犯罪客体的概念

在哲学上，客体是指主体认识和实践的对象，是相对于主体而存在的客观事物。而在我国刑法学中，却不能简单地把犯罪客体理解为相对于犯罪主体而存在的客观事物，因为，犯罪的客体不是指某种具体的人或者物，而是指遭到犯罪行为侵犯的某种关系或者利益。犯罪客体的概念是从犯罪的实质层面上对犯罪行为所具有的社会危害性进行的深刻揭示。通说认为，所谓犯罪客体是指刑法所保护的而为犯罪行为所侵犯的社会关系。对于犯罪客体，可以从以下三个方面加以理解：

第一，犯罪客体是一种社会关系。所谓社会关系，是指社会生活中人与人之间的一种相互关系，它包括物质关系和思想关系。物质关系主要表现为社会经济关系，如国家与个人的关系、社会成员之间的经济交往关系、财产关系、人身关系等。思想关系是指在物质关系基础上形成的政治、法律、哲学、道德、宗教、艺术等关系，如国家的社会制度与政权、国家的经济制度、行政管理制度、司法制度、婚姻家庭制度、宗教制度等。

第二，犯罪客体是刑法所保护的社会关系。社会关系内容丰富、范围广泛。但并非所有的社会关系都能成为犯罪客体，只有为刑法所保护的社会关系才属于犯罪客体的范畴。刑法作为调整社会关系的重要法律手段，由于它的调整手段特殊，即采用刑罚方式来规范和调整社会关系，所以这种调整手段必然会给犯罪人带来一定程度的痛苦和损失，最严厉的刑罚甚至可以剥夺犯罪人的生命。可见，刑法对社会关系的调整和保护将以给犯罪人造成损失为代价。因此，刑法调整的范围应当是有限的。随着社会文明的不断进步和当代刑罚的人道化、教育刑化、轻缓化等刑罚潮流的影响，刑法调整的范围将进一步缩小，非犯罪化将成为现代刑法发展的主流。因此，只有那些关乎国家、社会、民众的重要利益，维系社会生活正常存续和发展的社会关系才为刑法所调整和保护。例如，国家的制度和政权的稳定、社会共同安全利益、社会市场经济关系、重要的人身法律关系、财产关系等，为刑法所保护。而社会生活中的道德关系、邻里关系、隶属关系、友情关系等，虽然也是社会生活不可或缺的社会关系，但并不受到刑法的调整和保护，通常由其他法律或者道德规范、社会生活习俗等加以调整。此外，即使属于刑法所保护的社会关系，也并非在任何情况下都被刑法保护。因为，刑法对某一社会关系的调整和保护是有一定的条件和限制的。譬如，刑法保护财产所有权法律关系，但是对于小额的财产关系、一般的身体健康权利等，国家并不会动用刑法加以保护，而是留给其他部门法或者道德规范去调整。例如，小偷小摸行为、造成轻微伤害的行为、婚外恋行为等，虽然侵犯到了一定的社会关系，但由于这种行为对社会关系的破坏并未达到犯罪的严重程度，因此，不属于刑法中的犯罪行为，不会产生刑事责任问题。可见，刑法是犯罪客体存在的法律根据。

第三，犯罪客体是犯罪行为所侵犯的社会关系。刑法所调整和保护的社会关系并不等同于犯罪客体，刑法所调整或者保护的社会关系是基于刑法规定而产生和存在的一种法律关系，只有当某种刑法所保护的社会关系受到犯罪行为侵犯时才称之为犯罪客体。没有犯罪行为，也就没有犯罪客体的存在，可见，犯罪行为是产生犯罪客体的事实根据。例如，刑法保护公私财产所有权，但公私财产所有权并非是犯罪客体，只有当某一公私财产因抢劫、盗窃、诈骗、毁坏等遭到严重侵害时，该财产所有权才成为犯罪客体。

（二）犯罪客体要件的概念

犯罪客体与犯罪客体要件是两个不同的概念。犯罪客体是指犯罪行为所侵犯的某种社会关系，而犯罪客体要件是指根据刑法规定构成某种犯罪必须具备的犯罪客体。换言之，犯罪客体要件是指刑法规定的为某一行为所侵犯的且该犯罪的成立必须具备的某种社会关系。

某种犯罪行为所侵犯的客体并不一定就是该罪的客体要件。在实践中，一个具体的犯罪行为可能会侵犯到两个或者两个以上的客体，但不是所有遭受侵犯的客体都是该罪的成立必须具备的条件。例如，抢夺罪的客体要件是他人的财产所有权，但在实践中，如果抢夺行为同时造成被害人伤亡结果，在这种情况下，抢夺行为不仅侵犯了被害人的财产权，而且还侵犯了被害人的生命、健康权。但是，生命、健康权并不是抢夺罪的客体要件。

二、犯罪客体的刑法意义

第一，研究犯罪客体有助于深刻认识犯罪的本质。犯罪客体是指犯罪行为所侵犯的社会关系，它揭示了犯罪行为的本质特征并反映了犯罪行为社会危害性的实质所在。因此，对犯罪客体的研究和把握，有助于透过犯罪的表象，把握犯罪的本质和规律。例如，甲为了杀死乙，在乙的旅行箱里安置了一个定时炸弹，准备趁乙坐火车后将炸弹引爆，但没想到乙在进站时，被车站安检人员检查出行李箱内的炸弹，从而避免了严重后果的发生。在表面上看，甲的行为是对乙生命权的侵犯，但从实质上分析，甲的行为侵犯的是社会公共安全，因为，这种行为危及不特定多数人的生命安全和重大财产安全。

第二，研究犯罪客体有助于正确区分罪与非罪之间的界限。某一个具体犯罪所侵犯的客体不仅是该罪本质特征的体现，而且也是该罪成立的一个必要条件。因此，在区分罪与非罪时，犯罪客体往往成为一个重要评判标准。例如，甲借给乙 5000 元现金，乙恶意不还。甲一气之下，从乙的手中强行抢得一价值 5000 元的笔记本电脑。本案中，甲抢乙笔记本电脑的行为似乎构成了刑法中的抢劫罪，但由于甲是为了追讨乙所欠的 5000 元，因此，就甲与乙之间的财产关系而言，甲的行为并没有侵犯到乙的财产所有权。因此，甲的行为不构成抢劫罪。

第三，研究犯罪客体有助于正确区分此罪与彼罪之间的界限。有时候，某些犯罪所侵犯的客体会出现包容、交叉或者相似等复杂情形，对于这些犯罪来说，犯罪客体往往成为区分此罪与彼罪界限的重要标准。例如，偷割高压输电线缆的行为一般以破坏电力设备罪论处，而不能视为普通的盗窃罪。因为，盗窃罪行为侵犯的客体只是单一的公私财产所有权，而偷割高压输电线缆的行为不仅侵犯了国家财产所有权，而且还侵犯到了一个更为重要的社会关系，即电力运输安全。再如，破坏交通工具罪侵犯的客体是不特定或多数人的生命健康权利和重大的公私财产所有权，这一客体与故意杀人罪、故意伤害罪、故意毁坏财物罪等犯罪所侵犯的客体十分相似。区别的关键在于，破坏交通工具罪侵犯的是不特定的他人生命、健康权或者重大公私财产所有权，而故意杀人罪、故意伤害罪、故意毁坏财物罪等侵犯的客体分别是特定的他人生命、健康或者公私财产所有权。可见，前者与后者的区别关键在于犯罪客体的内容是否特定。

第二节　犯罪客体的多层次划分

犯罪客体揭示了犯罪所侵犯的实质内容和本质特征。在刑法理论中，从宏观到微观、从抽象到具体可以对犯罪客体进行不同层次的认识和划分。如果从整体的犯罪概念出发，犯罪所侵犯的社会关系就是一般犯罪客体。一般客体的概念揭示了一切犯罪行为的共同本质；如果就某一类犯罪而言，该类犯罪所共同侵犯的社会关系就是同类犯罪客体。同类客体的概念概括了某一类犯罪行为的共同本质；如果着眼于某一具体的犯罪，该犯罪所直接侵犯的社会关系就是直接犯罪客体。直接客体的概念指明了某一具体犯罪行为的本质特征。对犯罪客体进行多层次的划分，不仅具有重要的理论研究意义，而且对刑事立法和司法实践也具有重要的指导意义。

一、一般客体

所谓一般客体，是指所有犯罪共同侵犯的客体，即我国刑法所保护的而为犯罪所侵犯的社会关系的整体。一般客体是对我国刑法中所有犯罪侵犯的内容最高度的概括与抽象，它揭示了所有犯罪的共同本质和社会危害性所在。犯罪一般客体的概念是研究刑法学犯罪论的理论起点和基础，因此，具有重要的理论研究意义。

二、同类客体

所谓同类客体，是指某一类犯罪行为所共同侵犯的客体，即我国刑法所保护的而为犯罪行为所侵犯的某一方面或者某一局部的社会关系。同类客体是刑事立法对犯罪进行分类的主要依据。譬如，刑法分则第一章危害国家安全罪一共规定了 12 个具体的罪名，虽然每一个犯罪所侵犯的直接客体不尽相同，但它们所侵犯的社会关系可以抽象为国家安全这一客体，即中华人民共和国的主权独立、领土完整、人民民主政权稳定和社会主义制度安定。再如，刑法分则第三章破坏社会主义市场经济秩序罪规定了 100 余个具体罪名，所侵犯的共同客体可以抽象为社会主义市场经济秩序这一同类客体。我国刑法分则一共分为十大类犯罪，其中，多数犯罪的分类都是以同类客体为标准所作的划分。可见，同类客体的概念不仅具有重要的理论研究意义，而且具有重要的立法意义。

在理解同类客体时，需要注意以下三点：其一，同类客体只是我国刑法建立分则体系的主要依据，但不是唯一依据。出于立法目的和技术的考虑，在我国刑法分则规定的十大类犯罪中，个别犯罪的分类并不是按照同类客体进行划分的，而是按照其他标准进行分类。例如，刑法第九章渎职罪和第十章军人违反职责罪是以犯罪主体为标准所作的分类，其中第九章渎职罪都是由国家机关工作人员实施的职务犯罪，第十章军人违反职责罪均为现役军人违反职责而构成的犯罪。其二，我国刑法中的某些同类客体还可以继续划分为若干个下一层次的类客体。例如，社会主义市场经济秩序可以划分为国家的对外贸易管理秩序、公司、企业管理秩序、金融管理秩序、税收征收管理秩序等类客体。其三，刑法中个别同类客体与直接客体会出现同一的现象，即同类客体也是直接客体。也就是说，某些同类犯罪中每一个具体犯罪所侵犯的直接客体完全一致。例如，我国刑法分则第五章侵犯财产罪的同类客体是财产权，该章中的 12 个具体的罪名，除了抢劫罪外，其他罪所侵犯的直接客体均为财产权利。

三、直接客体

所谓直接客体，是指某一个具体犯罪所直接侵犯的客体，具体而言，就是指我国刑法所保护的而为某一具体犯罪行为所直接侵犯的某种具体的社会关系。例如，破坏交通工具罪侵犯的直接客体是公共交通运输安全；故意杀人罪侵犯的直接客体是公民的生命权利；故意伤害罪侵犯的直接客体是公民的身体健康权利；受贿罪侵犯的直接客体是国家工作人员职务的廉洁性；等等。犯罪的直接客体明确了每一个具体犯罪所侵犯的实质内容和本质特征，每一个犯罪都必然侵犯到某种特定的直接客体。因此，犯罪直接客体不仅具有重要的理论研究意义，而且具有重大的司法实践意义。

在刑法理论中，根据犯罪行为同时侵犯的直接客体的数量可以将其分为简单客体和复杂客体。所谓简单客体，又称单一客体，当某一种犯罪行为只侵犯到一个直接客体时，该犯罪所侵犯的客体就称为简单客体。例如，盗窃罪侵犯的直接客体就是单一客体，即公私财产所有权。所谓复杂客体，又称双重客体或多重客体，当某一种犯罪行为同时侵犯到两个或者两个以上直接客体时，该犯罪所侵犯的客体就称为复杂客体。例如，抢劫罪侵犯的直接客体是公私财产所有权和被害人的人身权利，贪污罪侵犯的直接客体是国家工作人员的职务廉洁性和公共财产所有权。在我国刑法规定的犯罪中，侵犯简单客体的现象较为多见，而侵犯复杂客体的犯罪属于少数。

对于复杂客体，又可以从不同角度和层面进行分类研究。根据复杂客体中各个直接客体对犯罪性质的不同影响，可以将复杂客体分为主要客体和次要客体。所谓主要客体，是指在复杂客体中决定犯罪性质的直接客体；而次要客体，是指在复杂客体中与主要客体并存但不决定犯罪性质的直接客体。例如，抢劫罪侵犯的复杂客体是公私财产的所有权和被害人的人身权利。其中，公私财产所有权这一客体决定了抢劫罪归属于财产型犯罪之中，即抢劫罪属于财产型犯罪。而人身权利虽然是抢劫罪同时侵犯到的直接客体，但在刑法中抢劫罪并不属于侵犯人身权利的犯罪。需要明确的是，虽然抢劫罪所侵犯的人身权利属于次要客体，不决定抢劫罪的性质，但它同样是抢劫罪的构成要件客体。

根据复杂客体中各个直接客体在犯罪构成中的意义不同，可以将复杂客体化分为必要客体和随机客体。所谓必要客体，是指某一犯罪必然侵犯的而为该犯罪成立不可缺少的直接客体；而随机客体，是指某一犯罪可能侵犯到的但并非该犯罪成立必须具备的直接客体。例如，拐卖妇女、儿童罪侵犯了妇女、儿童的人身不受买卖的权利，这是该罪的必要客体，而在实践中，实施拐卖妇女、儿童犯罪行为，有时还会伴随实施强奸、绑架等犯罪行为，从而侵犯到被害妇女的性自由权利、人身自由权利等，而这些客体不是拐卖妇女、儿童罪的构成要件，因此，属于该罪的随机客体。

第三节　犯罪对象

犯罪对象本属犯罪客观方面的要件之一，由于犯罪对象与犯罪客体之间关系紧密，因而，将犯罪对象的内容置于本章阐述。

一、犯罪对象的概念及分类

（一）犯罪对象的概念

对象在词义上是指作为行动或者思考目标的人或者事物，而刑法中的犯罪对象有其特定的外延与内涵。从外延上讲，刑法中的犯罪对象专指人的行为所指向的目标，而不包括人的思考目标。因为，单纯的心理活动不能构成犯罪，所以，思想活动的对象也不能成为犯罪的对象。从内涵上讲，刑法中的犯罪对象专指危害行为所指向的目标，不是一般意义的人的行动所指向的目标，同时，危害行为的目标是指能够体现刑法所保护的某种社会关系（犯罪客体）的人和物。其中的人，可以是有生命的自然人，也可以是法人等其他社会组织。例如，故意杀人罪的对象是自然人，对单位行贿罪的对象必须是国家机关、国有公司、企业、事业单位、人民团体。其中的物，不是泛指任何事物，只有那些具有一定经济价值或者能够体现某种刑法所保护的社会关系的有形或者无形的客观物质，才能成为刑法中的对象物。譬如，有形物如危险物质、财物、毒品、假币等，无形物如商业秘密、电力、天然气等。综上，所谓犯罪对象，亦称行为对象，是指危害行为所指向的体现刑法所保护的某种社会关系的具体的人或者物。

在刑法规定的犯罪中，绝大多数犯罪都存在犯罪对象，但犯罪对象属于犯罪客观方面的选择性要件，而非共同要件。同时，不论是构成要件的对象还是非构成要件的对象，都对量刑具有重要的影响意义。例如，在非法持有毒品罪中，毒品这一对象不仅影响到犯罪的成立，而且毒品的种类和数量直接影响到法定刑的轻重。

（二）犯罪对象的分类

犯罪对象种类繁多，表现形式多样。在刑法理论上，根据不同的标准可以对犯罪对象进行不同的分类。

第一，人和物。刑法中的人包括有生命的自然人和法律拟制的人两类。自然人作为犯罪对象是一种较为普遍的情况。例如，故意杀人罪、拐卖妇女、儿童罪、虐待罪、打击报复证人罪等，都是以自然人作为对象的犯罪。法律拟制的人作为犯罪对象在刑法中属于个别现象，例如，《刑法》第 391 条规定的对单位行贿罪的对象是国家机关、国有公司、企业、事业单位、人民团体。法律拟制的人之所以可以成为犯罪对象，是因为法律赋予或者认可社会组织具有参与法律关系的主体资格，并且在很多方面具有与自然人相同的法律特征。譬如，公司、企业可以参加与自然人相同的民事法律关系，享有与自然人相同的名称权、名誉权、信誉权。作为行为对象的物，是指具有一定经济价值或者体现刑法所保护的一定社会关系的有形或者无形的物质。例如，货币、财物、专利、商标等，都是具有一定经济价值的物。再如，走私毒品罪中的毒品、投放危险物质罪中的危险物质、盗窃、侮辱尸体罪中的尸体等，虽然不具有一定的经济价值，但却体现了某种刑法所保护的重要利益，因此，也能成为刑法中的犯罪对象。

第二，构成要件对象和非构成要件对象。凡是由刑法规定的决定犯罪成立与否的行为对象，就是构成要件对象。例如，打击报复证人罪中的证人，非法持有枪支、弹药罪中的枪支、弹药。需要说明的是：构成要件的对象必须是特定的人或者物，如果不是特定的人或者物，即使刑法作了明文规定，仍然不能视为构成要件对象。这里所谓的“特定”，是指相对于同一类对象而言，其外延是有限制的，或者说，只是某一类对象中的部分或者局部。就故意杀人罪来说，刑法明文规定了本罪的对象是指有生命的自然人，因此，尸体、动物、植物等不能成为本罪的对象。但不能因此而认为，人这一对象是故意杀人罪的构成要件。因为人不是一个特定的概念，而是一个普遍的概念。相反，拐骗儿童罪中的儿童就是本罪的构成要件，因为儿童是人中的一部分。再如，盗窃罪、抢劫罪等财产型犯罪的对象是财产，但在刑法理论中一般不认为财产就是财产型犯罪的构成要件，而挪用资金罪中的资金就是本罪的构成要件，因为资金属于财产中的一部分。凡是不影响犯罪成立，只影响到量刑轻重的行为对象，就是非构成要件对象。例如，盗窃罪中的财物、非法拘禁罪中的被害人等。

第三，侵害性对象和非侵害性对象。行为对象是危害行为所指向的目标，在大多数情况下，行为对象也就是危害行为直接侵害的对象。但是，在有些犯罪中行为对象并不存在受到危害行为侵犯的情形，而仅仅是危害行为指向的对象。凡是因危害行为的作用而受到一定物质或者精神损害的行为对象，叫做侵害性对象。例如，故意毁坏财物罪中的财物、强奸罪中的妇女等。凡是危害行为指向但并非受到实际侵害的行为对象，叫做非侵害性对象。例如，传播淫秽物品罪中的淫秽物品、行贿罪中的国家工作人员等。

第四，单一对象和复杂对象。刑法中的犯罪通常只有一种行为对象，但有的犯罪却同时指向两种或者两种以上的对象。凡是在某一犯罪中只存在一种行为对象的情形，就叫做单一对象。例如，走私普通货物、物品罪、刑讯逼供罪等。凡是在某一犯罪中存在两种或者两种以上行为对象的情形，就叫做复杂对象。例如，抢劫罪的对象是人和财物。需要说明的是，复杂对象是指行为对象种类的多样性，而不是指数量的多数性。例如，非法持有、私藏枪支罪可能同时持有、私藏数支枪支，但本罪仍然属于单一对象的犯罪。

三、犯罪对象与犯罪客体之间的关系

在词义上看，对象和客体并无质的区别，都可以理解为人的行为和认识的对象。但在刑法中，犯罪对象与犯罪客体是两个既有联系又有区别的概念，两者之间存在着形式与内容、现象与本质的对立统一关系。

（一）犯罪对象与犯罪客体的区别

第一，犯罪对象是指行为指向的具体的人或者物，它是犯罪客观方面的一个外在事实；而犯罪客体是指行为侵犯的某种社会关系，它是体现犯罪行为社会危害性实质内涵的一种内在事实。可见，犯罪对象具有外在性、具体性的特征，而犯罪客体具有内在性、抽象性的特征。例如，贩卖毒品罪在客观上表现为其行为指向的对象是毒品，但毒品的滥用会严重侵犯人们的身体健康，因此，国家明令禁止毒品的非法买卖。贩卖毒品的行为侵害的客体就是国家对毒品的管理制度和他人的身体健康权。

第二，通常情况下，犯罪对象不影响行为的犯罪性质，而犯罪客体则一定决定行为的犯罪性质。例如，妇女可以成为多种犯罪的侵犯对象，如强制猥亵、侮辱妇女罪、强奸罪、拐卖妇女罪等犯罪行为侵犯的对象都是妇女。可见，不同性质的犯罪可以针对同一对象。但是，不同的犯罪通常都有其特定的犯罪客体。因为，犯罪客体往往决定着犯罪行为的性质。例如，强制猥亵、侮辱妇女罪的犯罪客体主要是妇女的人格尊严，强奸罪的犯罪客体是妇女的性自由权利，而拐卖妇女罪侵犯的客体则是妇女的人身不受买卖的权利。

第三，犯罪对象不是所有犯罪都存在的客观事实情况，例如，刑法中的叛逃罪、脱逃罪、偷越国（边）境罪等，并不存在刑法意义上的行为对象。但是，每一个犯罪都必然存在特定的犯罪客体，没有犯罪客体，也就没有犯罪的存在。因为，如果一种行为没有侵犯到犯罪客体，就意味着该行为没有社会危害性，也就不可能成为刑法中的犯罪行为。例如，警察依法对犯罪嫌疑人实施逮捕行为，表面上看逮捕行为剥夺了犯罪嫌疑人的人身自由权利，但依法逮捕犯罪嫌疑人是刑事诉讼法赋予警察的一项侦查手段，在警察实施逮捕的场合，犯罪嫌疑人的人身自由权是不受法律保护的。因此，警察依法进行的逮捕行为并没有侵犯到犯罪嫌疑人的人身自由权利，不属于非法拘禁他人自由的犯罪行为。

第四，犯罪对象是犯罪客观方面的一个选择性要件，而犯罪客体则是一切犯罪必须具备的构成条件，属于犯罪构成中的共同要件。

第五，犯罪对象不是在任何情况下都会受到犯罪行为的侵犯，甚至在有些犯罪中行为对象并不存在被犯罪行为侵犯的问题。例如，受贿罪中的财物、非法持有毒品罪中的毒品等仅仅是犯罪行为指向的对象，而不是犯罪行为侵犯的对象。但是，犯罪客体都必然会受到犯罪行为的侵犯，也正是因为犯罪客体受到了某种行为的侵犯，才决定了该行为具有危害社会的特征，从而成为刑法中的犯罪行为。需要说明的是，刑法中的侵害不能简单地理解为实际的侵害，它可以表现为现实的侵害和可能的侵害（或曰侵害的危险）两种情形。因为对于某些社会危害性极其严重、危害面很大的犯罪，根据刑法规定，即使没有造成实际的危害后果，同样可以构成犯罪。例如，分裂国家罪、放火罪、妨害传染病防治罪等，只要行为一经实施或者行为实施完毕，即使没有造成实际的危害后果，也完全具备了犯罪的成立条件。

（二）犯罪对象与犯罪客体的联系

虽然犯罪对象与犯罪客体是两个相互区别、相对独立的犯罪客观方面的事实表现，但是两者之间又相互联系、相辅相成，在犯罪客观方面形成一个有机的统一体。首先，犯罪对象是犯罪客体的外在表现，犯罪客体是行为对象的实质内容。例如，盗窃罪在表面上是针对财物的非法占有，财物这一对象却包含着财产所有权这一刑法所保护的社会关系，因此，盗窃行为从实质上讲是对合法财产所有权的侵犯。其次，在很多犯罪中，犯罪行为是通过对犯罪对象的作用和影响而侵犯到犯罪客体的，犯罪对象是犯罪行为与犯罪客体之间联系的媒介。例如，毒品犯罪是通过走私、制造、运输、储存、买卖、非法持有毒品行为，从而侵犯到国家对毒品的管理制度和人们的身体健康权。因此，只有从犯罪对象和犯罪客体两个方面予以全面理解，才能真正把握犯罪的全貌、弄懂犯罪的构成规律。

[复习题]

(1) 试述犯罪客体的层次划分。

(2) 简述简单客体和复杂客体、必要客体和随机客体的含义。

(3) 试述犯罪对象与犯罪客体的联系与区别。

第四章　犯罪客观方面

【重点提示】

- 犯罪客观方面要件的内容
- 成立不作为在客观方面的条件
- 刑法中因果关系的特征

第一节　犯罪客观方面概述

一、犯罪客观方面的概念和特征

（一）犯罪客观方面的概念

犯罪在客观方面的表现呈现出多样性和复杂性，我国刑法规定的400余种犯罪，绝大多数都具有不同的客观表现形式。同时，即使是同一种犯罪，在实践中也往往具有不同的客观表现。就故意杀人罪来讲，可以采取不同手段和方式实施，可以造成一人或者多人死亡，杀人行为可以发生在不同的时间和场合。但是，犯罪在客观方面所表现出来的事实情况并非都是犯罪客观方面的要件。所谓犯罪客观方面要件，是指决定犯罪成立的犯罪客观方面的各种外在事实特征和表现。犯罪客观方面要件属于犯罪构成中的一个类要件，本身是由诸多具体要件组成的，这些具体要件包括危害行为、行为对象、行为结果、行为实施的时间、地点（场合）和方式等。

任何犯罪都是以一种客观外在的人的身体活动表现出来的，单纯的思想活动不能成为刑法中的犯罪行为，因此，在犯罪客观要件中，危害行为是一切犯罪都必须具备的客观要件，或者说，属于犯罪构成中的共同要件。与危害行为不同，虽然在通常情况下，犯罪行为都是针对一定对象实施的，都会产生这样或者那样的结果，并且，犯罪行为总是在一定的时间和地点实施或完成，都以一定的方式表现出来，但是，从刑法的规定来看，对于许多犯罪的成立，犯罪的对象、结果、时间、地点和方式等客观事实并不影响犯罪的成立，即行为的对象和结果、行为实施的时间、地点（场合）和方式等并非所有犯罪成立都必须具备的条件，只是某些犯罪成立的要件，因此，它们属于犯罪构成中的选择要件。例如，根据

《刑法》第239条关于绑架罪的规定，不论被害人是谁，不论是否产生什么危害后果，也不论绑架行为发生在何时何地，只要实施了刑法规定的绑架行为就可以构成绑架罪。可见，对于绑架罪而言，犯罪的对象、结果、时间、地点等客观事实不属于犯罪的客观方面要件。

（二）犯罪客观方面的特征

犯罪客观方面是犯罪构成中内容最为丰富的表现形式，也是最为多样的一类构成要件。概括而言，它具有以下几个方面的特征：

第一，法定性。在罪刑法定原则的前提下，构成要件的法定性是所有犯罪构成要件的共性。其中，犯罪客观要件的法定性表现更为突出和具体。由于犯罪客观方面的复杂性和多样性，因此，刑法分则在规定犯罪时，往往对犯罪客观要件的描述最为详尽，犯罪客观方面也成为每一个犯罪个性最集中的体现。

第二，客观性。外在客观性是犯罪客观方面有别于犯罪主观方面的根本标志。所谓客观性，是指犯罪客观方面所表现出的一种外在的具体的事实特征，它可以通过人的感官得以直接感觉和认知，而无须进行理性判断和推理。譬如，危害行为的样态、行为指向的对象、行为造成的损失等。与此不同，犯罪主观方面是隐藏在客观要件背后或者内部，需要通过人们的理性思维才能把握的事实特征。因此，相对而言，对于客观要件的认识和把握较之主观性要件要直观和容易。

第三，决定性。犯罪客观方面往往是认识和判断犯罪成立与否的先决条件。从认识的一般规律上看，对犯罪的认识和把握首先是从犯罪的外在表现开始的，犯罪客观方面的表现是分析和把握犯罪主观内在因素的前提和基础。只有全面而准确地了解了犯罪的客观表现，才有可能进一步去深入地分析和把握犯罪所包含的主观心理活动。

第四，危害性。犯罪客观方面的危害行为、行为对象、行为结果等事实情况说明了犯罪是如何侵犯客体的，侵犯了谁的利益，造成了什么危害等，从而直接而全面地反映了某种犯罪所具有的社会危害性。因此，犯罪客观方面是认识犯罪危害性的客观依据。

二、研究犯罪客观方面的意义

第一，犯罪客观方面是区分罪与非罪的主要标准。在很多情况下，犯罪客观要件往往是认定犯罪成立与否的关键，是区分罪与非罪的主要标志。例如，干涉他人婚姻自由的行为是否构成犯罪，关键在于行为在客观方面是否表现为暴力行为；传播淫秽物品罪的成立，关键在于确定传播的对象是否属于淫秽的物品；诈骗罪的成立，必须查明诈骗的数额是否达到数额较大这一结果；等等。

第二，犯罪客观方面是区分此罪与彼罪的主要标准。我国刑法规定有400多个具体的罪名，对于绝大多数犯罪来说，彼此之间的差别主要表现在客观方面的不同。因此，犯罪客观要件便成为判别各罪之间界限的主要标准。例如，抢劫罪和抢夺罪、盗窃罪与诈骗罪之间的区别主要在于行为方式的不同；刑讯逼供罪和暴力取证罪之间的区别主要在于行为对象的差异；徇私枉法罪与民事、行政枉法裁判罪之间的区别主要是行为发生的场合不同；等等。

第三，犯罪客观方面是查明犯罪主观心理的可靠依据。人的所作所为都是其主观心理活动的结果，同样，犯罪的客观方面都在不同程度上反映着行为人主观心理活动的内容。因此，通过对犯罪客观方面事实特征的细致分析和把握，就可以分清和查明行为人主观心理活动的状况，准确认定行为人的罪过形式和犯罪目的、动机。譬如，行为人持锋利的匕首向他人心脏部位猛刺数刀，或者用砖头猛击他人头部十余次，或者将他人从高楼推下，这些行为已明显反映出行为人的主观心理态度是想将他人置于死地，具有非法剥夺他人生命的目的。因此，这种行为应当认定为故意杀人行为。如果行为人持刀刺向他人大腿，碰巧刺破大腿部动脉而导致失血性休克死亡，或者在一时激怒之下一拳打在他人胸口，致使对方心脏病突发而死。在这种情况下，虽然发生了死亡结果，并且，行为人实施行为时也是基于故意的心理，但是，从其行为的具体表现来看，行为人在主观上并不具有希望或者放任他人死亡的心理态度，而是基于伤害的故意心理支配下实施的伤害行为，死亡结果发生是出乎其意料的。因此，不应以故意杀人罪论，而应当定为故意伤害罪。

第四，犯罪客观方面是认定犯罪形态完成与否的重要标志。在刑法理论中，犯罪形态分为完成形态和未完成形态两种。犯罪的完成形态是指犯罪的既遂形态，即行为具备了刑法规定的某一犯罪的全部要件；犯罪的未完成形态是指犯罪的预备、中止和未遂形态，即行为尚未具备某一犯罪的全部构成要件，但也构成犯罪的情形。譬如，故意杀人行为未造成死亡结果，而构成故意杀人未遂；意图贩卖毒品而向他人购买毒品，但买的却是假毒品，在此成立贩卖毒品罪的未遂形态。犯罪未完成形态主要是基于犯罪客观方面某一要件的缺失而形成的，因此，判断犯罪形态完成与否的主要根据就是犯罪的客观要件。

第五，犯罪客观方面是正确量刑的重要基础。犯罪客观方面是犯罪社会危害性的主要体现，不同犯罪在社会危害性上的差别，以及同一犯罪在不同情形下社会危害性的差异，在很多情况下都是因为犯罪客观方面的不同而产生的。因此，犯罪客观方面要件是影响刑罚轻重的主要依据。例如，劫持航空器罪的社会危害性远远大于劫持船只、汽车罪，因而，刑法规定了两罪轻重不同的法定刑。再如，刑法对故意伤害罪规定了三个不同幅度的法定刑，主要是根据客观危害结果加以设定的。此外，在司法审判过程中，法官对某一犯罪具体量刑时重点在于考察犯罪客观事实和情节。

第二节 危害行为

一、危害行为的概念和特征

犯罪最基本的内涵就是一种危害社会的行为，危害行为乃是刑法中最基础和最核心的概念。在犯罪论中，危害行为既是犯罪客观方面的一个基本要件，同时，也是整个犯罪构成体系中的一个核心要件。刑法中的危害行为，是指行为人有意识和有意志地实施的具有一定社会危害性的身体活动与静止。这一概念包含三层基本含义：

第一，危害行为是指人的一种身体活动与静止，这是危害行为的客观外在特征，或曰危害行为的有体性。刑法意义上的危害行为在客观方面有两种基本表现形式：①身体的积极活动，这是最常见的一种行为表现形式。譬如，抢劫行为、绑架行为等。②身体的消极活动，或曰身体的静止状态，这是刑法中较为特殊的一种行为表现。譬如，遗弃行为可以构成遗弃罪、遗弃伤病军人罪；拒绝履行特定义务的行为可以构成逃税罪、拒绝提供间谍犯罪证据罪、拒不执行判决、裁定罪等。

第二，危害行为是指人的一种有意识和有意志的身体活动与静止，这是危害行为的主观内在特征，或曰危害行为的有意性。刑法中的危害行为一定是人的主观心理活动和客观外在活动的有机统一，凡是在无意识或者无意志情况下出现的身体活动，即使对社会造成某种损害，也被排除在刑法评价范围之外。在实践中，无意识或者无意志的行为大致可以分为以下几种情形：①人的梦游行为。患有严重梦游症的人在睡眠过程中，会无意识地起身实施一些自己都不知道的活动。譬如，出门行走、爬树、干一些白天常做的家务活等。梦游行为由于缺乏基本的认识因素，因而，即使造成了损害后果，也不能成为刑法中的危害行为。②精神错乱下的举动。精神错乱也就是严重的精神障碍，在这种情况下实施的行为是不受行为人意志支配的行为，因此，不属于刑法中的危害行为。例如，精神病人的伤人举动。③人的身体受到强制而失去行动自由的举动。人的身体受到强制，使其失去支配和控制自己行动的能力，在这种情况下的身体动静不是行为人意识或者意志的结果，因此，不属于刑法中的危害行为。例如，仓库的值班员在夜间值班时被盗匪捆绑，仓库中的贵重物品被抢，值班员对此束手无策。在这种情况下，不能认为值班员未履行守护职责的行为是危害行为。④人在不可抗力情况下的举动。所谓不可抗力，是指战争、自然灾害或者其他自然力量等人类无法控制和抗衡的情形。例如，甲驾驶小轿车在高速公路上行驶，时速为 100 千米左右。突然前方 10 米处有一个农民跨越公路围栏并横穿公路，甲发现后立即紧急刹车，但由于距离太近，在小车的惯性作用下，仍将农民撞死。对于甲来说，在这种情况下造成这起交通事故，他是无法抗拒和避免的。因此，甲的行为不属于刑法中的危害行为。

第三，危害行为是指对社会具有一定危害性的身体活动与静止，这是危害行为的社会特征，或曰危害行为的有害性。某一行为之所以具有刑法意义，从根本上说就是因为该行为对社会具有某种危害性。不具有社会危害性的行为也就不具有刑法评价的前提。实践中，某些行为表面上看对社会带来了一定的损害，但是如果该行为能够带来更大的社会利益和价值，也不属于刑法中的危害行为。例如，正当防卫行为、紧急避险行为。

二、危害行为的表现形式

（一）危害行为的分类

刑法中的绝大多数的犯罪行为，在客观方面的表现都各不相同，即使是同一种犯罪，在不同的案件中也会具有不同的表现形式。在刑法理论中，可以对危害行为进行多标准的分类研究，其中，对危害行为最常见而简洁的分类是，根据危害行为所违反的刑法规范的不同，将危害行为分为作为和不作为两种基本表现形式。

刑法规范主要有两种类型：一种是禁止性规范，另一种是命令性规范。凡是违反禁止性规范的危害行为，即为作为；凡是违反刑法命令性规范的危害行为就是不作为。所谓禁止性规范，是指刑法规定人们不得实施某种行为的规范。如果行为人实施了这种禁止性的行为，便构成刑事违法。禁止性规范是刑法中最为普遍的一种规定，刑法中的犯罪绝大多数都是因为违反了禁止性规范而构成的。例如，刑法规定的叛逃罪、生产、销售伪劣商品罪、投放危险物质罪、强奸罪、绑架罪、抢劫罪、受贿罪等罪名，都包含了特定的禁止性规定。所谓命令性规范，是指刑法规定人们必须从事某种行为的规范。如果行为人没有按照刑法的这一规定去履行自己应当实施的某种行为，则构成刑事违法。相对于禁止性规范而言，命令性规范属于少数。譬如，《刑法修正案（六）》第 4 条规定的不报或者谎报事故情况罪，是指在安全事故发生后，负有报告职责的人员不报或者谎报事故情况，贻误事故抢救，情节严重的行为。该条中就明确地规定了一项命令性规定，即“报告事故情况的职责”。再如，《刑法》第 261 条规定的遗弃罪，是指对于年老、年幼、患病或者其他没有独立生活能力的人，负有扶养义务而拒绝扶养，情节恶劣的行为。其中“扶养义务”，就是命令性规范。

（二）作为

所谓作为，是指行为人违反刑法禁止性规定，以积极的身体活动实施了刑法规定不得实施的行为，即行为人不应为之而为之。作为是刑法中最常见的一种犯罪行为表现形式。作为都是以积极的身体活动而完成的，纯粹的身体静止不可能构成作为形式的犯罪。例如，抢劫罪是指以暴力、胁迫或者其他方法抢劫公私财物的行为。抢劫行为人只有采取积极的举动才能实施抢劫行为。可见，作为有两个基本特征：一是法律特征，即行为人违反刑法禁止性规定；二是客观特征，即行为在客观上表现为一种身体的积极活动。在实践中，作为形式的危害行为大致有以下几种情形：

第一，单纯通过自己的身体活动实施的作为。身体活动可以表现为肢体举动，如殴打、强奸等，也可以表现为口头、眼神活动，如煽动、谩骂、递眼色等。

第二，利用工具实施的作为。借助工具实施犯罪是实践中比较常见的犯罪情形。比如，持枪抢劫、投毒杀人、合同诈骗等。

第三，利用他人的行为实施的作为。例如，利用年幼无知的儿童投毒、利用精神病人实施杀人、利用不知情的人运输毒品等。

第四，利用动物实施的作为。譬如，利用恶犬伤人、利用毒蛇杀人等。

第五，借助自然的力量实施的作为。例如，通过对防洪设施的破坏而借助洪水的自然力造成重大洪害等。

（三）不作为

1. 不作为的概念和特征

所谓不作为，是指行为人违反了刑法命令性规范，没有实施刑法规定必须实施的行为，即行为人应为之而不为。相对于作为来讲，不作为在刑法中并不普遍。相对于作为形式的犯罪，刑法对不作为构成犯罪作了更为严格的限制，这种限制就是不作为成立犯罪在客观方面必须具备的条件。具体而言，包括以下三个方面的限制条件：

（1）行为人负有履行某种特定的法律上的作为义务，即在法律上讲，行为人应当实施某种特定的行为，这是成立不作为的前提条件。这里所说的法律上的作为义务，主要包括以下几个方面的义务：

第一，由法律明文规定的作为义务。所谓法律明文规定，并非单纯指刑法的明文规定。通常情况下，刑法中的作为义务首先是由宪法、其他部门法、行政法规等予以明文规定，之后由刑法加以确认，才形成了刑法中的作为义务。譬如，遗弃罪中的作为义务是指家庭成员之间的扶养义务，而扶养义务源自于宪法和婚姻法的规定，并经刑法加以确认。再如，逃税罪中的作为义务是指行为人的依法纳税义务，其中的“依法”，就是指依照宪法和税法所规定纳税义务，经刑法确认后便成为逃税罪中的作为义务。需要注意的是，如果某种作为义务仅仅是其他法律、法规规定的义务，未经刑法加以确认，那么，这种作为义务则不能成为刑法中的作为义务。也就是说，即使行为人违反了这项义务，也不会构成犯罪而产生刑事责任问题，只能依照该法律规定承担一定的非刑事的法律责任。例如，《刑事诉讼法》第48条规定，凡是知道案件情况的人，都有作证义务。而该项义务并未被刑法所确认，因此，即使知道案件情况的人不履行作证义务，也不会构成刑法中的不作为犯罪。

第二，基于行为人的职务或者业务而产生的作为义务。社会中的任何职务或者业务都有其相应的规章制度和特定的责任与义务。其中，很多作为的义务虽然没有被法律加以明文规定，但得到刑法的确认或者认可而成为刑法中的作为义务，如安全防范义务、治安保卫义务、抢险救灾义务等。例如，《刑法》规定的消防责任事故罪所规定的对消防设施“采取改正措施”的义务，就是典型的职务所产生的作为义务。再如，铁路扳道工准时扳道的义务、仓库看管员守护财物的义务等。

第三，由行为人的先行行为所产生的作为义务。所谓先行行为，是指行为人实施的某种可以产生刑法上作为义务的行为。也就是说，行为人的行为是作为义务产生的原因。人的行为不一定都能产生某种法律上的义务，更不一定能产生刑法上的作为义务。但是，如果由于行为人的行为致使某种刑法所保护的合法利益处于危险状态，那么，行为人就负有采取积极的行动以排除险状、避免危害结果发生的作为义务。先行行为所产生的义务具有临时性的特点，即它产生于行为人的先行行为，终止于行为所引起的险情结束之后。例如，司机驾车将路人撞伤，这时，司机便产生了一个救助伤者的作为义务。再如，某甲约请某乙出门去喝酒聊天，乙不胜酒力，醉倒在地上。这时，甲便产生护送乙安全回家的作为义务。

第四，基于法律行为而产生的义务。这里的法律行为主要是指民事法律行为，即民事主体基于意思表示而设立、变更或者终止民事法律关系的行为。而民事法律关系也就是民事权利义务关系，民事法律关系一旦形成，也就意味着民事法律关系的主体在享有相应民事权利的同时，又负有了一定的民事义务。如果这种民事义务的履行关乎刑法所保护的社会关系，那么，这种民事义务就可以上升为刑法上的作为义务。譬如，某甲为某乙做保姆，负责为乙的家庭做家务，同时照料乙的小孩。在甲与乙之间建立的家政服务法律关系中，甲负有的看护和保障小孩安全的作为义务，由于关系到小孩的生命健康权利，因此，也成为了刑法中的作为义务。

（2）行为人具有履行作为义务的实际能力，这是成立不作为的必要条件之一。在法律上，任何义务的履行都不是无条件的或绝对的，只有在行为人力所能及的前提下以及在一定的客观条件允许的范围内才谈得上履行法律上的义务。法律从不强人所难，刑法也不例外。因此，如果行为人缺乏履行作为义务的实际能力和条件，即使没有履行或者没有完全履行刑法上的作为义务，也不能成立不作为的犯罪。譬如，多名持枪歹徒突然闯入一家银行储蓄所，储蓄所职员在未来得及报警的情况下就被抢匪控制，致使大量现金被抢。在这种情况下，即使储蓄所职员奋不顾身与抢匪进行殊死搏斗，也无力阻止抢匪的行为。因此，对于储蓄所职员不进行反抗的不作为，也不能视为刑法中的不作为犯罪。

（3）行为人没有履行法律上的作为义务，这是成立不作为的核心要件。所谓没有履行作为义务，不是仅仅指没有任何身体的活动而表现为单纯的身体静止状态，而是指行为人没有按照法律的要求去正确而全面地履行作为义务。纯粹的身体静止是不作为的一种常见的表现形式，但有时候，积极的身体活动同样可以表现为没有履行法律上的作为义务，从而构成不作为形式的犯罪。例如，《刑法修正案（六）》规定的“不报或者谎报事故情况罪”就是由不作为形式构成的犯罪，该罪的不作为既可以表现为不报告事故情况，即身体的静止状态，也可以表现为谎报事故情况，即身体的积极活动状态。再如，《刑法》第395条规定的巨额财产来源不明罪中的作为义务是，当国家工作人员的财产或者支出明显超过合法收入且差额巨大时，行为人应当说明该差额巨大的财产的真实来源。如果行为人不能说明来源是合法的，将构成该罪。这里的“不能说明”，既可以表现为拒不说明，也可以表现为进行虚假的说明。其中，虚假的说明就属于以积极的身体活动实施的不作为。由此可见，刑法中的不作为不能简单地等同于身体的静止状态，身体的静止形态只是不作为的一种常见情形，积极的身体活动只要没有履行法律上的作为义务，同样可以构成不作为犯罪。

2. 不作为犯的分类

所谓不作为犯，是指以不作为形式构成的犯罪。在刑法理论中，对不作为犯可以按照不同的标准进行多种分类与研究。

（1）纯正的不作为犯与不纯正的不作为犯。所谓纯正的不作为犯，也称真正的不作为犯，是指只能由不作为形式构成的犯罪。譬如，刑法中的不报或者谎报事故情况罪、遗弃罪、逃税罪等。所谓不纯正的不作为犯，也称非真正的不作为犯，是指由不作为形式构成的通常表现为作为形式的犯罪。譬如，故意杀人罪的行为多表现为作为形式，但在某些特殊情形下，当行为人负有保护他人生命安全的作为义务时，如果行为人不履行该作为义务，同样可以构成故意杀人罪。例如，丈夫甲与妻子乙在家发生争吵和厮打后，乙当着甲的面服下毒药，甲见状不理不睬并出门离去，第二天甲回家时发现乙已经中毒身亡。

（2）积极的不作为犯和消极的不作为犯。所谓积极的不作为犯，是指行为人采取积极的身体活动而不履行其应当履行的作为义务所构成的不作为犯罪。例如，《刑法修正案（七）》第 3 条规定的逃税罪就是典型的积极的不作为犯罪。根据该条规定，该罪中的作为义务是依法纳税，行为的核心要件就是不缴或者少缴应纳税款。但是，单纯地不缴纳应纳税款尚不足以构成该罪，该罪的成立在客观方面还要求行为人实施一系列积极的身体活动，具体是指行为人必须采取欺骗、隐瞒手段进行虚假纳税申报或者不申报的行为。所谓消极的不作为犯，是指行为人以消极的身体静止而不履行其应当履行的作为义务所构成的不作为犯罪。例如，依法配备公务用枪的人员，在枪支丢失后，不向有关部门报告，从而构成丢失枪支不报罪。

（四）关于“持有”的理解

刑法理论中的持有，是指行为人故意地支配或者控制某种物品的一种状态。英美法系刑法将“占有”作为一种独立的行为形式加以规定，因此，学理上也对其进行专门的研究。在大陆法系刑法中没有占有或者持有的规定，理论上只有作为和不作为的划分。在我国刑法中，有不少持有型犯罪的规定，如非法持有枪支、弹药罪、持有假币罪、非法持有毒品罪等。目前，我国理论界关于“持有”是否应当属于一种独立于作为和不作为的行为表现存在不同看法和观点。其中，代表性的观点主要有三种：一是“作为说”，认为持有行为违反的是刑法禁止规定，因而属于作为的形式。二是“不作为说”，认为法律将持有本身规定为犯罪，意味着法律禁止这种状态的存在，而这种禁止暗含着当这种状态出现的时候，法律命令持有人将特定物品上缴给有权管理的部门，以消灭这种持有状态。持有人没有履行这种上缴义务，就成立不作为的形式。三是“独立行为说”，认为持有是介乎于作为与不作为之间的一种独立的行为方式。理由主要是，持有不以特定义务为前提，刑法责难的指向仅仅因其具有“持有”某种特定物品的“状态”。此外，作为具有动的特征，不作为具有静的特征，持有则具有动静相结合的特征。因此，持有既不宜于归结为作为，也不宜于归结为不作为，而是独立的形态。目前，关于持有的认识，在理论上还没有形成通说。

就“不作为说”来看。首先，持有行为违反的基本义务是刑法上的禁止性规定，即不得持有某种特定的物品，而不是命令性规定。“不作为说”所讲的“上缴义务”并不是持有行为的根本义务，而是禁止持有义务的派生义务。其次，在很多情况下即使行为人在持有违禁物品之后履行了上缴义务，也同样可以构成持有型犯罪。例如，甲大量持有毒品，事后将毒品主动上缴公安机关。甲上缴毒品的行为只能作为自首或者悔罪表现对待，而不能作为无罪的事由。就“独立行为说”来讲。首先，持有状态源自于某种积极的身体活动，是动的一种延续状态，并不是单纯的动与静的结合。其次，“独立行为说”仅看到了行为的物理特征，而忽略了行为的法律特征，这实际上是将客观上的动与静等同于刑法上的作为和不作为。基于以上理由，我们赞同“作为说”的观点。

三、危害行为其他分类

作为与不作为是根据行为违反的刑法规范的不同对危害行为所作的分类。此外，对于危害行为还可以根据其他标准进行分类。

第一，根据危害行为在刑法中的存在范围，可以将危害行为分为实行行为和非实行行为。

所谓实行行为，是指由刑法分则加以规定的作为某一具体犯罪的客观要件的行为。每一个具体的犯罪都有其特定的实行行为，实行行为体现了每一种具体犯罪在客观方面的特殊性，是区分罪与非罪、此罪与彼罪界限的主要标志。例如，盗窃罪的实行行为是秘密窃取他人财物，抢劫罪的实行行为是以暴力、威胁或者其他强制手段，强行劫取他人财物。所谓非实行行为，是指由刑法总则加以规定的从属于实行行为而存在，并对实行行为起着制约和补充作用的行为。非实行行为虽然不是某一具体犯罪的客观构成要件行为，但根据刑法总则的规定，同样可以构成犯罪。刑法总则关于非实行行为的规定普遍适用于刑法分则规定的所有犯罪。刑法总则规定的非实行行为主要有两大类：①预备行为。所谓预备行为，是指行为人为了实施和完成犯罪而进行的犯罪准备行为。譬如，准备犯罪工具、跟踪犯罪目标、排除犯罪障碍等。可见，预备行为是实行行为开始实施之前的一种危害行为。②共同犯罪中的非实行行为。所谓共同犯罪是指二人以上共同故意犯罪。在共同犯罪中可以存在三种非实行行为：一是组织行为，即策划、指挥、领导他人实施犯罪的行为；二是教唆行为，即挑起他人犯罪意图的行为；三是帮助行为，即为他人实施犯罪提供各种物质或者精神上帮助的行为。

第二，根据某一具体犯罪的客观行为要件所包含的实行行为的个数，可以将危害行为分为单一行为和复合行为。

所谓单一行为，是指在某一犯罪的客观行为要件中只包含一个实行行为的情形。在我国刑法中这类犯罪较为常见，如故意杀人罪的实行行为是剥夺他人生命的行为，抢夺罪的实行行为是公然夺取他人财物的行为。所谓复合行为，是指在某一犯罪的客观行为要件中包含两个或者两个以上相对独立的实行行为的情形。例如，诬告陷害罪的客观行为要件由捏造他人犯罪事实的行为和向有关部门告发的行为组合而成。对于复合行为的犯罪来说，如果行为人只实施了其中一个实行行为，而未实施其他客观构成要件行为，则可能会发生两种情况：一是不构成犯罪。例如，诬告陷害罪，如果只实施了捏造行为，而没有将所捏造的他人犯罪事实予以告发，则不能构成诬告陷害罪。二是不构成犯罪的既遂。例如，抢劫罪，如果行为人虽然对被害人实施了暴力或者胁迫行为，但遭到被害人的反抗而没有抢得分文财物，也没有造成其他严重后果，这种情况下，虽然仍构成抢劫罪，但属于抢劫罪的未遂形态。

第三节　危害结果

一、危害结果的概念和种类

危害结果是犯罪中极为常见的一种客观事实，它是指危害行为对社会所造成的一种损害事实。刑法中的危害结果应当是具有刑法意义的危害结果。所谓刑法意义，是指具有决定犯罪成立与否，以及影响罪行大小从而决定量刑轻重的危害结果。具有刑法意义的危害结果可以是危害行为直接造成的损害后果，也可以是危害行为间接引起的损害后果；可以表现为物质性的有形的损失事实，也可以表现为精神性的无形的损害事实。在刑法理论中，可以对危害结果进行多标准的分类研究。其中，常见的分类有：

第一，直接结果和间接结果。所谓直接结果，是指由危害行为直接造成的损害事实，即在危害行为与损害事实之间的引起与被引起的过程中没有中间因素的介入。譬如，甲将毒药放入乙的茶杯中，乙使用有毒的茶杯喝水，导致中毒死亡。乙的死亡结果就是由甲的投毒行为引起的直接结果。所谓间接结果，是指由危害行为直接引起的结果而引起的一种损害事实，即在危害行为与损害事实之间的引起与被引起的过程中有中间因素的介入，危害行为是中间因素的直接原因，而中间因素又是危害结果的直接原因。但从整个因果过程来看，没有危害行为，也就没有间接结果的发生。譬如，甲通过合同诈骗手段，骗取了A公司500万元，导致该公司资金链断裂，无法进行正常的经营活动，不久，该公司破产。在本案中，甲的合同诈骗行为引起的直接危害结果是A公司500万元的财产损失，而A公司的破产则是甲的合同诈骗行为引起的间接结果。通常情况下，只有危害行为引起的直接结果才能成为犯罪客观方面的要件，而间接结果只能作为量刑情节。

第二，有形结果和无形结果。所谓有形结果，是指由危害行为引起的物质性的损害事实。有形的危害结果是可以通过人的感官得以感知的，其损失大小可以通过各种手段加以衡量和计算。例如，交通肇事造成的人员伤亡和直接财产损失。所谓无形结果，是指由危害行为引起的非物质性或曰精神层面的损害事实。无形的危害结果不能通过人的感官直接感知和获得，也无法进行精确的测算，因此，其损害大小难以进行量化评价。譬如，暴力犯罪给被害人和民众带来的恐惧感，煽动型犯罪给社会造成的负面影响，等等。从立法的规定来看，只有某些有形结果才能影响到犯罪的成立与否，而无形的结果可以作为量刑情节。

第三，构成要件结果和非构成要件结果。所谓构成要件结果，是指由某一犯罪行为引起的，决定该犯罪成立与否的危害结果。基于罪刑法定原则的要求，作为构成要件的结果，必须有刑法的明文规定。例如，我国刑法中规定的所有过失犯罪，都以行为造成一定的物质性损害作为犯罪成立的条件之一。因此，过失犯罪都存在构成要件的结果。再如，根据刑法规定，故意伤害罪必须造成被害人轻伤以上的身体损害结果才能构成，这样，轻伤结果就是故意伤害罪构成中的客观要件之一。从司法实践上看，构成要件的结果通常只能是危害行为直接引起的物质性的结果，无形的或者间接的损害事实一般不能成为构成要件的结果。所谓非构成要件结果，是指由某一犯罪行为产生的，但不影响该犯罪成立，而只影响其罪行大小和刑罚轻重的危害结果。相对于构成要件结果，非构成要件结果的外延要广泛得多，它不限于刑法的明文规定，既可以是直接的结果，也可以是间接的结果；既可以是物质性的结果，也可以是非物质性的结果。

二、危害结果的刑法意义

通常情况下，危害行为都会引起一定的损害事实。但是，危害结果并不是一切犯罪成立必须具备的客观要件。在我国刑法规定的犯罪中，有些并不存在刑法意义上的危害结果。例如，《刑法》第 316 条规定的脱逃罪属于刑法理论中的行为犯，只要在押的人员逃离监管，便可构成本罪，而并不存在危害结果问题。即使有些犯罪会产生某种损害事实，但从立法的规定来看，犯罪的成立并不要求实际结果的发生。例如，《刑法》第 105 条规定的颠覆国家政权罪，只要行为人组织、策划或者直接实施颠覆国家政权、推翻社会主义制度的行为，无论行为是否成功，也不问行为是否产生其他物质性损害后果，均可构成本罪。可见，危害结果只是部分犯罪的成立条件，在犯罪构成中属于犯罪客观方面的一个选择性要件。同时，危害结果又是衡量罪行大小的一个客观指标，对于量刑具有重要意义。

三、刑法中的因果关系

（一）刑法中因果关系的概念

因果关系是研究危害结果必然涉及的一个重要问题。现代刑法遵循罪责自负的基本原则，即行为人只对自己实施的危害行为及其所引起的危害结果承担刑事责任。

所谓因果关系，从哲学上讲，是指一种现象引起另一种现象产生的事物之间的联系。引起某一现象产生的现象叫做原因，被某种现象引起的现象叫做结果。刑法中的因果关系，是指危害行为与危害结果之间的引起与被引起的关系。在刑法中研究因果关系的重要性在于，确定行为人对自己的行为承担刑事责任的客观基础问题。只有当某种危害结果是行为人的危害行为所引起的，才能让行为人对这一危害结果承担刑事责任。如果某种损害虽然发生在危害行为的实施过程中，甚至表现出与危害行为之间具有一定的联系，但是，如果不存在刑法上的因果关系，该结果就不具有刑法意义，不属于刑法中的危害结果。例如，甲将乙打成重伤，但并非致命伤。乙在医院治疗期间，因一场突如其来的火灾而被烧死。该案中，如果甲没有打伤乙，乙也就不会住院治疗，从而也不会被医院的大火烧死。从表面上看，乙的死亡和甲的伤害行为之间具有一定的关系，但是，这种关系并不属于刑法上的因果关系。因为造成乙死亡的直接原因是火灾，而火灾的发生与甲的伤害行为并无任何关联。因此，乙的死亡结果与甲的伤害行为之间就不具有刑法上的因果性。

（二）刑法因果关系的特征

刑法上的因果关系具有哲学上因果关系的一般特征，同时又具有其特殊的内在属性和特点。归纳而言，刑法的因果关系具有以下几个特征：

第一，客观性。所谓因果关系的客观性，是指某种因果关系的发生是一种客观存在，并不以任何人的意志为转移。从刑法的因果关系上讲，判断某一危害结果的发生是否系危害行为所引起的，不能以人的主观认识和意志为转移，而应当客观、全面、科学地予以判断。例如，某初中历史教师甲对于一位非常调皮的男生乙忍无可忍，于是抓住乙的衣领，朝其面部打了十多记耳光。乙被打后，倒地不醒。当时甲以为乙装相，便没有予以理睬。过了两三分钟，甲发现乙仍一动不动地躺在地上，便上前查看，这时才发现乙面色发白，口中有异物溢出，甲感觉情况不妙，立即将乙送往医院抢救。乙在送到医院不久便死亡。经法医鉴定，乙系因食物进入气管导致窒息死亡。本案中，教师甲虽然没有预见到其扇耳光的行为会引起乙的窒息死亡，但其行为与死亡结果之间的因果关系是客观存在的。

第二，相对性。根据唯物辩证法的基本原理，世界上一切事物、现象都不是孤立地存在的，都与周围的其他事物、现象处于广泛的、普遍的联系之中，整个世界就是一个相互联系的统一整体。其中，原因和结果是事物、现象之间相互联系、相互制约的普遍形式之一。但是，在无限的相互联系的因果链条之中，原因和结果的区分既是确定的，又是不确定的，也就是原因和结果的区别是相对的，而不是绝对的。当我们把特定的一组因果关系从普遍联系中抽引出来进行单独考察时，原因和结果的区别就是确定的，即在每一组具体的因果关系中原因不是结果，结果不是原因。例如，甲在火车站偷了乙的钱包，钱包内有500元。这里，甲的盗窃行为就是原因，乙损失500元就是结果。当我们从整个世界的普遍联系上考察，原因和结果的区分又是不确定的，同一现象在一种关系中是结果，但在另一种关系中又变成了原因。就上面的例子加以扩展，假如甲是一名下岗工人，没有固定收入，妻子重病住院，但没有足够的钱支付妻子的住院治疗费，因此才去行窃；而乙是从外地来找工作的一位农民，刚下火车就被甲偷走了500元，这500元是乙仅有的财产，乙为了生存和能够继续找工作，便萌生抢夺的念头。于是，乙又去抢丙的背包，背包内有600元现金。在上述案件中，各环节形成了一个复杂的因果链条：甲妻生病→甲盗窃→乙被窃→乙抢夺→丙被抢。

因果关系的相对性原理为刑法学研究因果关系问题提供了科学的理论基础。刑法学所研究的因果关系，就是从复杂的因果链条中抽引出一组确定的因果关系，即将我们需要评判的危害行为作为原因，把危害行为造成的具有刑法意义的损害事实作为结果。这样，才能正确解决危害结果与刑事责任之间的内在关系。就上例而言，如果我们把评判的对象确定为甲的盗窃行为，即甲的盗窃行为是原因，那么，危害结果就是乙遭受500元的财产损失。而乙又去抢夺丙的财产，以及丙造成600元财产损失，都不再是甲的盗窃行为的结果，甲对此不应当承担刑事责任。

第三，时间顺序性。因果关系的时间顺序性是指，原因总是存在于结果之前，而结果总是产生于原因之后。同理，在刑法上的因果关系中，作为原因的危害行为一定是先于危害结果而存在的。因此，如果某种危害行为是在某一危害结果发生之后才实施的，则该行为就不是该危害结果的原因。例如，农民甲与农民乙在田里干活时发生争吵，继而相互撕打起来。在相互扭打过程中乙不慎失去身体平衡而仰面摔倒，倒下时后脑部恰巧磕在地上的锄头尖上，乙顿时不省人事。甲见状惊恐不已，立时回顾四周，发现附近没有人，便逃离现场。逃走不远，甲害怕乙未死而罪行败露，又返回事发地观察乙是否已死。甲感到乙似乎还有微弱的呼吸，便再次举起锄头朝乙的头部又砸数下，并将乙推入旁边的一个深水沟中，然后逃走。后经法医鉴定确认，乙在后脑部碰击锄头后就很快死亡，之后的锄头击打伤属于死后伤。这样，乙的死亡结果的原因是甲的推打行为，而甲事后实施的杀人灭口行为并不是乙的死亡原因。

需要注意的是，原因在前结果在后，是因果关系的基本规律。但决不能轻易地将结果之前的现象都认定为原因。否则，可能会对刑事案件作出错误的评判。例如，甲抱着自己生病的孩子到某私人诊所求医，接诊的医生乙诊断孩子系因扁桃体发炎而引起高烧。在没有做皮试的情况下，乙就给孩子注射了青霉素。之后，甲抱着孩子回到家。到家不久，孩子开始出现呼吸困难和呼吸减弱。甲急忙将孩子送到另一家较大的医院抢救，不久孩子因呼吸停止而死亡。之后，经法医验尸表明，孩子生前患的是一种小叶性肺炎，该病一旦发作，便会出现呼吸困难的症状，如果抢救不及时便会死亡。同时，打青霉素与病发及死亡之间没有因果关系。本案中，医生乙给孩子打青霉素的行为是在孩子死亡之前实施的，如果不经过科学的鉴定，就会错误地断定医生乙的打针行为与孩子的死亡结果之间存在因果关系。

第四，具体性和条件性。任何因果关系都不是抽象的、单纯的原因和结果之间的引起与被引起的关系，都是在具体条件和环境下的事物、现象之间的内在联系。因此，在判断某一危害行为与危害结果之间的因果关系时，应当结合行为实施时的具体条件和环境状况，进行具体而全面的分析。例如，20 岁的甲男与 19 岁的乙女恋爱两年，一次二人发生口角，甲一怒之下用力推了一下乙，乙后退几步便倒下。甲立即将乙送往医院抢救，最终，乙还是在医院中死亡。后经法医鉴定发现，乙患有一种极为罕见的大脑皮层异常病状。患此病的人如果受到强烈的精神刺激，就会引起大脑皮层毛细血管破裂，导致脑内出血而死。从本案可知，虽然一般情况下，一个成年人被他人推一下不会导致大脑皮层毛细血管破裂死亡，但我们在判断刑法中的因果关系时，决不能脱离当时的特定条件来抽象地谈论因果关系。本案正是在乙患有特殊疾病这一条件下才发生了推的行为与死亡结果之间的因果关系。因此，甲推乙的行为与乙的死亡之间具有刑法上的因果关系。

第五，因果关系的多样性和复杂性。首先，因果关系的复杂性和多样性表现在原因的复杂与多样性，即多因一果的现象。一种现象的产生往往是由多种不同原因共同作用的结果，如内部原因和外部原因、主要原因和次要原因、直接原因和间接原因等。因此，在分析刑法中的因果关系时，应当仔细甄别各种原因，分清不同原因与危害结果之间的内在联系。其次，因果关系的复杂性和多样性表现在结果的复杂与多样性，即一因多果的现象。在司法实践中，常发生一种危害行为引起多种危害结果的现象。对于这种情况，必须全面和准确地查明危害行为所造成的各种损害事实，综合判断危害行为在客观方面所具有的社会危害性。最后，因果关系的复杂性和多样性表现在原因和结果的多样与复杂，即多因多果的现象。这种现象在实践中也经常发生。譬如，某一桥梁跨塌，导致重大人身伤亡和财产损失，并给交通运输业带来重大的经济损失等。而造成该桥梁的跨塌存在多方面的原因，如桥梁关键部位设计不合理、施工材料不合格、建筑监理部门没有履行基本的监理职责等。多因多果现象是最复杂的因果关系的表现形式，因此，正确查明案件的不同原因，查清造成的各种损失，是正确定罪和量刑的关键。

（三）因果关系的两种不同趋势

唯物辩证法关于事物普遍联系的原理告诉我们，因果联系存在着两种对立统一的趋势，即必然性和偶然性的联系。所谓必然性，是指原因和结果之间引起与被引起的关系表现为合乎规律的、确定不移的趋势。例如，种瓜得瓜、种豆得豆，悲伤落泪，中毒身亡等。所谓偶然性，是指某种原因是否会产生结果、产生什么样的结果呈现出不确定的、不规律的趋势。例如，一段时期内的男女出生比例是不确定的；有的人感染上爱滋病很快就会死亡，而有的人终身携带爱滋病毒都不会发作；一起车祸发生后，有的人死亡，有的人重伤，还有的人却安然无恙；等等。

因果关系之所以存在必然性和偶然性两种不同的趋势，是由原因的多样性和复杂性造成的。事物内部的主要原因在因果关系中起着支配和主导作用，它决定着事物发展的必然趋势；而事物外部的原因和次要原因，在因果关系中居于从属地位，对事物发展的必然过程起着促进和延缓作用，使发展的趋势出现一定的偏差和不确定。在现实世界中，必然性和偶然性都不是孤立存在的，而是相互联系的。既没有脱离偶然性的必然性，也没有脱离必然性的偶然性。在事物发展的必然过程中总是包含着一定的偶然性；同样，在偶然现象背后总是隐藏着某种必然的趋势。

必然因果关系和偶然因果关系具有不尽相同的刑法意义。一般而言，必然性的因果关系是确定刑事责任有无及大小的主要的客观基础，因而对于定罪具有决定性意义；而偶然性因果关系的发生，通常不为人所意料，因此不会影响案件的定性。但是如果行为一旦构成犯罪，偶然性因果关系会对量刑产生重要的影响。例如，甲借了乙的高利贷，到期后甲无力还债。乙便对甲说，如果三天之内不还钱，将砍下甲的两根手指。三天后，乙在路上遇到甲，便手持菜刀向甲讨债。甲见状扭头就跑，乙持刀在后面紧追。乙边追边叫喊道："今天老子非砍下你两个手指不可！"甲在跑的过程中不慎被前方驶来的一辆货车撞死。该案中乙的追赶行为和甲被车撞死的结果之间就是一种偶然因果关系，但乙并不构成故意杀人罪。如果乙的行为构成故意伤害罪（未遂）的话，那么，可以将甲的死亡结果作为量刑情节加以考虑。

（四）因果关系的刑法意义

因果关系并不是犯罪构成中的一个独立的客观要件，它只是危害结果发生时必须解决的一个基础性问题。没有因果关系，也就意味着没有刑法意义上的危害结果。同时，因果关系仅仅反映了危害行为与危害结果之间的一种客观联系，存在因果关系并不等于存在刑事责任。因为，刑事责任的产生最终取决于犯罪的成立，犯罪的成立是主观与客观的有机统一，而因果关系的存在只是解决了刑事责任的客观基础问题。

第四节　行为的时间、地点与方法

一、行为的时间、地点和方法的概念

所谓行为的时间，是指某种犯罪行为实施的时间。可以说，任何犯罪都是在特定的时间实施的，但不是所有犯罪行为实施的时间都是犯罪成立的条件，只有在刑法明文规定的情况下，行为的时间才能成为犯罪客观方面的构成要件。譬如，刑法规定的叛逃罪，叛逃行为必须发生在国家机关工作人员履行公务期间；资敌罪的行为必须发生在“战时”；伪证罪的行为必须发生在刑事诉讼过程中；等等。

所谓行为的地点，是指某种犯罪行为实施时所处的一定空间范围。任何犯罪都是在一定的空间范围内发生的，但是，对于多数犯罪来讲，行为的地点并不影响犯罪的成立与否，但有个别犯罪，刑法却明文规定必须发生在特定的地点才能构成。譬如，刑法规定的聚众扰乱公共场所秩序、交通秩序罪，行为必须发生在车站、码头、民用航空站、商场、公园、影剧院、展览会、运动场等公共场所；非法捕捞水产品罪和非法狩猎罪的行为必须发生在禁渔区、禁猎区；等等。

所谓行为的方法，是指某种犯罪行为实施过程中的具体表现方式、凭借的手段、采取的途径等客观事实情况。犯罪总是通过一定的行为方法来实施和完成的，不同的犯罪往往有其不同的方式方法。例如，抢劫罪、盗窃罪、诈骗罪等犯罪的行为方式各不相同。即使是同一种犯罪，也可以采取不同的方法来实施和完成。例如，故意杀人罪的行为可以借助刀、枪等具有杀伤力的工具来完成，也可以使用炸药、毒药、煤气等危险物品来实施，甚至可以表现为以不作为的方式来完成。通常情况下，刑法对犯罪的具体方式、手段等不做特别的要求，也就是说犯罪的方式方法不影响犯罪的成立。但在个别犯罪中，刑法规定只有采

取特定的方法才能构成犯罪，这时，行为的方法便成为犯罪客观方面的构成要件。例如，刑法中的暴力危及飞行安全罪、暴力干涉婚姻自由罪等，只有采取暴力的方式实施才能构成犯罪。再如，非法捕捞水产品罪和非法狩猎罪中的“禁用的工具、方法”。

二、行为的时间、地点和方法的刑法意义

行为的时间、地点和方法是一切犯罪都存在的客观事实情况，但只有在个别犯罪中才是犯罪客观方面的构成要件。可见，行为的时间、地点和方法在一定范围内具有定罪的意义。同时，行为的时间、地点和方法还具有一定程度的量刑意义。因为在不同的时间、地点，采取不同的方法，会影响到行为的社会危害性的大小。譬如，在公共场所实施抢夺相比在偏僻的村道上抢夺，前者的危害性要大；光天化日之下杀人比在深夜里杀人的社会危害性大；以暴力手段抢劫较之以威胁方式抢劫的危害性要大。

［复习题］

(1) 请指出犯罪客观方面中的共同要件和选择要件。

(2) 成立不作为在客观方面应当具备哪些条件?

(3) 刑法中的因果关系具有哪些特征?

(4) 举例说明行为的时间、地点和方法的概念及刑法意义。

第五章　犯 罪 主 体

【重点提示】

- 自然人犯罪主体要件的种类
- 刑事责任能力的概念
- 决定和影响刑事责任能力的因素
- 刑法关于刑事责任年龄的规定
- 身份的刑法意义

第一节　犯罪主体概述

一、犯罪主体的概念

犯罪主体，就是犯罪行为的实施者，详言之，是指实施了危害行为，依法应当承担刑事责任的人。犯罪是人的行为，但并非所有人的行为都可以构成刑法上的犯罪。这是因为刑法对犯罪的主体作了一定的限制，从而形成了犯罪主体要件。例如，盗窃罪是指行为人秘密窃取他人数额较大的财物的行为。但从刑法的规定来看，只有年龄达到16周岁以上，且精神状况正常的人实施上述行为，才能构成犯罪。这里的年龄和精神状况就是盗窃罪的主体要件。再如，根据刑法规定，只有国家机关工作人员叛逃国外才能构成叛逃罪，其中的“国家机关工作人员”这一身份就是该罪的主体条件。

根据刑法规定，犯罪主体有两大类，一是有生命的自然人；二是单位，即机关、团体、企业、事业单位等社会组织。自然人是我国刑法中最普遍的一种犯罪主体，刑法中的绝大多数犯罪都可以或者只能由自然人构成。例如，背叛国家罪、爆炸罪、走私罪、故意杀人罪、重婚罪等。单位是我国刑法中部分犯罪的犯罪主体，其中，有些犯罪既可以由自然人构成，也可以由单位构成。例如，资助危害国家安全犯罪活动罪、走私罪、逃税罪、受贿犯罪等。还有个别犯罪只能由单位构成。例如，违规制造、销售枪支罪、提供虚假财会报告罪、妨害清算罪、逃汇罪等。由于单位犯罪具有其特殊的构成特征，为此，关于单位犯罪的构成将在第七章予以专节介绍，本章关于犯罪主体的论述仅限于自然人犯罪主体的内容。

二、犯罪主体的意义

犯罪主体对定罪和量刑都具有极其重要的意义。首先，犯罪主体是一切犯罪的成立不可缺少的条件之一。就自然人犯罪而言，所有犯罪的成立都要求行为人达到一定的年龄和具有正常的精神状况，甚至有些犯罪的成立还要求有特别的要件。例如，玩忽职守罪的主体必须是国家机关工作人员，伪证罪的主体必须是刑事诉讼中的证人、鉴定人、翻译人、记录人，贪污罪的主体必须是国家工作人员，等等。其次，犯罪主体对于量刑轻重具有重要的影响。例如，根据刑法规定，未满 18 周岁的人犯罪，一律从轻或者减轻处罚；国家机关工作人员犯非法拘禁罪的，应当从重处罚；等等。

第二节　自然人犯罪主体

一、自然人犯罪的主体要件

根据刑法规定，在自然人犯罪的主体要件中存在两类要件：一是刑事责任能力要件；二是身份要件。

刑事责任能力要件是一切自然人犯罪都必须具备的条件，它是指行为人辨认和控制自己行为的能力。刑法设定这一要件的依据是主客观相统一原则，根据这一原则，犯罪不仅是客观上对社会造成某种危害的行为，而且是行为人主观上具有罪过的行为。而刑事责任能力就是行为人主观罪过的基础和前提。因为，一个人对自己的行为没有识别或者控制能力，表明其所作所为并不受到其主观心理的支配，因此，也就缺乏罪过心理。根据刑法的规定，刑事责任能力的有无及其大小取决于行为人的年龄和精神状况两个因素，这样，刑事责任能力要件又可细分为年龄和精神状况两个具体要件。

身份是指一个人在社会或者法律上的地位。它可以是一个人先天所带有的某种身份，如性别、民族、亲属关系等，也可以是一个人后天所形成的身份，如职业身份、职位身份等。对于大多数犯罪来说，不论行为人的身份如何，均不影响犯罪的成立，如故意杀人罪、盗窃罪等。但刑法为了限制犯罪的范围，集中刑法的打击面，对某些犯罪的成立作了主体身份的限制。例如，叛逃罪的主体只限于国家机关工作人员或者掌握国家秘密的国家工作人员；丢失枪支不报罪只有依法配备公务用枪的人员才能构成；受贿罪的主体只能是国家工作人员；等等。

二、刑事责任能力及其因素

所谓刑事责任能力，是指刑法所规定的行为人辨认和控制自己行为的能力，也就是行为人对自己的危害行为承担刑事责任的能力。刑事责任能力包括两个方面的基本内容：一是辨认能力；二是控制能力。其中的辨认能力，是指行为人对自己实施的行为的性质、后果的辨认和识别能力。譬如，自己的行为是否为刑法所禁止，自己的行为是否会产生危害社会的结果。控制能力，是指行为人在具备辨认能力的基础上控制自己行为的能力，即行为人是否能够控制自己为或者不为一定的行为，以及是否能够支配自己如何为一定的行为的能力。

辨认能力和控制能力既相互联系，又相互区别，两者统一于刑事责任能力之中。一方面，辨认能力是产生控制能力的前提，是刑事责任能力的基础。行为人没有辨认能力，也就不可能存在控制能力，刑事责任能力则无从谈起。另一方面，控制能力是辨认能力的升华，是刑事责任能力的核心。如果行为人具有一定的辨认能力，但缺乏控制和支配自己行为的能力，同样不具备刑事责任能力。

从客观上讲，一个人是否具有刑事责任能力，以及刑事责任能力大小，受到行为人自身内在与外在多方面因素的制约，如年龄、精神状况、智力、生理状况、文化程度、生活环境、醉酒等。但是，在刑法中，上述所有因素并非都能成为影响刑事责任能力有无及其大小的法定要素，刑法只是将年龄、精神状况、生理功能等因素作为判断刑事责任能力有无及大小的评价因素。根据对刑事责任能力的影响作用不同，可以将影响刑事责任能力的因素分为两大类：

第一类是决定刑事责任能力有无的因素，或曰刑事责任能力的决定因素。根据刑法规定，决定行为人是否具有刑事责任能力的因素有两个，即年龄和精神障碍。例如，刑法规定未满 14 周岁的人和不能辨认或者不能控制自己行为的精神病人造成危害结果的，不负刑事责任。

第二类是影响刑事责任能力大小的因素，或称为刑事责任能力的影响因素。这类因素并不决定刑事责任能力的有无，但在一定程度上影响到刑事责任能力大小。根据刑法规定，影响刑事责任能力大小的因素具体包括三个：①年龄。例如，《刑法》第 17 条第 3 款规定，已满 14 周岁不满 18 周岁的人犯罪的，应当从轻或者减轻处罚。再如，根据《刑法修正案（八）》第 1 条的规定，已满 75 周岁的人故意犯罪的，可以从轻或者减轻处罚；过失犯罪的，应当从轻或者减轻处罚。②精神障碍。例如，刑法规定尚未完全丧失辨认或者控制能力的精神病人犯罪的，可以从轻或者减轻处罚。③生理缺陷。例如，刑法规定又聋又哑的人或者盲人犯罪的，可以从轻、减轻或者免除处罚。

三、刑事责任能力的决定因素

（一）年龄

行为人的年龄是所有自然人犯罪必须具备的一个主体条件，因此，行为人的年龄也称之为刑事责任年龄，它是指刑法所规定的行为人对自己实施的危害行为能够承担刑事责任的必须达到的年龄。根据《刑法》第 17 条的规定，刑事责任年龄分为以下三个年龄段：

（1）不负刑事责任年龄段。即凡是未满 14 周岁的未成年人对自己实施的任何危害行为都不负刑事责任。这一年龄段的人属于无刑事责任能力人。

（2）相对负刑事责任年龄段。即凡是已满 14 周岁不满 16 周岁的未成年人只对自己实施的某些严重的刑事犯罪承担刑事责任，而对刑法规定的绝大多数犯罪不负刑事责任。这一年龄段的人属于相对有刑事责任能力人。根据刑法的规定，这些严重的刑事犯罪是指故意杀人、故意伤害致人重伤或者死亡、强奸、抢劫、贩卖毒品、放火、爆炸、投放危险物质八种犯罪。根据 2002 年 7 月 24 日全国人民代表大会常务委员会法制工作委员会向最高人民检察院作出的《关于已满十四周岁不满十六周岁的人承担刑事责任范围问题的答复意见》，上述八种犯罪是指具体犯罪行为而不是具体的罪名。《刑法》第 17 条规定的“犯故意杀人、故意伤害致人重伤或者死亡”，是指只要故意实施了杀人、伤害行为并且造成了致人重伤、死亡后果的，都应当负刑事责任；而不是指只有犯故意杀人罪、故意伤害罪的，才负刑事责任，绑架撕票的，不负刑事责任。对司法实践中出现的已满 14 周岁不满 16 周岁的人绑架人质后杀害被绑架人，拐卖妇女、儿童而故意造成被拐卖妇女、儿童重伤或死亡的行为，依照刑法是应当追究其刑事责任的。

（3）完全负刑事责任年龄段。即凡是已满 16 周岁的人实施刑法规定的所有犯罪，都应当负刑事责任。可见，这一年龄段的人是完全刑事责任能力人。

在理解刑事责任年龄问题时，应当注意以下三个问题：

第一，关于未成年人犯罪的刑事责任原则。我国刑法对于未成年人犯罪适用刑罚坚持教育为主、惩罚为辅的原则。具体表现在以下两个方面：其一，《刑法》第 17 条第 3 款规定，已满 14 周岁不满 18 周岁的未成年人犯罪，应当从轻或者减轻处罚；其二，《刑法》第 49 条规定，犯罪的时候不满 18 周岁的人，不适用死刑。

第二，关于刑事责任年龄的计算。根据 1995 年 5 月 2 日最高人民法院《关于办理未成年人刑事案件适用法律的若干问题的解释》第 1 条规定，实施犯罪时的年龄，一律按照公历的年、月、日计算。过了周岁生日，从第二天起，为已满××周岁。

第三，关于跨年龄段的危害行为的刑事责任问题。根据上述司法解释第 2 条第 3 项的规定，如果未成年人在年满 14 周岁以前和已满 14 周岁不满 16 周岁期间都实施了《刑法》第 17 条第 2 款规定的八种犯罪行为，应当只对其已满 14 周岁不满 16 周岁期间实施的行为追究刑事责任，而不应当将年满 14 周岁以前实施的行为作为犯罪一并追究；如果未成年人在年满 16 周岁前后实施了《刑法》第 17 条第 2 款规定以外的其他犯罪行为，应当只对其年满 16 周岁以后的行为追究刑事责任，而不应把年满 16 周岁以前实施的行为作为犯罪一并追究。

（二）精神状况

通常情况下，一个人达到刑事责任年龄，就具有了刑法规定的刑事责任能力。但是，如果行为人存在精神障碍，其刑事责任能力就会降低，甚至丧失。根据《刑法》第 18 条第 1 款、第 2 款的规定，精神病人在不能辨认或者不能控制自己行为的时候造成危害结果，经法定程序鉴定确认的，不负刑事责任。间歇性的精神病人在精神正常的时候犯罪，应当负刑事责任。

所谓精神病，指的是一种精神障碍性疾病，也就是指由于人体各种内外致病原因引发的大脑活动出现障碍，并导致行为人完全丧失或者减弱辨认或者控制能力的一种精神障碍性疾病，如精神分裂症、癫痫症等。如果精神障碍严重而导致辨认或者控制能力完全丧失，其实施的任何危害行为都不会产生刑事责任问题。刑法中的精神病不同于性变态、神经官能症、人格障碍等非精神病性精神障碍，后者虽然属于一种精神障碍，但并不会因此而导致辨认或者控制能力的丧失，因此，不属于刑法所规定的精神病情形。所谓间歇性精神病，是指精神障碍呈现时有时无的病状。间歇性精神病患者在精神障碍没有出现时属于精神正常的人，具有完全的辨认和控制自己行为的能力，因此，刑法规定间歇性的精神病人在精神正常的时候犯罪，应当负刑事责任。

四、刑事责任能力的影响因素

第一，年龄对刑事责任能力的影响。行为人的年龄不仅决定着刑事责任能力的有无，而且影响到刑事责任能力的大小。根据《刑法》第 17 条第 3 款和《刑法修正案（八）》第 1 条的规定，行为人的年龄对刑事责任能力的影响主要表现在两个方面：①未成年人的刑事责任能力。已满 14 周岁不满 18 周岁的未成年人犯罪的，应当从轻或者减轻处罚。②老年人的刑事责任能力。已满 75 周岁的人故意犯罪的，可以从轻或者减轻处罚；过失犯罪的，应当从轻或者减轻处罚。需要说明的是，这里的年龄是指行为人犯罪时的实际年龄，而不是指审判时行为人的年龄。在刑法理论上，已满 14 周岁不满 18 周岁和已满 75 周岁这两个年龄段属于减轻刑事责任年龄段。

第二，精神状况对刑事责任能力的影响。精神障碍不仅存在有无的问题，而且存在程度差别问题。因此，《刑法》第 18 条第 3 款规定，如果精神障碍导致行为人部分而非完全丧失辨认或者控制能力，应当负刑事责任，但是可以从轻或者减轻处罚。刑法理论将这种精神病人称之为限制刑事责任的精神病人。

第三，生理状况。人的身体器官是否健全、生理功能是否正常，在一定程度上会影响到行为人的辨认和控制自己行为的能力。为此，《刑法》第 19 条规定，又聋又哑的人或者盲人犯罪，可以从轻、减轻或者免除处罚。这一规定包含两层含义：①生理缺陷只是对刑事责任能力的程度产生影响，而不决定刑事责任能力的有无。②生理缺陷只限于两种情形：一是听觉和语言功能同时存在严重障碍，即又聋又哑。如果只聋不哑，或者只哑不聋，都不属于刑法规定的情形。二是视觉功能存在严重障碍，即盲人。

五、醉酒与刑事责任能力

所谓醉酒，亦称酒精中毒，是指由于过度饮酒导致精神过度兴奋甚至神志不清的生理状况。醉酒可以导致行为人的辨认和控制能力的减低甚至完全丧失。但是，根据《刑法》第 18 条第 4 款规定，醉酒的人犯罪，应当负刑事责任。可见，虽然醉酒在客观上会导致行为人的辨认和控制能力出现减低甚至完全丧失，但刑法并没有将醉酒作为决定或者影响刑事责任能力有无及大小的因素。其立法原由主要是：其一，对于一个精神正常的人来讲，醉酒之前行为人是具有完全的辨认和控制能力的，因此他应当预见到醉酒后可能发生的危害后果；其二，醉酒的人并非都完全丧失辨认和控制能力；其三，醉酒是社会的一种陋习，不能因此减轻其刑事责任。

六、身份

所谓身份，是指一个人在社会或者法律上的地位，如性别、亲属关系、职业、职位等。犯罪主体的身份在刑法中具有特殊的意义。根据刑法规定，有些犯罪的成立必须要求行为人具有特定的身份，这时，犯罪主体的身份就成为犯罪主体的要件之一。例如，刑讯逼供罪、暴力取证罪只能由司法工作人员构成，贪污罪、受贿罪必须由国家工作人员构成。在有些犯罪中，虽然犯罪主体的身份并不影响犯罪的成立，但对于量刑轻重产生一定的影响。例如，《刑法》第 238 条第 4 款规定，国家工作人员利用职权犯非法拘禁罪的，从重处罚。

在刑法理论中，这些只能由特殊身份的人构成的犯罪被称之为身份犯，而身份犯中的主体称之为特殊主体。刑法中的身份包括多种类型，较为常见的有性别、亲属关系、职务身份、职业身份等。例如，强奸罪的主体必须是男性；遗弃罪的主体是与被害人之间具有扶养关系的亲属；玩忽职守罪的主体必须具有国家机关工作人员的身份；医疗事故罪的主体必须是医务人员；等等。

在刑法理论上，根据不同的标准可以对刑法中的身份进行多角度的分类：

第一，根据身份的来源，可以将身份分为自然身份和法定身份。所谓自然身份，是指一个人自出生便自然形成的身份，如性别、亲属关系等。所谓法定身份，是指基于法律的规定而形成的身份。例如，国家工作人员、单位负责人等职务身份，医生、军人等职业身份，证人、鉴定人等诉讼主体身份等。

第二，根据身份的刑法意义，可以将身份分为构成要件身份和非构成要件身份。所谓构成要件身份，又称定罪身份，是指根据刑法规定某一犯罪的成立必须具备的作为犯罪主体要件之一的身份。例如，强奸罪的犯罪主体必须是男性公民；巨额财产来源不明罪只能由具有国家工作人员身份的人构成。所谓非构成要件身份，又称量刑身份，是指根据刑法规定不决定犯罪的成立但影响刑事责任大小的身份。换言之，这种身份不是犯罪构成的主体要件，但在犯罪成立后，对量刑轻重会产生重要的影响。例如，根据《刑法》第243条规定，诬告陷害罪的成立，并不要求犯罪主体必须具有某种特定的身份，但是，如果国家机关工作人员犯诬告陷害罪的，将从重处罚。这里的“国家机关工作人员”身份就是非构成要件身份。

[复习题]

(1) 决定刑事责任能力有无的因素有哪些？

(2) 我国刑法关于刑事责任年龄是如何规定的？

(3) 影响刑事责任能力大小的因素有哪些？

(4) 什么叫身份？身份具有什么刑法意义？

[相关法规和司法解释]

(1)《中华人民共和国预防未成年人犯罪法》

(2) 全国人民代表大会常务委员会法制工作委员会《关于已满十四周岁不满十六周岁的人承担刑事责任范围问题的答复意见》

(3) 最高人民法院《关于办理未成年人刑事案件适用法律的若干问题的解释》

(4) 最高人民法院《关于人民法院审判严重刑事犯罪案件中具体应用法律的若干问题的答复》

(5) 最高人民法院研究室《关于如何认定被告人犯罪时年龄问题的答复》

(6) 最高人民法院《关于人民法院审理审判严重刑事犯罪案件中具体应用法律的若干问题的答复》

第六章　犯罪主观方面

【重点提示】

- 犯罪故意的认识因素与意志因素的含义
- 直接故意与间接故意的概念
- 间接故意的类型
- 过于自信过失与间接故意的区别
- 疏忽大意过失与意外事件的区别

第一节　犯罪主观方面概述

一、犯罪主观方面的概念

刑法中的犯罪不仅是客观上对社会产生危害的行为，而且应当是行为人在主观上具有罪过的行为。根据主观与客观相统一的刑事责任原则，仅有客观损害而无主观罪过，或者仅有主观罪过心理而无客观行为活动，都不能构成刑法中的犯罪行为。犯罪行为是客观危害和主观罪过相统一的有机整体。犯罪的主观方面就是指刑法所规定的行为人在实施犯罪行为时所持有的主观心理活动或状态。在刑法理论上，这种主观心理活动被称为罪过。根据刑法规定，罪过有两种基本类型：一是故意心理。例如，盗窃罪的罪过形式是故意。二是过失心理。例如，交通肇事罪的罪过形式为过失。此外，在某些故意心理中，有时还包括行为人在主观上所具有的特定的行为目的。例如，刑法规定侵犯著作权罪除了故意心理之外，还要求行为人在主观上具有营利的目的。

二、犯罪主观方面的基本内容

从刑法的规定来看，犯罪只存在故意或者过失两种罪过心理，因此，故意或者过失是犯罪成立不可或缺的主观要件，属于犯罪构成中的共同要件。此外，刑法规定，有些犯罪只有在行为人具有某种特定目的的情况下才能成立，这时，犯罪的目的便成为犯罪构成中的主观要件之一，但对于大多数故意犯罪来说，刑法并没有对行为人的主观目的作特别要求。可见，犯罪目的在犯罪构成中属于选择性要件。与犯罪目的相关的主观心理是犯罪的动机，它是引发和推定犯罪行为产生的内心动因。但是，刑法并没有将犯罪动机规定为某一犯罪成立必须具备的主观要件，因此，犯罪动机并不是犯罪构成中的主观要件。尽管如此，犯罪动机由于能够在一定程度上体现行为人犯罪时的主观恶性大小，因此，往往成为司法审判中一个常见的量刑情节。

三、犯罪主观方面的刑法意义

犯罪主观方面是犯罪构成中重要的组成部分，不仅对准确定罪具有重要的决定性作用，而且对于正确量刑具有重要的影响。

第一，犯罪主观方面在定罪方面的意义。犯罪的主观方面是犯罪人犯罪时的主观心理活动，它不同于犯罪客观外在活动，不易于被人们感知和把握。因此，犯罪主观方面往往成为认定犯罪成立与否的难点和焦点。而正确认清犯罪主观方面，对于准确认定犯罪性质具有决定性意义。首先，犯罪主观方面是分清罪与非罪的关键。例如，刑法规定的非法持有毒品罪，是指行为人明知是毒品而予以持有的行为。如果缺乏明知的主观认识心理，持有毒品的行为不构成犯罪。再如，过失致人死亡罪的构成，要求行为人对自己的行为导致他人死亡的结果在主观上具有过失的心理态度，否则，将以意外事件处理。其次，犯罪主观方面是分清此罪与彼罪的关键。例如，故意中的间接故意与过于自信过失之间在主观认识心理上具有极为相似的表现，即两者都表现出对自己实施的行为可能造成的危害结果具有一定程度的认识。两者区别的关键在于主观意志心理不同，前者表现为放任危害结果的发生，而后者对危害结果的发生表现为不希望心理。只有仔细甄别、正确把握两者的区别，才能分清故意犯罪与过失犯罪之间的界限。再如，非法持有毒品罪与贩卖毒品罪在主观上都属于故意犯罪，在客观上都可以表现为对毒品的实际拥有。但是，如果行为人持有毒品是为了贩卖牟利，则不构成非法持有毒品罪，而应当以贩卖毒品罪论处。

第二，犯罪主观方面在量刑方面的意义。犯罪主观心理活动反映着行为人犯罪的主观恶性和人身危险性的大小，并与犯罪客观方面相结合共同决定着犯罪行为的整体社会危害性及其程度。不同的犯罪主观心理所反映出的犯罪主观恶性和人身危险性程度不同。譬如，故意犯罪重于过失犯罪，直接故意重于间接故意，主要因为罪过形式的不同；大义灭亲杀人通常会获得从轻处罚，而图财害命往往会受到严处，也是基于犯罪动机的不同。可见，全面而准确地把握犯罪主观方面，对于正确量刑具有极为重要的意义。

第二节　犯罪故意的概念及其心理因素

故意是刑法中最为普遍的一种罪过形式，刑法在没有特别说明的情况下，所规定的犯罪均指故意犯罪。根据《刑法》第 14 条的规定，所谓犯罪的故意，是指行为人明知自己的行为会发生危害社会的结果，并希望或者放任这一危害结果发生的罪过心理。根据心理学原理，故意心理是由两个基本要素构成的：一是认识因素；二是意志因素。

一、认识因素

所谓认识因素，也叫意识因素，是指行为人对自己行为的性质、指向的目标、可能产生的结果等客观事实情况的认识和判别。根据刑法规定，故意的认识因素是指明知自己的行为会发生危害社会的结果。这一认识因素是故意心理的前提和基础，只有“明知”才能“故犯”。故意的认识因素涉及认识内容、认识程度与认识错误三个方面的具体问题。

（一）认识内容

犯罪构成是犯罪的主观要件与客观要件相互联系、相互制约的有机统一体，因此，“明知”应当是指对犯罪客观要件诸事实情况的认识。通常情况下，明知主要是指对下列客观事实情况的认识：

第一，对行为内容和性质的认识，即行为人对自己所实施的行为是一种什么样的行为，是有益还是有害于社会的行为，应当存在基本的认识。在很多情况下，如果行为人缺乏对行为内容和性质的明知，可能将不构成犯罪或者不构成故意犯罪。例如，某晚，甲发现自家后院有动静，联想到最近常有小偷出现，于是手持一根木棍走出房间，这时，他发现后院的草垛中有一黑影，便上前大吼道：“谁？出来！”没想到黑影一下子跳出草垛并准备逃跑，甲断定此人一定是小偷，便举起木棍向黑影腿部打去，结果造成对方右腿被打折。后来才知道，被打的人不是小偷，而是一个过路人在草垛中小便。本案中，甲认为自己用木棍打的黑影是一个小偷，因而以为自己的行为属于正当行为，这就表明，甲对其行为实际属于误伤行为缺乏基本的认识，因此，其行为不属于故意伤害罪的行为。

第二，对行为结果的认识，即行为人对自己所实施的行为可能会造成的危害结果有基本的认识。对危害结果的认识包括对行为与结果之间因果关系的认识、对危害结果性质和大小的认识以及对行为侵犯的客体的基本认识等。例如，甲激愤之下拾起一块砖头朝乙的头部狠狠地砸去。甲在实施该行为时，对行为可能造成乙受伤甚至死亡、行为将侵犯到乙的健康或者生命权是有一定程度的认识的。一般来说，如果行为人缺乏对危害结果的基本认识，则不能成立犯罪的故意。例如，甲从市场上买回一袋假盐（工业用盐），甲对此不知情。一日，甲的邻居乙做饭时发现没有盐了，便向甲借盐。饭后，乙全家三口人均出现中毒现象。在本案中，因为甲缺乏对行为结果的基本认识，因此，甲的行为不构成犯罪。

第三，对行为对象的认识，即行为人对自己所实施的行为所指向的对象是认识和清楚的。当然，对行为对象的认识并不要求达到十分精确的认识，只要有一个基本的认识即可。譬如，甲偷乙的钱包，在偷之前，甲并不一定清楚乙的钱包内究竟有没有现金或者具体有多少现金。再如，甲出于报复心理，在单位食堂内的菜盆里下毒，最终会有多少人来食堂吃饭，多少人会中毒，他无法预料。但在上述两种情况下，并不影响认识因素的存在。如果行为人缺乏对行为对象的基本认识，那么就不能成立犯罪的故意。例如，甲在火车站遇到一位妇女，该女请甲帮忙拎一个行李包上火车，结果在进站时被查获包内有大量毒品。由于甲缺乏对毒品的基本认识，所以不构成运输毒品罪。

需要说明的是，对客观事实的认识，并不要求行为人一定对行为的违法性有明确的认识。虽然在通常情况下，行为人对行为是否违法、是否违反刑法都有一定的认识，但从犯罪构成上讲，行为人是否具有对违法性的认识并不影响犯罪故意的成立。即使行为人确实对行为违法存在错误的认识和理解，也不能以此作为否定犯罪成立的理由。譬如，对于销售伪劣产品的，行为人不能以不知道行为违法或者犯罪而作为免除犯罪的事由。

（二）认识程度

在认识因素中，不仅需要研究认识的内容，而且还要涉及认识程度这一问题。所谓认识的程度，主要是指行为人对行为结果发生可能性大小的认识，或者说是对行为与危害结果之间因果关系发展趋势的认识与判断。从刑法上讲，认识程度并不影响故意的成立与否，但却影响到故意的类型。根据刑法规定，对危害结果的认识可以分为两种情形：一是明知道自己的行为可能会产生某种危害结果。譬如，甲想谋害乙，一日，他见乙在水库边钓鱼，便乘乙不备突然将乙推下水库；但他并不知道乙是否会游泳。因此，他对乙被淹死的认识就属于明知自己的行为可能会发生危害社会结果的情形。二是明知道自己的行为必然会产生某种危害结果。譬如，上例中如果甲明知乙不会游泳而将其推入水库里，在其认识上就属于明知自己的行为必然会发生危害社会的结果。

应当注意，“可能发生”与“必然发生”之间并无根本性的区别，只是表明结果发生盖然性的大小而已，也就是说，前者的结果发生盖然性小于后者，因为必然发生并不意味着绝对发生。根据哲学辩证法的原理，任何事物在发展过程中都是必然性与偶然性的统一，必然性中常常包含着某种偶然性。譬如，甲远距离向乙射击，可以说可能会造成乙死亡的结果；如果甲近距离向乙射击，可以说必然会造成乙死亡的结果。但是，这并不意味着乙必死无疑。上述两种不同程度的认识因素在一定程度上可以反映行为人对结果发生的态度，从而体现出行为人主观恶性的大小。

（三）认识错误

在实践中，往往会出现行为人对自己行为的法律性质、行为的对象与后果等客观事实情况的主观认识与实际情况发生偏差、对立等情形。行为人的主观认识错误是否对犯罪的成立产生影响，是犯罪故意理论中研究的一个重要课题。从实践上看，认识错误包括两种基本类型：

(1) 对刑法的认识错误。这是指行为人对自己实施的行为在刑法上的评价发生错误的认识，具体而言，是指行为人对其行为是否属于刑法规定的犯罪行为，属于何种犯罪行为，会产生什么样的刑事责任等产生错误的理解。上文已论及，犯罪故意的认识内容并不包括对行为违法性的认识，因此，行为人对刑法的认识错误，一般不影响犯罪的成立与否。对刑法的认识错误，可以具体归纳为三种情形：

第一，将非犯罪行为误认为犯罪行为，即行为人误认为自己实施的某一行为属于犯罪行为，而事实上该行为并不会导致犯罪的情形。在这种情况下，行为人的认识错误并不会影响到犯罪的成立。例如，甲是销售农药的个体户，一次他在不知情的情况下购进了一批伪劣农药，并卖给了当地的农民。农民使用该农药后，造成大面积农作物绝产。甲以为自己的行为构成了生产、销售伪劣农药罪，便主动到当地派出所投案自首。但实际上，甲的行为并不构成生产、销售伪劣农药罪。

第二，将犯罪行为误认为非犯罪行为，即行为人误认为自己实施的行为不构成犯罪，而实际上却属于犯罪行为的情形。通常情况下，行为人的这种认识错误并不会影响到犯罪的成立。例如，甲担任某国有机电公司的经理，主管该公司的销售和采购业务，同时他自己私下又与他人合股成立了一家私营的机电公司，并利用其担任国有公司经理的便利条件，使私营机电公司获得巨大的经济利益，而国有机电公司却经营不景气。甲以为自己私自成立并经营私营机电公司的行为只是属于经济活动中的不正当行为，而非犯罪行为，但事实上，甲的行为已构成了刑法中的非法经营同类营业罪。

第三，对犯罪行为的性质和刑事责任大小产生错误认识，即行为人对自己的犯罪行为究竟属于什么性质的犯罪、将受到什么样的刑罚处罚发生错误的认识。事实上，行为人的错误认识并不会影响到法院对行为人具体的定罪与量刑。例如，甲经常在夜间盗窃公路上的下水沟井盖，拿去卖给废品收购站。甲以为自己的行为属于一般的盗窃行为，但根据刑法的规定，甲的行为已构成以危险方法危害公共安全罪。再如，甲以为贩卖毒品即使被抓住，也最多坐几年牢，便打算去云南购买毒品。一次，甲到了云南购得 1 公斤海洛因，准备带回老家贩卖牟利，但其在乘坐火车回家的途中被列车民警查获。甲没有想到最终被法院判处死刑缓期两年执行的重刑。

(2) 对客观事实的认识错误。这是指行为人对自己实施的危害行为的性质、对象、采取的手段、造成的结果等客观事实情况发生错误的认识。对客观事实的认识错误主要包括对犯罪客体、犯罪对象、行为手段、行为与结果之间因果关系的错误认识这四种情形：

第一，对犯罪客体的错误认识，即行为人以为自己的行为侵犯了某种客体，而实际上侵犯的是另一种客体。显然，行为人的这种认识错误，不会改变犯罪的性质。上述甲盗窃公路下水沟井盖的案子便属于这种情形。甲以为自己的行为只是侵犯了公共财产所有权，但他却没有意识到自己的行为实际上还侵犯了更为重要的社会关系，即社会的公共安全。

第二，对犯罪对象的错误认识。这种情况较为复杂，大致可以分为以下三种具体情形：一是行为人以为存在某种犯罪对象而事实上并不存在犯罪对象。这种情形一般以犯罪的未遂论处。例如，甲听说乙手中有一件国家一级保护文物，便花大价钱从乙处买来，并准备日后卖给外国人从中牟利，但购得之后才知道，该件文物是赝品。在这种情况下，甲的行为成立盗卖文物罪的未遂。二是行为人以为不存在犯罪对象而事实上却侵犯到了某种犯罪对象。在这种情况下，由于行为人缺乏明知的认识因素，因此，不可能构成故意犯罪；但是，不排除过失犯罪的可能。如果确实属于不能预见的情形，则按意外事件处理。例如，甲在山中打猎，发现不远处有一个黑东西在移动，以为是一只动物，便瞄准开枪，结果打死的是一个正在山中采药的农民。三是行为人将一种犯罪对象误认为另一种犯罪对象。对这种情形要具体情况具体分析。譬如，甲在火车站见到一个军人坐在候车室的椅子上等车，认为其包内必定有手枪。于是，甲乘其打盹之机将包偷走，结果发现包里面并没有手枪，只有现金及其他物品。这种情形属于一行为同时触犯了盗窃枪支罪和盗窃罪两个罪名，可以依照较重的罪名定罪处罚。再如，工人甲与本厂门卫乙发生矛盾，便产生杀害乙的念头。一日，甲乘乙上厕所的时候溜进门卫室，在乙使用的杯子里下了毒，随即匆匆离去。但事实上，甲所下毒的杯子并不是乙的杯子，而是门卫丙使用的杯子。乙与丙换班后，丙因使用该杯子喝水而中毒死亡。在本案中，虽然甲对行为对象发生认识错误，但并不能改变犯罪的性质，仍属于故意杀人罪。

第三，对行为手段的错误认识，即行为人对自己实施犯罪行为时所采取的手段或使用的工具发生错误的认识。这种情形一般属于犯罪未遂。譬如，甲意图毒害乙，便从药店买了一些砒霜。但由于所买的砒霜是伪劣产品，并没有毒性，因而未毒死乙。对甲应当以故意杀人罪的未遂论处。

第四，对行为与结果之间因果关系的错误认识，即行为人对自己所实施的危害性与造成的危害结果之间因果关系的发展进程和趋势发生认识错误。这种认识错误又包括四种情形：一是行为人误认为自己的行为已经引起了某种危害结果，而事实上却没有发生所预期的结果。在这种情形下，通常以犯罪未遂论处。例如，甲想报复村长，某日，他见村长的摩托车停在其后院树下，便偷偷地在摩托车后尾箱内安置了一个爆炸装置，只要摩托车一动就会引爆。但没想到，大风将树吹倒，树压在摩托车上并引爆炸药，爆炸没有造成人身伤亡。甲的行为应当按故意杀人罪的未遂论处。二是行为人以为是自己的行为造成了某种危害结果，而事实上却是由其他原因直接引起的。在这种情形下，行为人对于其他原因直接引起的危害结果不应当承担刑事责任。例如，甲与乙有仇，一直想置乙于死地。一日夜晚，甲发现乙独自在街上行走，便持刀追上乙，并朝乙的后背猛刺数刀，而后逃跑。这时，一个路人发现乙倒在地上，赶紧将乙送往医院抢救。没过几天，乙因心脏病突发而死在医院。甲听说乙死了，以为是自己的行为造成的。但是，由于乙的死亡最终是由心脏病突发而引起的，因此，对甲只能按照故意杀人罪未遂追究刑事责任。三是行为人故意地实施了某种危害行为，但发生了其意料之外的结果。这种情况下，行为人实际造成的危害结果通常不能作为定罪的依据，而应当结合其主观认识和意志因素来确定行为的性质。但是，发生的意料之外的结果可以成为量刑的重要情节。例如，甲想教训乙，持刀朝乙的大腿部刺去，结果刺破乙大腿动脉，造成乙大出血而死亡。对于甲的行为仍应当以故意伤害罪论处，至于造成乙死亡的结果可以作为加重法定刑的情况予以考虑。四是行为人先后实施了数个危害行为并造成了预期的危害结果，但行为人以为危害结果是前行为引起的，而事实上危害结果是由后行为引起的。这种情况下，行为人的错误认识并不会改变案件的定性。例如，甲强奸乙，由于乙拼命反抗，甲便死死掐住乙的脖子，直至乙不能动弹。甲以为乙已经死亡，为了灭迹，甲将乙投入一个水井之中。该案被侦破后，经法医鉴定确认，乙是在没有死亡之前被投入井中的，乙的实际死因是溺水窒息。对于乙的死亡结果而言，甲的行为仍属于故意杀人罪。

二、意志因素

所谓意志因素，是指行为人对自己行为引起的危害结果在主观上所抱有的心理态度或意愿，换言之，就是指行为人对行为造成的危害结果是追求、反对还是漠不关心。根据刑法的规定，故意的意志因素只有两种类型：一种是希望的心理态度，即对危害结果抱着积极追求的心理。例如，甲对乙实施抢劫，甲就抱着希望得逞的心理态度。另一种是放任的心理态度，即对危害结果发生与否抱着听之任之、漠不关心的心理。例如，甲与乙发生口角，进而相互殴打起来，这时甲随手从地上拣起一块大石头砸向乙的头部。在这种情况下，乙可能被砸成轻伤，也可能会被砸成重伤，甚至被砸死。但甲对于行为究竟会给乙造成何种损害结果，在主观上并没有一个明确的态度和目的，而是抱着一种放任自流的心理态度。

认识因素与意志因素两者之间既相对独立，又相互联系、相互影响，并统一于故意心理之中。认识因素是意志因素存在的前提，是故意心理的基础，只有在行为人对自己行为的性质及其后果等客观事实有一定认识的基础上，才存在对行为结果的意志心理；而意志因素是认识因素的继续与发展，是故意心理的核心，是判断罪过类型的主要依据。

第三节　犯罪故意的类型

在刑法理论中，以意志因素的内容为主要依据，可以将犯罪的故意分为直接故意和间接故意两种类型。

一、直接故意

所谓直接故意，是指行为人明知自己的行为会发生危害社会的结果，并希望这一结果发生的主观心理状态。直接故意的认识因素表现为，行为人明知自己的行为会发生危害社会的结果。从认识的程度上看，直接故意的认识因素包括两种情形：其一，明知自己的行为必然会发生某种危害结果；其二，明知自己的行为可能会发生某种危害结果。直接故意的意志因素表现为，行为人对自己行为引起的危害结果持希望的心理态度。所谓希望的心理态度，是指行为人对危害结果的发生抱着一种肯定而明确的态度和积极追求的心理意愿。“希望”这种意志心理是直接故意区别于其他罪过形式的根本特征。

二、间接故意

所谓间接故意，是指行为人明知自己的行为会发生危害社会的结果，而放任这一结果发生的主观心理状态。间接故意的认识因素与直接故意的认识因素基本相同，都表现出对危害结果的发生具有明知的认识心理①。间接故意的意志因素表现为行为人对自己的行为引起的危害结果持放任的心理态度。所谓放任的心理态度，是指行为人对危害结果的发生抱着一种不明确的放任自流的心理态度，也就是说，行为人对行为是否会产生危害结果、会产生什么样的危害结果，抱着漠不关心、放任自流的心理。这种心理态度是一种模糊的心态，即在行为人的主观心理中对危害结果的发生究竟是肯定的心态还是否定的心态，并不明确。因而，在客观方面行为人既没有实施积极追求结果发生的行为，也没有采取极力避免结果发生的措施。放任的意志心理是间接故意的本质属性，也是区别于直接故意的主要标志。

在司法实践中，间接故意的罪过形式并不多见。根据对间接故意犯罪的实践总结，刑法理论将间接故意的情形归纳为三类：

第一，行为人为了追求某一犯罪目的，在实施行为时却放任了另一个危害结果发生。例如，犯生产、销售劣药罪的，行为人的目的是为了追求非法利润，但对于可能导致对用药者造成身体严重危害的结果却抱着漠不关心的放任态度。

第二，行为人为了追求某种非犯罪目的，而放任危害结果的发生。例如，警察在追捕逃犯的时候，不顾逃犯周围的群众安全，朝逃犯开枪，造成误伤群众的后果。

第三，在突发案件中，行为人不计后果地实施某种危害行为，放任可能发生的一切危害结果。譬如，行为人一时冲动，毫不选择地随手抄起身边的一根木棍朝他人打去，结果打中对方的太阳穴，致对方颅内出血死亡。

间接故意由于对危害结果没有积极追求的心理态度，因此，间接故意犯罪的成立必须在客观上发生实际危害结果，否则不构成犯罪。与此不同，对于直接故意来说，客观上是否发生危害结果，并不决定犯罪的成立与否，只是影响到犯罪的形态，即如果结果发生，就成立犯罪的既遂；如果结果没有发生，则成立犯罪的未遂。

三、研究直接故意与间接故意的刑法意义

不论是直接故意还是间接故意，在刑法上都属于犯罪的故意。因为在刑法规定的具体犯罪中并没有直接故意犯罪与间接故意犯罪的区分。但是，直接故意与间接故意的划分决不是一种繁琐理论，其在司法审判活动中具有一定的量刑意

① 有观点认为，间接故意只能是行为人明知自己的行为可能发生危害结果。如果行为人明知自己的行为必然发生危害社会的结果，仍然实施该行为，就超出了间接故意认识因素的范围，应当属于直接故意。参见高铭暄、马克昌：《刑法学》（第二版），北京大学出版社，2005 年，第 116～117 页。

义。直接故意中的希望心理反映出行为人明确而强烈的反社会心态和抗法心理，较之间接故意的放任心理，显示出更大的主观恶性和人身危险性。因此，在通常情况下，对直接故意犯罪的处罚要重于间接故意犯罪。可见，区分故意的类型，有助于正确适用刑罚。

第四节　犯罪的动机与目的

一、犯罪动机与目的的概念

犯罪动机与犯罪目的是所有直接故意中普遍存在的两种主观心理活动，而在间接故意和过失心理中是不存在动机和目的的。

动机是指引发行为人实施行为的内心动因，它说明了行为为什么会产生。例如，因贫困而实施抢劫行为，其中，为了解决贫困就是抢劫行为实施的动机。刑法中的犯罪动机，是指引发行为人实施某种危害行为的内心动因。在刑法中虽然没有犯罪动机的明确规定，但是在司法实践中，犯罪动机往往作为评价犯罪人主观恶性的重要因素加以考虑。例如，实践中故意杀人行为的动机很多，诸如图财、报复、义愤、申张正义等。这些不同的动机反映着行为人犯罪主观恶性和再次犯罪可能性的大小，因此，对犯罪行为的整体社会危害性具有一定的影响，进而影响到具体量刑的轻重。

目的是指行为人通过实施某种行为而追求或者希望达到预定目标的心理活动，目的说明了行为人希望达到什么样的行为结果。如上例，抢得他人的财物就是抢劫行为的目的。所谓犯罪目的，是指行为人通过实施一定的危害行为所追求或者希望达到某种危害结果的心理活动。对于大多数的直接故意犯罪来说，意志因素与行为的目的在内容上是统一的，因此，在通常情况下，刑法无须对犯罪目的作出特别的规定。但是，在有些犯罪中，由于存在某些超出故意意志因素的行为目的，刑法便对这些目的加以特别规定，如果缺乏这种目的，行为则不构成犯罪，或者不构成本罪。例如，《刑法》第 363 条规定的制造、复制、出版、贩卖、传播淫秽物品牟利罪，同时《刑法》第 364 条还规定了传播淫秽物品罪。前罪中的“牟利”就是刑法特别规定的本罪的构成要件，如果行为人传播淫秽物品不具有这一目的，则以后罪论处。本节所说的犯罪目的，就是指那些由刑法加以特别规定的行为目的。在刑法理论中，那些由特定目的作为犯罪成立要件的犯罪被称为目的犯。

二、犯罪动机与犯罪目的的关系

犯罪动机与犯罪目的都是超出直接故意内容的一种主观心理活动，两者之间既彼此区别，又相互联系，共同存在于直接故意心理之中。

犯罪动机与犯罪目的之间的联系主要表现在以下几个方面：①犯罪动机是犯罪目的的源泉和基础，没有犯罪动机，就不可能产生具体的行为目标，也就没有犯罪目的的存在。②犯罪动机在某种意义上讲就是行为人的一种内心需求，这种需求的满足有赖于特定行为的实施和行为目的的实现，因此，犯罪目的是犯罪动机得以实现的保障。③在一定条件下，犯罪动机与犯罪目的具有一致性。例如，“牟利”在有的犯罪中是行为的动机，而在另外一些犯罪中又可以成为犯罪的目的，如《刑法》第 111 条规定的为境外窃取、刺探、收买、非法提供国家秘密、情报罪，在很多案件中，犯罪人的动机都是为了贪图经济利益，而贪利在制作、复制、出版、贩卖、传播淫秽物品牟利罪中又成为了犯罪目的。可见，犯罪动机与犯罪目的两者之间相互影响、相互制约，共同存在于直接故意犯罪之中。

犯罪动机与犯罪目的之间的区别主要表现在以下几个方面：①从产生的时间上看，犯罪动机产生于犯罪目的之前。犯罪动机是形成犯罪目的和实施犯罪行为的主观动因。譬如，一个人因报复的动机而产生了实施报复行为的念头，这时他会从多种可以满足其动机的行为中加以选择，诸如杀害对方、伤害对方、损毁对方的名誉、给对方造成财产损失等。如果他选择了杀害对方的行为，这时便产生了杀人的目的，并在动机的驱使和目的的指引下开始实施杀人行为。②从表现形式上看，犯罪动机是一种更为深层的内在的主观心理活动，其内容大多较为抽象，如复仇动机、行侠仗义的动机等。犯罪目的则是一种较为具体而直观的主观心理活动，如占有他人财物、剥夺他人生命、牟利等。③从性质上看，犯罪动机有善良与邪恶之分，而犯罪目的是指对危害结果的积极追求，因此，犯罪目的都具有社会危害性的主观心理。譬如，为尽早免除身患绝症的病人所遭受的肉体痛苦，对病人实施安乐死。其中，安乐死行为的动机就是人道的和良好的，但行为的目的却是剥夺病人的生命，而这一目的是违法而有害的。④从存在上看，就同一种犯罪而言，可能会存在多种不同的动机，但犯罪的目的往往是确定的。譬如，故意杀人罪的实施可以是基于多种不同的动机引起的，但故意杀人罪的目的却只有一个，即非法剥夺他人生命。⑤从刑法意义上看，犯罪动机不属于犯罪构成中的要件，因此，不具有定罪的意义，它只对具体的量刑产生一定的影响。而犯罪目的则是犯罪构成中主观方面的一个选择要件，对某些犯罪来说，犯罪目的就具有定罪的意义。

第五节 犯罪过失

一、犯罪过失的概念与类型

我国刑法以处罚故意犯罪为主，惩罚过失犯罪为辅。因此，过失犯罪在我国刑法中不是一种普遍的犯罪类型。通常情况下，刑法规定的犯罪都是指故意犯罪，只有刑法作出特别规定时，才属于过失犯罪。根据《刑法》第 15 条的规定，所谓犯罪过失，是指行为人应当预见到自己的行为可能会发生危害社会的结果，因为疏忽大意而没有预见，或者已经预见而轻信能够避免，以致发生这种结果的一种主观罪过心理。

犯罪过失与犯罪故意在构成要素上存在明显的区别。其一，在认识因素上，犯罪过失的认识因素呈现出复杂性和多样性。根据刑法的规定，过失的认识因素有两种表现形式：①行为人在实施行为时并没有预见到自己的行为会发生危害社会的结果，但他本应当预见到危害结果发生的可能性。行为人之所以没有预见，是因为疏忽大意所导致的。②行为人在实施行为时已经预见到自己的行为可能会发生危害社会的结果，但因为轻信能够避免危害结果的发生，以致于发生了危害结果。其二，在意志因素上，犯罪过失的意志因素表现为不希望危害结果的发生，或者说，危害结果的发生是完全违背行为人意愿的。这是犯罪过失区别于犯罪故意最明显的标志。

在刑法理论中，根据过失心理认识因素的不同，犯罪过失分为两种类型：一是疏忽大意的过失，二是过于自信的过失。

二、疏忽大意的过失

所谓疏忽大意的过失，是指行为人应当预见到自己的行为可能会发生危害社会的结果，因为疏忽大意而没有预见，以致发生危害结果的一种过失心理。对于疏忽大意的过失也可以从认识因素和意志因素两个方面加以理解。

（一）疏忽大意过失的认识因素

根据刑法的规定，疏忽大意过失的认识因素表现为，行为人在实施行为的当时因为疏忽大意没有预见到自己的行为会发生危害社会的结果，但是，行为人应当预见到可能会发生危害结果。具体而言，疏忽大意过失的认识因素可以细分为以下三个方面的内容：

（1）行为人在实施行为的当时没有预见到自己的行为会发生危害社会的结果，即行为人在行为时缺乏对行为引起危害结果可能性的认识心理。这是疏忽大意过失成立的基本前提，也是其区别于其他罪过形式最明显的特征。由于行为人缺乏认识因素，因此，刑法理论也将疏忽大意的过失称为“无认识过失”。所谓没有预见，是指在行为的当时或者行为的瞬间行为人没有意识到会发生危害社会的结果，而不是通常意义上的意想不到。例如，甲在开车时，突然听见手机响，便用右手伸入裤兜拿手机准备接听。由于甲一走神，没有注意到车偏离了方向，结果撞死了一个路人。虽然甲作为一名司机，对于开车时应当注意力集中、不得酒后驾车、不得打电话、抽烟、与他人聊天等行车安全事项是有认识的，但不能由此认为，甲对这一交通事故的发生是有认识、有预见的。

(2) 行为人应当预见到自己的行为会发生某种危害社会的结果。这是疏忽大意过失心理中的核心因素，也是刑法规定因疏忽大意过失造成社会危害应当负刑事责任的主要原因。这里的应当预见，包括两层含义：一是行为人有预见的义务，二是行为人有预见的能力。

所谓预见义务，是指根据法律的规定、职务或业务中的规章制度或者社会公共生活准则等的要求，行为人在进行某项工作或者实施某种行为时应当谨慎从事、避免危险的出现和危害结果的发生。譬如，司机应当遵守交通安全法规；医生应当遵守医疗法规和诊疗规程；建筑工人应当遵守安全施工规章制度；旅游者应当禁止携带火种进入林区；等等。所谓预见能力，是指行为人具有预见危害结果发生的实际能力。如何判断行为人是否具有实际的预见能力，是一个较为复杂的问题。对此，在刑法理论中存在三种不同的观点：一是社会标准说。该说认为，行为人是否具有预见能力，应以一般人的预见能力为参考，即假设在当时的情形下，一般理智正常的人能够预见到这种行为会发生危害结果，那么，就可以认定行为人具有预见能力；反之则反。譬如，对于司机来说，疲劳驾车容易发生交通事故，因此，凡是因疲劳驾车发生事故时，都可以推定肇事司机具预见能力，应当承担疏忽大意过失的刑事责任。二是行为人个人标准说。该说认为，行为人是否具有预见能力，应当根据行为人自身的认识能力和认识水平来判断。譬如，甲女刚从山区来城里给别人家做保姆。她以前从未见过煤气灶，也不知道煤气泄漏一旦遇到明火就会引起爆燃。某日，她用抹布擦煤气灶台时，不小心将煤气开关打开，但她不知道应当立即关闭煤气开关，而是继续干活。干完家务活之后，她就出门去菜市场买菜。在她走后不久，家里的主人乙下班回家，进门后便坐在沙发上休息，并打算点支烟抽。没想打火机刚一点着，立即引起室内爆燃，很快形成大火，最终导致乙严重烧伤，并造成严重财产损失。虽然对于一般人来说，对煤气的危险性是有认识和预见能力的，但对于本案中的甲来说，却没有相应的预见能力。因此，按照行为人个人标准说，甲并不存在疏忽大意过失的认识心理。三是折中说。该说主张以行为人个人标准为主，兼顾社会标准，即判断行为人是否具有预见能力，应当主要考虑行为人个人的认识能力和认识水平，社会一般人的认识能力和认识水平只能作为判断行为人预见能力的参考。折中说是我国刑法学界目前的通说，本书也赞同这种观点。

(3) 行为人之所以在行为时没有预见到危害行为的发生，是因为行为人疏忽大意而没有预见。这是刑法要求行为人对疏忽大意过失行为承担刑事责任的根本原因。所谓疏忽大意，是指行为人在实施行为时表现出来的粗心、马虎、草率等心理，对一些重要的细节、问题和安全隐患没有给予应有的关注和留意，安全意识单薄，等等。换言之，如果行为人能够抱有一定安全防范意识，在实施行为时精力集中、小心谨慎，那么就完全可以防止和避免危害结果的发生。譬如，警察在执行公务时枪支走火导致群众受伤，如果他将枪口始终朝上，则不会发生伤及群众的事件。再如，游客进入森林公园游玩时随手丢弃一根没有完全熄灭的烟头，以致引起山林大火，如果游客遵从公园禁止吸烟的规定，或者将烟头熄灭后丢在不会引起火灾的地方，就不会发生山林火灾。根据刑法规定，如果行为人的行为引起了某种危害结果，但不是因为疏忽大意的心理，而是因为不能预见的原因引起的危害结果，则属于刑法上的意外事件，不构成犯罪。例如，某晚，司机甲驾驶一辆载有30多位乘客的长途大巴车在某国道上正常行驶，突然发现前方出现一个没有顶盖的下水道洞口。由于顶盖才被人偷走，洞口旁也没有任何警示标志，当甲发现时已来不及躲避，结果大巴车的右前轮陷入洞口，导致翻车，并造成重大人身伤亡。该案中，虽然危害结果与司机甲的驾驶行为存在因果关系，但是，由于引起结果发生的直接原因不是司机疏忽大意，而是无法预见的原因，因此，他在主观上并不存在疏忽大意过失的认识心理。

（二）疏忽大意过失的意志因素

从逻辑上讲，不论是认识因素还是意志因素，都是指行为人在危害结果发生之前所具有的一种心理活动和态度。在疏忽大意过失的情况下，由于行为人在实施行为时并不存在对危害结果发生的认识心理，而认识因素又是意志因素的前提和基础，因此，对于疏忽大意过失而言，实际上是不存在对危害结果的意志心理的。可见，疏忽大意的过失是不存在意志因素的过失的。至于在危害结果发生之后，行为人会表现出什么样的心理态度，已不是疏忽大意过失需要研究的范围。从常理上看，在危害结果发生后，疏忽大意过失的行为人一般都会表现出排斥、否定、懊悔等心理态度，即危害结果的发生完全违背自己的心愿。但也不排除在个别情况下，行为人可能会存在满足或漠不关心的心态。譬如，在交通事故发生后，肇事司机发现被撞的人正是自己的仇人，这时，其内心也许会产生某种报应满足心。但是，在危害结果发生后，不论行为人对危害结果抱有何种心态，都已不是行为时的主观心理，因此，不影响罪过的有无和性质。

二、过于自信的过失

所谓过于自信的过失，是指行为人在行为时已经预见到自己的行为会发生危害社会的结果，由于过于轻信危害结果的不发生或者能够避免，以致造成危害结果发生的过失心理。

（一）过于自信过失的认识因素

过于自信过失的认识因素表现为，行为人在行为时实际上已经预见到自己的行为可能会发生一定的危害结果。由于存在这种认识心理，因此，刑法理论将过于自信的过失也称为“有认识的过失”。对危害结果的发生可能性存在认识心理，是过于自信的过失区别于疏忽大意过失的显著标志。虽然过于自信的过失在认识因素上表现为对危害结果的发生有了一定的认识和预见，但从认识的程度上来讲，面对发生与不发生两种可能性，行为人更倾向于危害结果的不发生。例如，某高速公路指示牌标明限速每小时100千米，而司机甲认为自己驾车经验丰富、所驾小车性能好，便以每小时160千米的时速行驶，并不断地变道超车，结果与其他小车相撞，导致发生严重交通事故。本案中，司机甲已经预见到自己超速驾车的行为有发生交通事故的危险，但在其认识心理中更倾向于交通事故的不发生，因此，属于过于自信过失的认识心理。

（二）过于自信过失的意志因素

根据刑法的规定，过于自信过失的意志因素是不希望危害结果发生的心理态度。这是过于自信过失与故意心理相区别的主要标志。所谓过于自信，是指行为人轻信危害结果不会发生，即使存在发生的可能性，但行为人相信凭借自己的能力和有利条件完全可以避免危害结果的发生。过于自信过失犯罪之所以发生了危害社会的结果，不是行为人积极追求或者放任的结果，而是因为行为人过于轻信结果的不发生，危害结果的发生是完全违背行为人意愿的。行为人的过于自信主要表现为高估了自己的能力和避免结果发生的有利条件，而低估或者忽略了产生危害结果的一些不利因素和条件。如上例，司机甲高估了自己的驾车技术和经验，以及车的性能和良好的路况，而低估了险情发生的不利因素，以致过于自信地认为不会发生危害结果，但事实上却发生了行为人不希望发生的危害结果。

（三）过于自信的过失与间接故意的界限

由于过于自信的过失与间接故意在认识因素和意志因素上都极为相似，因此，在实践中两者容易相互混淆。为此，有必要对两者的界限加以特别说明。

过于自信的过失与间接故意的共同点表现在两个方面：①过于自信的过失与

间接故意在认识因素上具有相同之处。刑法在说明两者的认识因素时使用了两个不同的概念，即过于自信的过失是“已经预见到”危害结果的发生，间接故意是“明知”危害结果的发生。但不论是预见还是明知，都表明行为人对自己的行为可能会造成某种危害结果具有一定的认识。②过于自信的过失与间接故意在意志因素上具有相同之处。过于自信的过失在意志因素上对危害结果是“不希望”的心理态度，间接故意则表现为“放任”的心理或曰不是“希望”的心理态度。可见，两者都有别于直接故意的“希望”危害结果发生的心理态度。

过于自信的过失与间接故意的不同点有以下两点：①过于自信的过失与间接故意在认识因素上存在一定的差异。这种差异表现在行为人对危害结果发生的认识程度不同。虽然过于自信过失的行为人已经预见到存在危害结果发生的可能性，但也考虑到了结果不会发生或者可以避免的可能性，并且，在行为人的认识心理中危害结果不发生的可能性要远远大于发生的可能性。而在间接故意的情况下，行为人对危害结果的发生可能性表现出更为明确的认识心理，一般不存在对结果不发生可能性的认识。因此，准确地讲，过于自信过失的认识心理是认识到结果的不发生，而间接故意的认识心理是认识到结果的发生。②过于自信的过失与间接故意在意志因素上存在质的不同。在意志因素上，虽然两者对危害结果的发生都不是“希望”的心理态度，但是，过于自信过失表现出明确的“不希望”的心态，也就是说，结果的发生是完全违背其主观意愿的。而这种“不希望”的主观心理态度，可以从一系列的客观事实中表现出来。譬如，行为人具有一定的控制和避免结果发生的能力或专业技能，客观上存在一定的防止结果发生的有利条件，或者行为人采取了某些避免结果发生的具体措施和方法，等等。也就是说，“不希望”的心理是有一定的客观基础的。例如，在高速公路上超速驾车而引起的交通事故案件中，大多数都是因为行为人凭借自己的“高超”驾驶技术，或者良好的路况、车况等避免结果发生的有利条件，而忽略了结果发生的不利因素，以致于发生严重车祸。间接故意既不像直接故意那样表现出“希望”结果发生的心理态度，也不像过于自信过失心理那样表现出“不希望”结果发生的心理态度，而是一种模糊的心理态度。换言之，间接故意行为人对于危害结果的发生，既不积极追求也不主动防止、既不希望也不排斥、既不肯定也不否定，而是任其发生、漠不关心。因此，在客观上，行为人根本没有积极地采取某些具体措施和手段来防止危害结果的发生。譬如，司机甲在夜间行车时不小心撞倒一位行人，但是为了逃避责任，便加大油门逃离事故现场，并且在逃跑过程中关闭汽车的大灯，可是没跑多远又撞倒一个骑自行车的人。对于甲第二次撞人事故来说，其主观心理已超出过于自信过失的心理，而应当按照间接故意处理。因为，从意志因素上看，已不存在“不希望”危害结果发生的客观基础和条件。在实践中，产生间接故意心理的主要原因有两种：一种是行为人为了实现某一既定的目的，对于可能伴随行为发生的危害结果不予理会、放任自流；另一种是行为人在一时冲动之下，不假思索、不计后果地做出某种危险行为。

第六节 无罪过事件

一、无罪过事件的概念

如果某人的行为在客观上造成了一定的损害结果，但在主观上缺乏罪过心理，就属于刑法上的不可抗力事件或者意外事件，在刑法理论中也称为“无罪过事件”。由于缺乏主观要件，因此，无罪过事件不属于犯罪行为。根据《刑法》第16条的规定，无罪过事件具有以下三个基本特征：①行为在客观上造成了一定的损害事实，这是无罪过事件的客观前提；②行为人对结果的发生在主观上不存在故意或者过失心理，这是无罪过事件的主观基础；③损害事实的发生是由于不能抗拒或者不能预见所引起的，这是无罪过事件的实质条件。

二、无罪过事件的种类

刑法理论把由于不能抗拒的原因引起的无罪过事件称为不可抗力事件，把由于不能预见的原因引起的无罪过事件称为意外事件。

（一）不可抗力事件

所谓不可抗力事件，是指行为人已经预见到某种损害事实将会发生，但由于存在某种其自身力量不能抗拒的客观原因，使得行为人无法阻止或者避免其行为引起损害事实发生的情形。其中的不能抗拒的原因，是指行为人已经意识到但凭借自身力量无法抵抗或者改变的引起损害事实发生的原因。这种不能抗拒的原因可以是自然力，也可以是其他人为的原因。例如，某大货车司机甲在开车时发现前方一个十字路口正有一些放学的学生横过马路，甲便用脚刹打算减速停车。然而，这时他感到刹车系统失灵，便急忙又用手闸刹车，但手闸也没有任何反应。这时，他一边大声叫喊路人躲闪，一边控制汽车的方向，尽量朝没有人的地方行驶。但是，由于货车的惯性太大，甲最终还是撞死了一个躲闪不及的学生。事故发生后，经过对货车的检查，事政处理人员发现甲所驾驶的货车刹车装置事先遭到了人为的破坏。

（二）意外事件

所谓意外事件，是指行为人不能预见的原因导致其行为引起了某种损害结果的情形。其中的不能预见的原因，是指行为人没有预见并且在当时的情况下也无法预见的引起损害事实发生的原因。例如，甲邀请多位朋友去某酒楼聚餐，去酒楼之前他在某个烟酒零售店买了两瓶白酒，并带到酒楼请大家饮用。喝完一瓶后，大家都感到肚子不适，很快有的人出现呕吐症状。之后所有人都被送到医院抢救，其中，有一人经抢救无效死亡。经过鉴定，该酒是用工业酒精兑制的假酒。对于甲来说，假酒致人中毒就是意外事件。

意外事件与疏忽大意过失行为极为相似，在实践中容易发生混淆，因此，必须加以仔细甄别。两者的相同之处主要有以下两个方面：其一，两者在认识因素上相同，都表现为行为人没有预见到自己的行为会发生损害结果；其二，两者在客观上都发生了损害结果。两者的区别在于行为人对损害结果的预见能力的不同。在意外事件中，行为人对损害结果的发生是无法预见的，即缺乏刑法上的预见能力；而在疏忽大意过失的犯罪中，行为人对损害结果的发生是具有预见能力的。关于预见能力问题，在本章第五节关于疏忽大意过失的认识因素中已作阐明，故不再赘述。

[复习题]

(1) 犯罪主观要件具体包括哪些内容?

(2) 犯罪目的与犯罪动机有何联系与区别?

(3) 举例说明间接故意存在的几种情形。

(4) 举例说明过于自信的过失与间接故意的区别。

(5) 举例说明疏忽大意的过失与意外事件的异同。

第七章　单位犯罪

【重点提示】

- 单位犯罪的构成特征
- 单位犯罪的刑事责任承担原则

第一节　单位犯罪的概念和种类

由于单位犯罪在主体方面的特殊性，从而导致单位犯罪的构成在整体上呈现出与自然人犯罪不尽相同的特征，为此，有必要对单位犯罪的构成特征加以专章阐述。

一、单位犯罪的概念

单位犯罪是与自然人犯罪相对应的一种犯罪类型，在国外刑法理论中一般被称为法人犯罪。关于单位犯罪的立法，肇始于19世纪末英美法系的刑事立法。英国1889年的《解释条例》规定，“关于适用刑法，若无特殊规定，法人一概科罚”。1909年的美国纽约州刑法第30条规定：“凡法人犯罪，应处自然人之监禁刑者，其为轻罪，处500元以下罚金；其为中罪，处50 000元以下罚金。”当今的英美法系国家普遍确立了“法人具有犯罪能力”的刑事立法原则。与此不同，多数大陆法系国家，始终坚持个人责任原则，奉行古老的拉丁规则，即“单位不能犯罪”，因而否认法人可以成为犯罪的主体。但在20世纪中后期，在大陆法系国家也出现一些有关法人犯罪的立法，但通常是规定在刑法典之外的刑罚规范中。例如，在日本刑法典中没有规定法人犯罪，而在公害罪法、租税法等行政刑法中则对法人罚则作了相关规定。1993年法国新的刑法典第121—2条、第131—37条、第131—49条详细规定了法人犯罪及其刑罚，这开创了刑法典规定法人犯罪的先河①。其中，根据第121—2条规定，除国家之外，法人在法律明文规定的范围内，“对其机关或代表为其利益实行的犯罪负刑事责任”②。

---

① 童德华：《外国刑法原理》，北京大学出版社，2005年，第66页。

② 罗结珍译：《法国新刑法典》，中国法制出版社，2003年，第8页。

在我国，有关单位犯罪的确立始于 1987 年 1 月 22 日第六届全国人民代表大会常务委员会第十九次会议通过的《中华人民共和国海关法》关于走私犯罪的规定。该法第 47 条第 4 款规定："企业事业单位、国家机关、社会团体犯走私罪的，由司法机关对其主管人员和直接责任人员依法追究刑事责任；对该单位判处罚金，判处没收走私货物、物品、走私运输工具和违法所得。"此后，全国人民代表大会常务委员会陆续颁布的有关法律和单行刑法不断扩大了单位犯罪的范围。1997 年重新修订的刑法典在第二章第四节对单位犯罪作了专门规定。

根据《刑法》第 30 条的规定，所谓单位犯罪是指由公司、企业、事业单位、机关、团体等社会组织实施的危害社会的，依照刑法应当承担刑事责任的行为。单位犯罪在刑法中并不具有普遍性，通常情况下，刑法规定的犯罪都是指自然人犯罪，只有当刑法就单位犯罪作出特别规定的情况下，才存在单位犯罪。例如，《刑法》第 152 条第 2 款就是对单位犯走私淫秽物品罪的特别规定。

需要说明的是，有些犯罪是既可以由自然人构成也可以由单位构成的犯罪。例如，生产、销售伪劣产品罪、走私普通货物罪、集资诈骗罪等。还有些犯罪只能由单位构成，而自然人不能构成。例如，提供虚假财会报告罪和妨害清算罪只能由公司、企业构成，逃汇罪只能由公司、企业或者其他单位构成。

二、单位犯罪的种类

第一，从犯罪主体的角度，可以将单位犯罪分为一般主体的单位犯罪和特殊主体的单位犯罪两种。前者是指可以由任何类型的单位构成的犯罪，例如，《刑法》第 192 条的集资诈骗罪。后者是指只能由特定单位构成的犯罪，例如，《刑法》第 126 条的违规制造、销售枪支罪，只能由依法被指定、确定的枪支制造企业、销售企业构成。再如，《刑法修正案（六）》第 12 条违规运用资金罪的主体只能是社会保障基金、住房公积金等公众资金管理机构，以及保险公司、保险资产管理公司、证券投资基金管理公司。

第二，从犯罪主观方面的角度，可以将单位犯罪分为单位故意犯罪和单位过失犯罪两种。前者是指单位出于故意心理构成的犯罪。这是我国刑法较为普遍的一种单位犯罪。后者是指单位出于过失心理构成的犯罪。例如，《刑法》第 137 条规定的工程重大安全事故罪、第 363 条规定的为他人提供书号出版淫秽书刊罪等。

第三，从承担刑事责任方式的角度，可以将单位犯罪分为双罚制单位犯罪和单罚制单位犯罪两种。前者是指刑法规定既处罚单位，又处罚单位中相关自然人的单位犯罪，这类单位犯罪在刑法中较为普遍。后者是指刑法规定只处罚单位中相关自然人的单位犯罪，这类犯罪相对较少。

第四，从犯罪的主体类型的角度，可以将单位犯罪分为纯正的单位犯罪和不纯正的单位犯罪两种。前者指根据刑法规定，只能由单位实施的犯罪。例如，刑法第 387 条规定的单位受贿罪、第 393 条规定的单位行贿罪。后者指根据刑法规定既可以由自然人构成，也可以由单位构成的犯罪。例如，《刑法》分则第三章第一节生产销售伪劣商品犯罪、第二节走私犯罪等。相比较而言，前一种单位犯罪较为普遍。

第二节　单位犯罪的构成特征

一、单位犯罪的主体

单位犯罪的特殊性主要在于犯罪主体是一个社会组织，而不是一个自然人或者共同犯罪中多个自然人的结合。在社会生活中，单位具有诸多与自然人相同或者相近的法律特征。譬如，单位作为一种社会组织，在法律上具有独立的法律关系的主体资格，可以从事许多民事法律活动，依法独立地享有民事权利和承担民事义务。单位在参与法律关系过程中所实施的行为如果给社会造成社会危害，同样可以构成刑法中的犯罪行为。根据我国《刑法》第 30 条的规定，单位犯罪的主体，是指实施了危害社会行为，依法应当负刑事责任的公司、企业、事业单位、机关、团体。可见，我国刑法中的单位犯罪的主体有五类：

所谓公司，是指依照我国公司法成立的经济组织，包括有限责任公司和股份有限公司两种。公司是具有独立法人资格的经济组织，也是常见的一种单位犯罪主体。

所谓企业，是指依法成立并具备一定组织形式的、从事商品生产或者商业服务活动的营利性经济组织。由于公司属于企业的一种，因此，这里的企业应当是指公司以外的经济组织。从所有制性质上看，企业可以分为公有制企业和非公有制企业。公有制企业包括全民所有制企业和集体所有制企业两种，非公有制企业包括私营企业（或民营企业）、外商独资企业、中外合资企业等。企业也是一种常见的单位犯罪主体。

所谓事业单位，是指依照法律或者行政命令成立的、从事社会公益活动的社会组织，如医院、学校等。事业单位与企业的区别主要在于其成立和进行各种社会活动不以营利为目的，而是为了社会公益事业。在我国，事业单位可以分为两种：一是国家事业单位；二是集体事业单位。正确区分不同性质的事业单位，有助于对单位犯罪进行准确定罪。例如，《刑法》第 387 条规定的单位受贿罪的主体只能是国家机关、国有企业、事业单位、人民团体，如果是集体性质的事业单位受贿的，则不构成犯罪。

所谓机关，是指行使国家立法、行政、司法、军事和政党事务等各项职能的部门，包括国家的立法机关、行政机关、司法机关、军事机关、政党机关等。实践中，相对于公司、企业犯罪来说，国家机关实施犯罪的案件并不普遍，但是，在刑事立法中，绝大多数的单位犯罪均可由国家机关构成，甚至个别犯罪只能由国家机关构成。例如，《刑法》第 396 条规定的私分国有资产罪和私分罚没财物罪只能由享有罚没权的司法机关、行政执法机关构成。

所谓团体，又称人民团体，是指经国家有关主管部门批准成立的各类群众性团体组织。例如，工会、共青团、妇联等人民团体、社会公益团体、文化艺术团体、宗教团体、学术研究团体等。社会团体拥有独立的资产，能够独立承担民事责任，可以成为法人组织。因此，社会团体的活动如果构成刑法规定的单位犯罪，同样可以构成犯罪。

二、单位犯罪的客观方面

单位犯罪与自然人犯罪相比，在客观构成方面的特殊性主要集中在客观行为这一要件上，即单位犯罪的客观行为不是单位中的自然人行为或者若干自然人的共同犯罪行为，而是指单位中的自然人以单位名义实施的危害行为。具体而言，单位犯罪的行为具有以下三个基本特征：

第一，单位犯罪行为是以单位名义实施的犯罪行为，这是单位犯罪行为的形式条件，也是单位犯罪在客观构成方面区别于自然人犯罪最显著的特征。所谓以单位名义实施，是指实施行为的决定是由单位的决策机构作出的，或者是由单位负责人依职权所作出的，而不是单位中的某一个人或者个别领导擅自决定的。所谓单位决策机构，是指对单位的重大事项拥有决定权的单位内部常设机构。例如，公司的董事会和股东（大）会、企业的厂务会、社会团体的常务理事会等。单位决策机构的决定也就是单位领导层集体研究讨论所作出的决定。所谓单位负责人，是指根据法律或者单位章程规定有权代表单位对重大事项作出决策的单位主管领导。譬如，公司的总经理、企业的厂长、行政机关的行政首长、学校的校长等。

第二，单位犯罪行为的直接实施者仍然是单位内部的自然人。单位属于法律拟制的人，它虽然在社会生活中与自然人一样具有独立的主体资格，但是它毕竟不能像有生命的自然人一样直接地实施某种行为。单位行为最终还是要通过单位中的自然人来实施。没有自然人的行为，单位犯罪行为也就无法实现。因此，单位犯罪行为在客观上也是由单位中的某一或者某些自然人的行为表现出来的。但是，单位中的自然人只有根据单位决策机构或者负责人的授权或委派代表，并在其职权范围内实施的行为，才能视为单位犯罪行为，如公司或者企业的销售人员、财务人员实施的职务行为。

第三，在故意单位犯罪的情况下，单位犯罪行为往往与单位的整体利益直接关联，即单位犯罪行为与单位整体利益或者单位全体成员的利益相联系，而不是仅仅关系到单位中的个别或者部分成员的利益。如果以单位的名义实施的某些行为只是与单位中的个别领导或者部分成员的利益相关，那么，也只能以自然人犯罪对待。例如，以单位名义进行走私的，如果走私的非法所得归单位所有，就属于单位走私行为；而如果非法所得归参与走私的个别人所有，则应视为自然人犯罪。

三、单位犯罪的主观方面

单位犯罪的主观方面，是指单位对于以自己名义实施的危害行为及其产生的危害结果所持有的主观心理活动。同自然人犯罪的主观罪过心理相同，单位犯罪的主观罪过同样包含认识因素和意志因素两个方面的内容。但是，单位犯罪的主观方面与自然人犯罪的主观方面相对比，又具有明显的不同。具体表现在以下几个方面：

第一，单位犯罪的主观罪过是通过单位中的自然人以单位名义实施犯罪行为而体现出来的主观心理。由于单位并不像自然人一样具有客观的生命现象，不像自然人一样可以直接实施犯罪行为，因而，单位的犯罪行为必须通过自然人的行为得以实现，单位的罪过心理必须通过自然人的主观心理活动得以体现。尽管如此，由自然人实施的单位犯罪行为及其主观罪过心理应当归属于单位，而不是个人。

第二，单位犯罪的主观罪过由单位罪过心理和单位中相关自然人的罪过心理组成。在我国刑法中，对于单位犯罪追究刑事责任的方式有两种：一是双罚制，即对于单位犯罪的，既处罚单位，又处罚单位中相关的自然人（直接负责的主管人员或者其他直接责任人员）；二是单罚制，即对于单位犯罪的，只处罚单位中的自然人。对于双罚制的单位犯罪来说，单位罪过心理和单位中相关自然人的罪过心理均成为单位犯罪刑事责任的主观根据；对于单罚制的单位犯罪而言，单位罪过心理并不产生刑事责任，只有单位中相关自然人的罪过心理才是犯罪的主观根据。

从实践来看，单位犯罪的主观罪过的形成，大致有两种情形：第一种情形，因单位决策机构的决议而构成犯罪的。例如，公司的董事会或者股东大会、机关的行政首长会议等作出的决定。第二种情形，因单位负责人以单位名义作出的决定而构成犯罪的。其中所包含的主观罪过心理不能视为单位负责人个人的主观心理活动的结果，而应归属于单位。例如，公司、企业的法定代表人、国家机关、事业单位、人民团体的行政负责人等以本单位名义作出的决定。

单位犯罪的主观方面是确定单位犯罪与自然人犯罪的关键。例如，《刑法》第 396 条第 1 款私分国有资产罪与第 383 条贪污罪在客观方面均表现为个人非法占有公共财产，两者区分的关键在于主观方面是单位犯罪故意还是自然人犯罪故意。私分国有资产，是指以单位名义将国有资产集体私分给个人。这里的“以单位名义”，是指私分国有资产是单位领导共同研究决定的，体现了单位的意识和意志①。而贪污罪在主观方面则不具有单位罪过心理的内容，只存在个人的犯罪故意。

根据刑法的相关规定，单位犯罪的罪过形式可以存在故意和过失两种类型。单位犯罪的故意，是指单位决策机构或者单位中直接负责的主管人员、其他直接责任人明知单位行为会发生危害社会的结果，并希望或者放任结果发生的主观心理活动，其中包括直接故意和间接故意两种类型。所谓单位犯罪过失，是指单位决策机构或者单位主管负责人、直接责任人应当预见到单位行为可能会发生危害社会的结果，因为疏忽大意而没有预见，或者已经预见而轻信能够避免，以致发生这种结果的一种主观心理活动。

故意心理是单位犯罪中较为普遍的一种罪过形式，刑法规定的绝大多数单位犯罪都是由故意构成的。例如，单位走私犯罪、单位生产、销售伪劣商品犯罪、单位侵犯知识产权犯罪等。单位过失犯罪在刑法中相对较少，比较典型的有：《刑法》第 137 条规定的工程重大安全事故罪、第 229 条第 3 款规定的出具证明文件重大失实罪等。

第三节　单位犯罪的刑事责任

一、单位犯罪刑事责任的概念

单位犯罪的刑事责任是指刑法规定的单位因实施犯罪而应当承担的法律谴责和刑罚惩罚的后果。单位犯罪主体在承担刑事责任方面与自然人犯罪存在很大区别。主要表现在以下两个方面：

第一，自然人犯罪的刑事责任必然由自然人承担，而单位犯罪的刑事责任则不一定由单位承担。根据我国刑法规定，单位犯罪的刑事责任的实现途径有两种：一种是双罚制，即对于单位犯罪的，既对单位判处一定的罚金，又对单位的直接负责的主管人员或者其他直接责任人员判处相应的刑罚。例如，《刑法》第 211 条规定，单位犯偷税罪等，对单位判处罚金，并对其直接负责的主管人员

① 高铭暄、马克昌：《刑法学》，北京大学出版社，2007 年，第 720 页。

和其他直接责任人员，依照各条相应的规定处罚。另一种是单罚制，即对于单位犯罪，只处罚单位中的直接负责的主管人员或者其他直接责任人员，而不对单位进行刑事处罚。例如，《刑法》第 137 条规定的工程重大安全事故罪是由建筑工程的建设单位、设计单位、施工单位或者工程监理等单位构成的单位犯罪，但该罪的刑事责任只是由单位的直接责任人员承担，而单位并不受刑事处罚。

第二，刑法规定的所有刑罚种类都能适用于犯罪的自然人，而对于犯罪的单位可以适用的刑罚种类有限。根据刑法规定，对于自然人犯罪，可以适用管制、拘役、有期徒刑、无期徒刑和死刑，并可以单处或者并处罚金、没收财产和剥夺政治权利等。而对于单位犯罪，可以适用的刑种只限于罚金刑，而其他刑种无法适用。

二、单位犯罪刑事责任的承担原则

国外刑法关于法人犯罪的处罚形式主要有三种：一是代罚制责任（或转嫁责任），是指以处罚法人机关的自然人来代替对法人的处罚。大陆法系的国家多采此制。二是法人责任，即仅处罚法人组织本身，而不再对法人机关的自然人适用刑罚。英美法系国家一般采取此制。三是两罚制，是指除处罚法人机关的自然人之外，同时对法人组织本身也要予以处罚。这是当今被广泛采用的方法①。我国刑法关于单位犯罪的刑事责任承担原则有双罚制和单罚制两个原则。

所谓双罚制，是指根据刑法规定，对于单位犯罪的，既对单位判处一定的罚金，又对单位中直接负责的主管人员和其他直接责任人员判处相应的刑罚。在我国刑法中，双罚制是较为普遍的单位犯罪处罚原则。从刑法的规定来看，对单位中直接负责的主管人员和其他直接责任人员的处罚有两种情形：一是规定与自然人犯罪轻重相同的刑罚，这是常见的一种情形。譬如，《刑法》第 150 条规定，单位犯第 140 条至第 148 条规定之罪的，对单位判处罚金，并对其直接负责的主管人员和其他直接责任人员，依照各该条有关自然人犯罪的规定处罚。二是规定比自然人犯罪较轻的刑罚。譬如，《刑法》第 153 条第 2 款针对单位犯走私普通货物、物品罪的，对直接负责的主管人员和其他直接责任人员规定了轻于自然人犯走私普通货物、物品罪的刑罚。

所谓单罚制，是指根据刑法规定，对于单位犯罪的，单位不承担刑事责任，而只处罚单位中的直接负责的主管人员和其他直接责任人员。在我国刑法中，对于单位犯罪实行单罚制属于少数情况。刑法之所以对某些单位犯罪规定单罚，而不给予双罚，主要原因在于这类单位犯罪在主观构成上不存在为单位谋取非法利

① 马克昌：《犯罪通论》，武汉大学出版社，2001 年，第 303 页。

益的犯罪目的。从犯罪类型上看，实行单罚制的单位犯罪主要有两类：一类是单位过失犯罪，譬如，《刑法》第137条规定的工程重大安全事故罪、第138条规定的教育设施重大安全事故罪；另一类是单位本身就是受害对象的犯罪，譬如，《刑法》第396条规定的私分国有资产罪和私分罚没财物罪。

[复习题]

（1）简述单位犯罪的犯罪构成特征。

（2）我国刑法关于单位犯罪的处罚原则有哪些？

[相关法规和司法解释]

（1）最高人民法院《关于审理单位犯罪案件具体应用法律有关问题的解释》

（2）最高人民法院《关于审理单位犯罪案件对其直接负责的主管人员和其他直接责任人员是否区分主犯、从犯问题的批复》

（3）最高人民法院、最高人民检察院、海关总署《关于办理走私刑事案件适用法律若干问题的意见》

（4）最高人民法院研究室《关于外国公司、企业、事业单位在我国领域内犯罪如何适用法律问题的答复》

第八章　排除犯罪的事由

【重点提示】

- 正当防卫的成立条件
- 紧急避险的成立条件

第一节　排除犯罪事由概述

一、排除犯罪事由的概念和特征

所谓排除犯罪的事由，又称排除社会危害性的事由，是指行为人的行为虽然在客观上造成了一定的损害结果，从形式上看符合某罪的犯罪构成要件，但实际上不具有社会危害性，甚至是有益于国家和社会的行为，因而不成立犯罪的情形。排除犯罪的事由具有如下特征：

第一，排除犯罪的事由必须是具有损害性的人的行为。这一特征有两层含义：一是排除犯罪的事由必须是人的行为；二是这一行为必须在客观上造成了一定的损害结果。如果不是由于人的行为造成的损害结果，或者虽是人的行为但并没有造成损害结果，都不存在犯罪的问题，也就无所谓排除犯罪。无论是正当防卫还是紧急避险，无不造成了一定的人身伤亡、财产损失等损害后果，因而在客观上都具有损害性，这是认定排除犯罪的事由的前提条件。

第二，排除犯罪的事由在形式上符合某罪的犯罪构成要件。排除犯罪的事由不仅在客观上造成了损害结果，而且在主观上行为人对损害结果有认识，并故意实施了该行为，所以从形式上看符合某罪的犯罪构成要件。意外事件由于缺少主观上的故意或者过失，显然不是犯罪行为，也不属于排除犯罪的事由。例如，正当防卫人为保护合法权益而“故意”地对正在实施不法侵害的人进行“伤害”或者“杀害”，从形式上看符合故意伤害罪或者故意杀人罪的犯罪构成要件；紧急避险人为了保护一个合法权益免受侵害，而“故意”地“损害”另一较小合法权益，造成了第三者的财产损失，在形式上符合故意毁坏公私财物罪的犯罪构成要件。如果一个行为在形式上不符合任何罪的犯罪构成要件，就不存在成立犯罪的可能，因此也就没有排除犯罪的必要。

第三，排除犯罪的事由在实质上不具有社会危害性。排除犯罪的事由有的是在权利受到侵害时法律赋予公民的正当防卫权，有的是在两种合法利益不能两全时牺牲小的利益而保全大的利益的不得已行为，有的是正当的业务行为，有的是经被害人请求或者同意的行为。这些行为在本质上或者是对国家、社会、他人有益的行为，或者是没有危害的行为，因此不具有犯罪的本质特征即严重的社会危害性，所以是正当的排除犯罪的行为。

二、排除犯罪事由的种类

我国刑法明文规定的排除犯罪的事由只有正当防卫和紧急避险两种，但在刑法理论与司法实践中，除了正当防卫和紧急避险外，排除犯罪的事由还有依照法令的行为、执行命令的行为、正当业务行为、经权利人承诺的行为、自救行为、自损行为等。

所谓依照法令的行为，是对依照现行法律、法规、法令而实施的行为的统称。由于这些行为是依照法令而实施，即便对某些人不利或者造成了损害，也不是犯罪行为而是合法行为。例如，监护人基于监护权对未成年人的监护、惩戒行为，公民抓捕、扭送现行犯的行为等。由于法律对依照法令而实施的行为通常都规定了严格的条件和要求，因此在实施这些行为时不得违反相应的条件和要求，否则就不能排除行为的犯罪性。

所谓执行命令的行为，是指基于上级的命令而实施的行为。例如，根据命令执行死刑的行为，根据命令逮捕人犯的行为，等等。命令作为上级对下级的指示和安排，具有支配性和强制性，下级一般情况下不能不执行，即使所执行的命令是一个错误的命令，对执行者也不能追究其责任。但是，法律对命令的发布从程序到内容都有具体而明确的规定，当执行者明知所执行的命令在程序上或者在内容上违反法律的规定，应当加以拒绝，若不予拒绝仍然执行的，其执行命令的行为就不能排除其犯罪性，构成犯罪的应依法追究其刑事责任。

所谓正当业务行为，是指根据本身所从事的正当业务的要求所实施的行为。例如，医务人员为了保全患者的生命，将其受伤的腿截去的医疗行为，表面上看造成了患者失去一条腿的严重结果，但实际上是医生履行自己职责的行为，有益于患者，因此是正当的行为。应当注意，任何正当的业务行为都有一定的范围及实施该行为的准则，如果超出业务范围，或者没有遵守相关的操作准则而实施该行为的，则不能排除行为的社会危害性，构成犯罪的应依法追究其刑事责任。

所谓经权利人承诺的行为，是指在权利人请求或者许可行为人损害其合法权益的情况下，行为人据此而损害其合法权益的行为。由于权利人自愿放弃属于自己的权利，从而使得行为人的损害行为在不侵害第三者的权益及公共利益的情况下，成为不具有社会危害性的行为。例如，经权利人承诺而毁坏其财物的行为，在社会观念所接受的范围内损害承诺者身体健康的行为，等等。但对于经权利人承诺而杀死权利人或者帮助权利人自杀的行为，不能排除杀人或者帮助自杀行为的社会危害性。可见，权利人并非对自己的任何权益都可以处分或者交由别人处分。当行为人在实施经权利人承诺的行为时，不得侵害第三者的合法权益和公共利益，否则不能排除行为的犯罪性。例如，经权利人同意烧毁其房屋的行为如果殃及邻居的房屋，则是一种危害公共安全的放火或者失火行为，可能构成放火罪或者失火罪。

所谓自救行为，是指合法权益受到侵害的人，为防止其权益日后难以恢复而依靠自己的力量及时恢复权益的行为。例如，盗窃犯罪的被害人，在盗窃犯逃离现场不久追回自己财物的行为，是自救行为，不构成犯罪。自救行为须符合以下条件：其一，必须是侵害行为已经结束，不法状态仍然存在。如果侵害行为正在进行，所实施的保护其合法权益的行为应属于正当防卫或者紧急避险。其二，必须是在紧急情况下实施。紧急情况是指行为人的权利已经遭受侵害，来不及受到国家机关救助，而且当时如果不自救，日后便难以恢复的一种状况。其三，所实施的自救手段或方法必须适当。自救手段或方法是否适当，首先要看所保护的权益的重要程度，其次要结合实施自救行为的时间、地点及不法侵害者的反抗等情况进行综合判断。例如，为解救被拐卖的子女而采取的自救手段，在强度上可强于为夺回自己被盗窃的财物所采取的手段，对不法侵害者所造成的损害前者可重于后者。

所谓自损行为，是指自己损害自己合法权益的行为。例如，自己毁损自己所有的财产的行为，自己伤害自己身体的行为，自己剥夺自己生命的行为，等等。自杀行为在一些国家曾经被规定为犯罪行为，但现在已不再作为犯罪。自损行为也并非一概地不构成犯罪，如果自损行为危害了他人的合法权益、国家或者公共利益，是可以构成犯罪的。例如，放火烧毁自己的房屋时，连带烧到了他人的房屋或者公共设施的；军人在战时自伤，逃避军事义务的，等等。

第二节　正 当 防 卫

一、正当防卫的概念

根据《刑法》第 20 条的规定，正当防卫是指为了使国家、公共利益、本人或者他人的人身、财产和其他权利免受正在进行的不法侵害，而对不法侵害人所实施的制止其不法侵害且没有超过必要限度的损害行为。

正当防卫是在合法权益正在遭受不法侵害的紧急情况下所实施的一种正当行为，它虽然可能造成不法侵害人的人身损害甚至生命被剥夺的后果，却不存在社会危害性，反而是对社会有益的行为，因而受到法律的认可和保护，世界各国无不把正当防卫作为排除犯罪的事由规定在刑法中。正当防卫的重要意义不仅在于其保护了合法权益免受侵害，更在于其作为公民同犯罪作斗争的法律武器，有效地震慑和制止了犯罪，弘扬了社会正气，树立了良好的社会风尚，安定了社会秩序。

正当防卫在一般情况下是作为公民的一项权利来行使的，公民可以根据当时的情况决定是采取正当防卫还是采取其他方法来保护合法权益，而不是一定要进行正当防卫。但在某些情况下，正当防卫也可能同时是一种法定的义务，义务人在能够进行正当防卫的情况下不进行防卫的，就可能承担相应的法律责任。例如，《关于人民警察执行职务中实行正当防卫的具体规定》（最高人民法院、最高人民检察院、公安部、国家安全部、司法部于 1983 年 9 月 14 日发布）中规定了人民警察必须采取正当防卫的七种情形，并规定："人民警察在必须实行正当防卫行为的时候，放弃职守，致使公共财产、国家和人民利益遭受严重损失的，依法追究刑事责任；后果轻微的，由主管部门酌情给予行政处分。"该规定中的正当防卫显然是特定人员的义务或者职责，不同于一般公民的正当防卫权，是不允许放弃的。

为了鼓励公民通过正当防卫同犯罪作斗争，现行刑法较 1979 年刑法增加了在特定条件下没有防卫限度的正当防卫权，并且对非特定条件下可能负刑事责任的防卫过当的成立条件进行了限制或加强。这些变化有利于防卫人积极地同违法犯罪作斗争，有利于保护国家、公共利益以及公民的人身、财产和其他权益；但同时也要防止正当防卫权的滥用，应严格按照法定的条件去行使。

二、正当防卫的条件

根据《刑法》第 20 条的规定，正当防卫的成立必须符合以下五个条件。

（一）前提条件

正当防卫是公民为制止不法侵害而实施的一种防卫行为，如果没有不法侵害，就谈不上正当防卫。因此，不法侵害的存在是正当防卫的起因或前提条件。所谓不法侵害是指人所实施的对法律所保护的权益的侵袭和损害。其具有如下特征：

第一，不法侵害是对合法利益的侵袭和损害。不法侵害往往是通过积极的、暴力性的、进攻性的作为方式来实施，即具有严重危及人身安全、重大人身利益和财产利益的性质。对于以不作为方式实施的侵害行为，能否进行正当防卫，刑法理论界是有争议的。我们认为，只要对这些不作为的行为人实施强制行为能够迫使其履行义务，防止即将发生的危险，就应当允许对其进行正当防卫。如果对其实施强制行为根本不可能迫使其履行义务，就不能实施强制行为。例如，扳道工故意喝醉酒不扳道岔，使驶来的火车面临出轨的危险，对这种不作为侵害行为就不能进行正当防卫。因为扳道工处于醉酒状态，即便对其实施强制行为，也无法使其履行扳道岔的义务。

第二，不法侵害是来自于人的侵害。合法权益受到侵害的原因可以是自然力，可以是动物的侵袭，可以是人的侵害，等等，而正当防卫所针对的只能是人的侵害行为。这里有一个问题，即不法侵害是仅指人的犯罪行为，还是指包括犯罪行为在内的所有侵害行为？例如，对于无刑事责任能力的未成年人或者精神病人的侵害行为，如果认为不法侵害包括所有侵害行为，则可以对其进行正当防卫，反之，则不能对其进行正当防卫。一般认为，正当防卫所针对的不法侵害不限于犯罪行为，让防卫人在防卫时区别是何种性质的不法侵害是不实际的，不利于对合法利益的保护。当然，如果防卫人明知侵害者是精神病人时，虽然不禁止实施正当防卫，但在能通过其他方式避免侵害的情况下尽量不要对精神病人造成伤害。

第三，不法侵害是实际存在的侵害。正当防卫针对的不法侵害必须是已经客观存在的侵害，不能是主观想象或臆测的不存在的侵害。在并不存在不法侵害的情况下，行为人由于认识上的错误以为有不法侵害发生而实行防卫，造成他人无辜损害的，在刑法理论上称为“假想防卫”。假想防卫不属于正当防卫，应按照对事实认识错误的原则来处理。即如果行为人应当预见他人的行为不是不法侵害的，对所造成的损害应负过失犯罪的责任；如果行为人不可能预见到他人的行为不是不法侵害，则其主观上没有罪过，应属意外事件。

（二）时间条件

正当防卫只能在不法侵害正在进行中实行，这是正当防卫的时机条件。不法侵害正在进行是指不法侵害已经开始，尚未结束。可见，把握正当防卫的时机就是把握不法侵害何时开始，何时结束。

不法侵害的开始一般是指侵害人已经着手实行直接对合法利益造成侵害的危害行为，但仅仅为实施侵害行为而进行的准备活动，不是不法侵害的开始。例如，为杀人而准备刀、枪等作案工具的行为，还不是故意杀人行为的开始；当侵害人抽刀或拔枪欲砍杀或射杀被害人时，才是故意杀人行为的开始。当然，在不法侵害的现实威胁已经十分明显，此时若不实行正当防卫就不能避免危害结果时，也应认为不法侵害已经开始，可以对之进行正当防卫。

不法侵害的结束是指不法侵害行为已经停止而不再继续进行的状态。具体包括四种情况：①不法侵害因外力的制止而结束；②不法侵害因侵害人丧失继续侵害的能力而结束；③不法侵害因侵害人自动中止侵害而结束；④不法侵害因实施完毕发生预期结果而结束。在某些场合，不法侵害行为虽然已经结束，但侵害人还未离开现场或者刚离开现场，此时进行防卫仍可以使损失马上得以挽回的，可以进行正当防卫。例如，当场追赶盗窃犯，并对其使用暴力夺回被盗财物的行为，应认定为正当防卫。

行为人在不法侵害尚未开始或者已经结束时进行所谓防卫的，在刑法理论上称为防卫不适时。防卫不适时分“事前防卫”和“事后防卫”两种，前者指不法侵害尚未到来而进行的所谓防卫，后者指不法侵害已经结束而进行的所谓防卫。防卫不适时不符合正当防卫的时机条件，不属于正当防卫。若行为人明知不法侵害尚未到来或者已经结束，仍然进行所谓的防卫的，实际上是一种先下手为强或者事后报复的故意行为，应对其造成的损害追究故意犯罪的刑事责任；若行为人误认为不法侵害已经开始尚未结束，应按照对事实认识错误的原则来处理，或者是过失犯罪，或者是意外事件。

（三）对象条件

正当防卫只能针对不法侵害人本人实施，这是正当防卫的对象条件。如果针对的对象是不法侵害人以外的第三者，包括不法侵害人的家属，在刑法理论上称为防卫对象错误。防卫对象错误不符合正当防卫的对象条件，不属于正当防卫。如果行为人明知对方不是侵害人，如是侵害人的亲属，而实行所谓的防卫的，应按照故意犯罪来处理；如果行为人误把第三者当作侵害人实行所谓的防卫的，应按照对事实认识错误的原则来处理，或者是过失犯罪，或者是意外事件。应当注意，这种情况与前面提到的假想防卫不同，假想防卫是指不法侵害根本不存在而行为人误以为存在并进而实施所谓的防卫行为；误把第三者当作侵害人实行的所谓防卫是在不法侵害存在的前提下，行为人误把第三者当作侵害人或者侵害人之一而对其进行所谓的防卫。

（四）主观条件

正当防卫除需要具备一定的客观条件外，还要具备一定的主观条件，即正当防卫是为了保护国家、公共利益，本人或者他人的人身、财产和其他权利。正当防卫之所以造成不法侵害人的人身损害甚至死亡，并不是为了报复或者惩罚不法侵害人，而是为了保护合法权利免受不法侵害，因而以下几种情形不是正当防卫，而是违法犯罪行为。

第一，防卫挑拨，是指基于侵害对方的目的，故意挑起对方对自己的侵害，而后借口所谓的正当防卫加害对方的行为。由于行为人主观上为了侵害他人，不具备防卫的意图，因而不属于正当防卫，是故意的违法犯罪行为。

第二，相互斗殴，是指出于伤害对方的故意相互打斗的行为。由于斗殴各方均是为了伤害对方，不存在防卫的意图，任何一方的行为都不是正当防卫行为。不过，当斗殴的一方已经停止斗殴甚至逃跑而另一方穷追不放继续进行侵害的，应当允许被追打的一方为保护本人或者他人的权利而进行正当防卫。

第三，偶然防卫，是指行为人故意对他人实施犯罪行为时，碰巧对方正在进行不法侵害，其行为在客观上制止了该不法侵害的情况。虽然行为人的行为在客观上保护了合法权利免受侵害，但行为人在实施该行为时并非基于防卫的意图，而是基于犯罪的意图，所以不具备正当防卫的主观条件，不成立正当防卫。

（五）限度条件

正当防卫一方面保护了合法权益免受侵害，但另一方面又造成了不法侵害人的人身伤害甚至死亡，法律不能为保全一种利益而完全放任另一种损害的发生，因此法律在规定公民的正当防卫权的同时，必然要求正当防卫在行为的强度及造成的后果方面有一定的限度，此即为正当防卫的限度条件。当防卫行为超过了防卫限度时，就会由正当防卫转化为防卫过当。

《刑法》第 20 条并没有明文规定正当防卫的限度条件，该条的第 2 款规定的是应负刑事责任的防卫过当的条件，即“正当防卫明显超过必要限度造成重大损害的，应当负刑事责任”。根据该款的规定，如果认为正当防卫的限度条件就是“防卫行为没有明显超过必要限度造成重大损害”，那么对于一个其他条件都符合的防卫行为，仅因防卫强度的差别而导致合法与犯罪的两极，即“没有明显超过必要限度造成重大损害的”是正当防卫，“明显超过必要限度造成重大损害的”是犯罪行为。而事实上，在合法与犯罪之间还存在达不到犯罪程度的违法行为。因此，根据防卫行为是否超过防卫限度以及超过的程度不同，可将其分为三种情形：①“没有超过必要限度造成重大损害的”是正当防卫行为；②“超过必要限度但没有明显超过必要限度造成重大损害的”是不构成犯罪的防卫过当行为；③“明显超过必要限度造成重大损害的”是构成犯罪的防卫过当行为。据此，我们可进一步分析现行《刑法》与 1979 年《刑法》在这一问题上规定的变化。1979 年《刑法》第 17 条第 2 款规定，“正当防卫超过必要限度造成不应有的危害的，应当负刑事责任”。比较该款规定的防卫过当可以看出：与其说现行《刑法》放宽了正当防卫的限度条件，不如说现行《刑法》加强了应负刑事责任的防卫过当的条件。正确的理解应该是：现行《刑法》对成立正当防卫的限度条件并没有改变，仍然是“不能超过必要限度”；对构成犯罪的防卫过当的条件进行了限制，即仅仅“超过必要限度”还不足以构成犯罪，只有“明显超过必要限度造成重大损害的”才构成犯罪。显然，现行《刑法》的这一修改是科学的，使得在1979年《刑法》规定的要么合法、要么犯罪之间多出了违法但不犯罪的情形。综上可知，正当防卫的限度条件是“防卫行为没有超过必要限度造成重大损害”，而不是“防卫行为没有明显超过必要限度造成重大损害”。

如何认定正当防卫的“必要限度”条件，对此刑法理论界有不同见解。“基本相适应说”认为，必要限度就是指防卫行为与不法侵害行为在性质、手段、强度等方面大致相当。“必需说”认为，必要限度是指防卫行为是制止不法侵害所必需。“折中说”认为，必要限度应从两个方面考察，既要看防卫行为是否为制止不法侵害所必需，也要看防卫行为与不法侵害行为是否基本相适应。鉴于防卫人在多数情况下，面对突然而至的不法侵害，没有任何的精神和物质上的准备，要求其准确地判明不法侵害的相关情况并选择与其相当的防卫行为是不现实的。为了鼓励公民合理地行使正当防卫权，勇敢地同违法犯罪作斗争，应当允许防卫行为的强度超过不法侵害的强度，但又不能过度，因此“折中说”是可取的。另外“重大损害”与“必要限度”之间是一个问题的两个方面，即在没有造成“重大损害”时，防卫行为不存在超过“必要限度”的问题，在造成“重伤”或“死亡”等“重大损害”时，则应根据防卫行为本身是否超过“必要限度”来判断是否符合限度条件，而不能一看有“重大损害”就认为是防卫过当。当然也不存在防卫行为已超过必要限度但没有造成“重大损害”的情况。

三、防卫过当及其刑事责任

根据《刑法》第20条第2款的规定，负刑事责任的防卫过当是指防卫行为明显超过必要限度造成重大损害的行为。防卫过当是指具备正当防卫的起因条件、时机条件、对象条件、主观条件，但超过正当防卫的“必要限度”造成重大损害的情况。在正当防卫的限度条件中已经论述，防卫过当应分两种，其一是不构成犯罪的防卫过当，其二是构成犯罪的防卫过当。对于后者，不仅防卫行为超过必要限度，而且是明显超过必要限度造成重大损害。当防卫行为超过必要限度但尚未明显超过必要限度时，只是一般的违法行为，不构成犯罪。

防卫过当不是一个独立的罪名，应根据主客观两方面的情况确定罪名。就其主观方面来看，由于行为人出于防卫的目的实施防卫行为，虽然明知自己的防卫过当行为会发生危害社会的结果，也只能是放任这种结果的发生，不可能是希望这种结果的发生，因此防卫过当的主观方面不可以是直接故意，只可以是间接故意或者过失。防卫过当造成的重大损害不外是人身伤害或者财产损失，因此防卫过当涉及的罪名主要有故意杀人罪、过失致人死亡罪、故意伤害罪、过失致人重伤罪、故意毁坏财物罪等。

防卫过当虽然构成犯罪，但由于其基于防卫的意图实施，主观恶性较小，并且客观上只对超过必要限度部分的损害结果承担责任，因此《刑法》规定，对于防卫过当的，应当减轻或者免除处罚。

四、特殊防卫

《刑法》第 20 条第 3 款规定："对正在进行行凶、杀人、抢劫、强奸、绑架以及其他严重危及人身安全的暴力犯罪，采取防卫行为，造成不法侵害人伤亡的，不属于防卫过当，不负刑事责任。"这就是特殊防卫，又称无限度防卫、无过当防卫等。特殊防卫作为正当防卫的一种特殊形态，应具备正当防卫的起因条件、时机条件、对象条件、主观条件等，只是不需要限度条件。但特殊防卫只适用于特定的不法侵害，即只能"对正在进行行凶、杀人、抢劫、强奸、绑架以及其他严重危及人身安全的暴力犯罪"，才能进行特殊防卫。对此应注意以下两点：

第一，不法侵害仅限于暴力犯罪。特殊防卫针对的不法侵害必须是暴力犯罪，因此对违法行为、非暴力犯罪、不具有刑事责任能力的未成年人及精神病人的侵害行为等不能实施特殊防卫。如果确实不知道侵害人是无刑事责任能力的未成年人及精神病人，对其实施的暴力犯罪当然可以进行特殊防卫。由于杀人、抢劫、强奸、绑架这些犯罪既可以用暴力来实施，也可以用非暴力来实施，甚至有的还可以通过不作为来实施，因此对这些犯罪只有在通过暴力来实施时，才能进行特殊防卫，否则只能进行一般的正当防卫。

第二，不法侵害必须是严重危及人身安全的暴力犯罪。特殊防卫针对的不法侵害不仅是暴力犯罪，而且必须是严重危及人身安全的暴力犯罪。当暴力犯罪仅危及财产安全，或者虽危及人身安全，但不严重或较轻微时，都不能对其实施特殊防卫。"行凶"不是具体罪名，可能出现在许多暴力犯罪中，但只有达到严重危及人身安全的程度时，才可对其进行特殊防卫。对于危害较轻的行凶，如寻衅滋事过程中的行凶，不能进行特殊防卫。特殊防卫针对的暴力犯罪除明确列举的五种行为外，还包括其他的暴力犯罪，但也必须达到严重危及人身安全的程度，否则，不能进行特殊防卫。当不能进行特殊防卫时，自然可以进行正当防卫，只是要符合正当防卫的限度条件。

第三节　紧急避险

一、紧急避险的概念

根据《刑法》第 21 条的规定，紧急避险是指为了使国家、公共利益、本人或者他人的人身、财产和其他权利免受正在发生的危险，不得已实施的损害另一较小合法利益的行为。

现实生活中，不仅存在合法利益与非法利益的冲突，而且存在合法利益与合法利益的冲突。紧急避险即是在两种合法权益不能两全的情况下，允许公民以牺牲局部的、较小的合法权益来保全整体的、较大的合法权益。例如，在海上航行的货轮遭遇风暴，在不抛下一些货物将有沉没危险时，把一些货物抛下的行为即是紧急避险。紧急避险虽然在客观上造成了一定合法利益的损害，但是使更大的合法利益得以保全，因此从客观上来看是对社会有益的行为。从主观上看，行为人是为了保全一较大的合法利益而不得已损害一较小的合法利益，不仅没有违法犯罪的故意，而且是出于良好的动机。因此，紧急避险在主客观两方面都是值得肯定的行为，是为刑法明确规定的排除犯罪的事由。

二、紧急避险的条件

根据《刑法》第 21 条的规定，紧急避险必须同时具备以下七个方面的条件。

（一）前提条件

紧急避险只有在合法权益受到危险的威胁时才能实施，因此，危险的存在是进行紧急避险的前提条件。所谓危险，是指使法律所保护的利益可能遭受危害的一种事实状态。其来源主要有以下几个方面：①自然力形成的危险，包括火灾、洪水、地震、雪崩、海啸、风暴、泥石流等。②动物的自发侵袭，如各种野生的或者喂养的动物对人自发进行的攻击。如果是人利用动物作为侵害工具进行侵袭，公民杀死侵袭的动物的，不是紧急避险，而是正当防卫。③人的侵害行为导致的危险，如遭遇暴力侵袭而以损害第三者合法权益的方式进行的抵挡。对人的侵害行为，法律一方面鼓励公民通过正当防卫积极同违法犯罪行为作斗争，但同时也应看到，当通过正面抵抗不能保护其合法权益时，应允许其采取包括紧急避险在内的其他方法来避免危害后果的发生。④人的生理、疾病导致的危险，例如，为了抢救病人，未经许可驾驶他人汽车将病人送往医院的行为；因缺粮断水生命危急，不得已而擅自食用或拿走他人财物的行为等。

紧急避险所避免的“危险”必须是客观存在的，不是行为人主观想象或臆测的。如果实际中不存在危险，行为人误以为存在并进而实行所谓的避险行为的，在刑法理论上称为假想避险。对假想避险，应根据事实认识错误的处理原则，确定是否应当负刑事责任。

（二）时机条件

紧急避险只能在危险正在发生时才能实施，这是紧急避险的时机条件。所谓危险正在发生，是指危险已经出现尚未结束的状态。危险已经出现表明合法权益正在遭受危险的现实威胁，若不进行避险行为，合法权益就会不可避免地受到损害。危险尚未结束，是指危险仍然在继续威胁一定的合法利益或者可能使合法利益遭受更大的损害。如果合法利益不再受到现实威胁或者受到进一步的损害，就说明危险已经结束。如果在危险尚未出现或者已经结束的情况下实行所谓的避险行为的，在刑法理论上称为避险不适时。如果行为人明知危险尚未出现或者已经结束而进行所谓的避险的，应承担故意的责任；如果行为人误以为危险已经出现尚未结束而进行所谓的避险的，应按事实认识错误的处理原则，结合案件的具体情况，决定行为人是承担刑事责任、民事责任还是其他法律责任。例如，一货轮船长接到8小时后台风将通过轮船经过的海域的警报，而根据轮船当时的装载情况，抛货保船只需2个小时即可完成，但船长却当即命令船员抛货保船，而4个小时后船长又接到台风改变方向不再经过该海域的报告。船长的行为即属于避险不适时。

（三）对象条件

紧急避险所损害的利益必须是第三者的合法权利，这是紧急避险的对象条件。第三者的合法权利，是相对于行为人及所要保护的合法权益而言的，如果所保护的合法权益的主体与所损害的权益的主体相同，则不是紧急避险，是推定承诺的行为。例如，为了将突发疾病的人紧急送往医院，未经病人同意砸破其私家车的窗户，以便驾驶的行为，不是紧急避险，而是推定承诺的行为。

（四）主观条件

紧急避险要求行为人实施避险行为必须是为了使国家、公共利益、本人或者他人的人身权利、财产和其他权利免受正在发生的危险。其包括两层含义：一是行为人认识到了合法利益面临正在发生的危险；二是行为人实施避险行为是为了保护合法利益免受危险。如果行为人故意制造某种危险，并借口所谓的避险以损害无辜第三者的合法利益的，在刑法理论上称为避险挑拨。避险挑拨不是紧急避险，构成犯罪的应依法承担刑事责任。如果行为人主观上没有避险的意图，即使其行为在客观上避免了某种合法权益免遭危险，也不属于紧急避险，对其损害第三者合法权益的行为，应根据其主客观情况承担相应的民事责任或刑事责任。

（五）限制条件

紧急避险是牺牲一合法权益来保全另一合法权益，因此这种牺牲必须是在“不得已”的情况下才有必要，否则应采取不损害合法权益的方式来保全。所谓不得已，是指除了以牺牲一合法利益为代价来保全另一合法利益外没有其他办法。如果当时还有其他非损害权益的方法可以避免危险，则不能实行紧急避险。例如，货轮航行在大海中收到将有强力风暴经过此海域的警报，根据风暴到达的时间及最近避风港口的距离，如果能来得及把船驶入避风港，就不能采取抛下一些货物的方法来避免危险，否则就应承担相应的民事或者刑事责任。这里必须指出，对来自于人的侵害行为，不能以行为人还有正当防卫的办法而不允许行为人实施紧急避险。之所以如此，有两方面的原因：其一，正当防卫与紧急避险作为公民在紧急情况下保护合法利益的权利，在两种权利的根据都存在时，公民可以根据自己的情况进行选择，实施某种行为或者不实施某种行为都是合法的。其二，正当防卫是防卫人对侵害人正面进行的抗争，其结果既可能是制止了侵害人的不法侵害，也可能会造成防卫人或者被害人更大的人身伤害，因此不能要求对不法侵害一定要进行正当防卫。可见，“不得已”中的别无他法不应包括正当防卫，在能进行正当防卫的情况下，也允许通过紧急避险来避免或减少侵害的发生。

（六）限度条件

紧急避险是以牺牲一种合法权益来保全另一种合法权益，只有牺牲的利益小于保全的利益时，行为在客观方面才是对社会有价值的。如果损害的利益大于或者等同于保全的利益，不是紧急避险，而是避险过当。如何衡量两种权益的大小，刑法没有规定具体的标准，一般应根据权益的性质及数量两个方面来判断。具体来说，人身权益大于财产权益，人身权益中生命权是最高权益；财产权益的大小，可以通过其价值的大小来比较。但需要说明，人的生命权是等价的，既不能因人的身份、地位等的不同而有所区别，也不能因数量的多少而有所不同，即不允许为了某几个人的生命而牺牲某一个人的生命。权益大小的衡量是复杂的，很难有一个普遍适用的标准，因此应根据案件的具体情况，进行全面的分析和判断。

（七）排除条件

根据《刑法》第 21 条第 3 款的规定，在职务上、业务上负有特定责任的人，不得因为避免本人的合法权益遭受危险的损害而放弃自己的职责，实施所谓的避险行为，这是对实施紧急避险的主体的限制。所谓职务上、业务上负有特定责任的人，是指其所担任的职务或所从事的业务的性质要求其负有面对和排除一定危险的责任。在出现责任范围内的危险时，根据职责要求应当去排除危险而不是逃避危险，如果允许其进行紧急避险，则与其职责相违背，因此紧急避险不适用于职务上、业务上负有特定责任的人。例如，船长、船员面对即将沉没的客船，应当先让乘客使用逃生工具进行逃生，而不能自己先行逃生。如果负有特定职责的人员，为了避免本人的危险而擅离职守、逃避责任，其行为不是紧急避险，构成犯罪的，应依法追究其刑事责任。当然，在职务上、业务上负有特定责任的人，在面对与自己的职责有关的危险时，并非一定要不顾个人的生命安危去排除危险，应根据当时所发生的危险状况、所要排除的危险、所要保护的利益或者抢救的对象、能够排除危险的可能性大小等方面来判断行为人是否履行了职责。一般来讲，在履行职责时，应避免无谓的牺牲，应避免单纯地为了财产安全而牺牲人的生命。

三、避险过当及其刑事责任

《刑法》第 21 条第 2 款规定，紧急避险超过必要限度造成不应有的损害的，应当负刑事责任。结合紧急避险的限度条件，当避险行为所造成的损害等于或者大于所要保全的利益时，均为超过避险限度的避险过当。如果认为所有的避险过当均应负刑事责任，是不恰当的，会出现在其他条件均相同的情况下，仅仅因为避险行为所造成的损害大小不同而导致要么是合法行为、要么是犯罪行为的两极化。而事实上在合法行为与犯罪行为之间，还应有一个违法但尚未达到犯罪程度的状态。因此，根据避险过当的程度不同分为只承担民事责任的避险过当和应承担刑事责任的避险过当，《刑法》第 21 条第 2 款规定的避险过当显然是指后者。据此，应当负刑事责任的避险过当必须具备如下条件：①必须具备紧急避险的起因、时机、主观、对象、必要、主体等条件，只是不具备其限度条件。②必须是超过了必要限度造成不应有的损害，即造成的损害不仅大于所避免的损害，而且要达到相当的程度。如果所造成的损害等于所避免的损害，或者虽超过但不严重，只是轻微的避险过当，可承担相应的民事责任，但不承担刑事责任。③避险人必须在主观上有罪过。通常情况下，避险过当的罪过形式是过失，即行为人应当预见自己的避险行为会超过必要限度造成不应有的损害，因疏忽大意而没有预见或者已经预见但轻信能够避免。个别情况下，避险过当也可以出于间接故意。由于避险过当具备避险的意图，因此，不可能存在对结果的发生持希望态度的直接故意。

避险过当同防卫过当一样不是一个独立的罪名，而应根据其主客观方面确定具体的罪名。如果造成了人身伤亡的，可能构成故意伤害罪、故意杀人罪、过失致人重伤罪或者过失致人死亡罪；如果造成了重大的财产损失，可能构成故意毁坏财物罪。对避险过当行为在量刑时应当减轻或者免除处罚。

四、紧急避险与正当防卫的异同

紧急避险与正当防卫作为刑法明文规定的排除犯罪的事由，有许多共同点，如二者都是为了使国家、公共利益、本人或者他人的人身、财产和其他合法权益免受损害；都是在紧急情况下实施；都会对他人的利益造成一定的损害等。但从整体来看，正当防卫是正义对不法的积极抗争，紧急避险是在两个合法利益之间的无奈取舍，二者有如下区别：

第一，危害的来源不尽相同。正当防卫的危害只能是来自于人的不法侵害行为，而紧急避险的危险的来源较广，除来自于人的不法侵害外，还有来自于动物的侵袭、自然界的灾害、人的生理、疾病产生的危险，等等。

第二，行为的限制条件不同。紧急避险只有在迫不得已的情况下才能实施，而正当防卫则没有这种限制。面对人的不法侵害，即使有其他方法可以避免侵害，也可以实施正当防卫，而且法律鼓励公民通过正当防卫勇敢地同违法犯罪作斗争。

第三，限度条件不尽相同。紧急避险要求的必要限度只能是造成的损害小于所要保全的利益，而正当防卫要求的必要限度可以是对侵害人造成的损害大于所要保护的利益，如在遭遇严重的暴力侵害时，可以实施致侵害人死亡的防卫行为。

第四，损害的对象不同。正当防卫所损害的只能是不法侵害者本人的利益，而紧急避险损害的只能是危险源以外的第三者的合法权益。在面对人的不法侵害时，既可以通过损害不法侵害人的利益来保护合法利益，也可以通过损害第三者的合法权益来保护合法利益，前者为正当防卫，后者为紧急避险，在此情况下，搞清被损害的利益的归属是区别二者的关键。

第五，主体的限制条件不同。紧急避险不适用于在职务上、业务上负有特定责任的人，也即在发生其职务、业务范围内的危险时，这些人不能为避免自身的危险而放弃职责、擅离职守。对于职务上、业务上负有特定责任的人面对不法侵害进行的正当防卫，不仅没有违背自己的职责，反而很好地履行了自己的职责，所以正当防卫不可能有这一限制。

［复习题］

(1) 试述正当防卫的成立条件。

(2) 简述防卫过当及其刑事责任。

(3) 试述紧急避险的成立条件。

(4) 试述紧急避险与正当防卫的异同。

第九章　故意犯罪过程中的犯罪形态

【重点提示】

- 犯罪预备的概念和特征
- 犯罪未遂的概念和特征
- 犯罪中止的概念与特征
- 犯罪既遂的概念和类型

第一节　故意犯罪过程中的犯罪形态概述

一、故意犯罪过程中的犯罪形态的概念和特征

在故意犯罪过程中，行为人实施犯罪往往要经过犯意的产生、准备犯罪、开始实施犯罪以及最后完成犯罪这一系列的过程。但实践中由于受各种主客观因素的影响和制约，这一犯罪过程在不同具体情形下有不同的表现形态。例如，在一些突发性犯罪中，行为人往往产生犯意后直接实施了犯罪，而没有犯罪的预备活动。再如，行为人在开始实施犯罪行为后，由于被害人的反抗而不得不停止犯罪或者基于自己的悔意中止了犯罪，从而未能最后完成犯罪。这些不同的犯罪表现形态或结局，就是故意犯罪过程中的犯罪形态理论所要研究的问题。

（一）故意犯罪过程中的犯罪形态的概念

对于故意犯罪过程中的犯罪形态这一概念，刑法理论上表述不一，有的教材称其为“故意犯罪形态”，也有的称其为“犯罪停止形态”，但具体含义都大致相同。所谓故意犯罪过程中的犯罪形态，指故意犯罪在其发展过程中的不同阶段，由于主客观原因所发生的各种犯罪停止形态。故意犯罪过程中的犯罪形态，按其犯罪是否已经完成为区分标准，可以分为两种基本类型：一是犯罪的未完成形态，即故意犯罪在其发展过程中由于各种原因而中途停止下来，从而没有顺利完成预期犯罪的情形。犯罪未完成形态根据具体情形又进一步分为犯罪的预备形态、未遂形态和中止形态。二是犯罪的完成形态，即故意犯罪在其发展过程中没有中途停止而顺利进行到终点的情形。对于犯罪的完成形态，刑法理论上称之为

犯罪的既遂形态。

（二）故意犯罪过程中的犯罪形态的特征

第一，犯罪形态发生在故意犯罪过程中。任何事物都有一个发展过程，故意犯罪也不例外，《刑法》第 24 条即明文采用了“犯罪过程”一词。所谓故意犯罪过程，指故意犯罪从犯罪的预备、经犯罪的实行、到犯罪完成的整个历程。因此，只能是在这一犯罪历程中所出现的停止形态才属于在故意犯罪过程中发生的犯罪形态。由此可见，对于犯意产生、犯意表示这些还未表现为犯罪行为的情形，不应认为是故意犯罪过程中的犯罪形态，因为其还未进入故意犯罪的产生过程。理论上一般认为，只有犯罪预备行为才属于犯罪行为，属于故意犯罪过程的起点。另外，这里所说的既然是故意犯罪过程中的犯罪形态，那么这些犯罪形态在过失犯罪中当然不存在。因为过失犯罪中行为人主观上对行为的危害结果没有预见或者虽然预见但轻信可以避免，客观上只有法定的危害结果发生才能构成犯罪；因而不存在从犯罪预备开始的犯罪过程，也就无所谓在过失犯罪过程中的犯罪形态。

第二，犯罪形态发生在故意犯罪过程中的不同阶段。故意犯罪过程是从犯罪预备到犯罪完成的整个历程，正像事物发展有其阶段性一样，故意犯罪过程也有不同的阶段，这就是通常所说的故意犯罪阶段。所谓故意犯罪阶段，是指直接故意犯罪行为发展过程中所经过的具有明显的先后次序的若干段落或时期。故意犯罪过程和故意犯罪阶段既相互区别又紧密联系，两者的关系是：犯罪过程是就犯罪整个历程而言的，犯罪阶段是犯罪过程中的某些段落；犯罪过程包括犯罪阶段，各个犯罪阶段共同组成犯罪过程。

故意犯罪有哪些阶段，通说认为只有犯罪预备和犯罪实行两个阶段。犯罪的完成是犯罪过程的终点，不是犯罪的阶段。所谓犯罪的预备阶段，是指其时空范围从行为人开始实施犯罪预备行为之时为起点，至行为人完成犯罪预备行为而尚未着手犯罪实行行为之时为终点。所谓犯罪实行阶段，是指其时空范围从行为人着手犯罪实行行为之时为起点，至行为人完成犯罪即达到犯罪既遂为终点。故意犯罪过程中的犯罪形态都是在上述阶段中发生的。具体来说，犯罪形态可以表现为以下不同状态：①在犯罪的预备阶段，可能出现犯罪的预备和中止这两种形态和结局。在这一阶段中，行为人基于意志以外的原因而被迫停止犯罪预备行为或者未能着手犯罪实行行为的，是犯罪预备形态；行为人基于自己意志自动中止犯罪预备行为或者放弃着手犯罪实行行为的，是犯罪中止形态。②在犯罪的实行阶段，可能出现犯罪的未遂和中止两种形态和结局。在这一阶段中，行为人基于意志以外的原因而被迫停止犯罪的，是犯罪未遂形态；行为人基于自己意志自动中止犯罪实行行为的继续实施或者自动阻止犯罪的完成，是犯罪中止形态。③在犯罪实行阶段终了即犯罪完成之时，是犯罪既遂形态，行为人实施的行为已完全具备某种犯罪构成的全部要件。

第三，由于主客观原因而在不同阶段停止的犯罪形态。故意犯罪过程中的犯罪形态，是由于主客观原因而在不同阶段停止的犯罪形态。例如，由于行为人意志以外的客观原因在犯罪预备阶段或犯罪实行阶段停止的，分别是犯罪预备形态或犯罪未遂形态；由于行为人自己意志的主观原因在犯罪预备阶段停止和在犯罪实行阶段停止的，都是犯罪中止形态。

犯罪阶段与故意犯罪过程中的犯罪形态具有明显的区别，又有密切的联系。二者的区别在于：犯罪阶段是故意犯罪过程中的不同段落，具有前后的连接性，即由犯罪预备阶段可以转入后一阶段，如由犯罪预备阶段可以转入犯罪实行阶段；故意犯罪过程中的犯罪形态，则是在故意犯罪过程中的犯罪停止形态，不具有前后的连接性，即不能由前一犯罪形态转为后一犯罪形态，如已构成犯罪预备形态的，不能转为犯罪未遂形态，已构成犯罪未遂形态的，不能转为犯罪既遂形态。例如，行为人秘密窃取他人财物、占为己有之后，就已经构成了犯罪既遂，即使行为人事后基于悔悟又将财物返还给被害人，也不能将其犯罪的既遂形态转为犯罪的中止形态。二者的联系在于：犯罪阶段是故意犯罪过程中的犯罪形态存在的基础，故意犯罪过程中的犯罪形态总是停止于某个犯罪阶段上。可以说，离开犯罪阶段，就不发生故意犯罪过程中的犯罪形态问题，如图 9-1 所示。

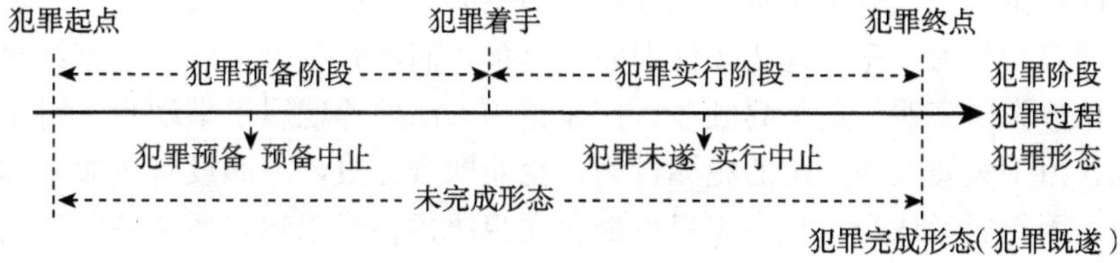

图 9-1　直接故意犯罪过程、阶段及停止形态

二、故意犯罪过程中的犯罪形态存在的范围

（一）关于间接故意犯罪是否存在犯罪形态的问题

对于间接故意犯罪是否存在犯罪的未完成形态这一问题，刑法理论上通说认为，其不可能存在未完成犯罪的预备、未遂和中止这些犯罪停止形态。这是由间接故意犯罪的主客观构成特征所决定的。在间接故意犯罪的场合，行为人主观上表现为对自己行为所可能造成的一定危害结果的发生与否持一种“放任”的心理

态度，即听之任之、发生与否都可以的心理态度。这样，行为人所放任的危害结果未发生时，这种结局也就是行为人放任心理所包含的。放任心理由其所包含的客观结局的多样性和不确定性所决定，根本谈不上对完成特定犯罪的追求，也就谈不上这种追求的实现与否。而犯罪的预备、未遂和中止形态中的行为人，原本主观上都存在着实施和完成特定犯罪的犯罪意志与追求心理；其之所以在未完成犯罪时停止下来，对犯罪的预备形态和未遂形态而言是因为受到行为人意志以外原因的阻止，对犯罪的中止形态而言是因为行为人自动放弃了原先的完成特定犯罪的意图。可见，间接故意犯罪主观上的放任心理是不符合未完成形态的主观特征的，因而间接故意犯罪不可能存在犯罪的预备、未遂和中止形态。就客观方面而言，犯罪未完成形态在客观方面表现为，行为人开始犯罪行为之后，由于行为人意志以外的原因或者行为人自动放弃犯罪意志，而使犯罪停止在未完成的状态下。间接故意犯罪由其主观“放任”心理的支配，而在客观方面不可能存在未完成特定犯罪的状态，因为客观上出现的此种状态或彼种结局都是符合其放任心理的，因而对这种案件应以行为的实际结局决定定罪问题。这样间接故意犯罪也就没有了犯罪未完成形态存在的余地。

（二）关于举动犯的犯罪形态问题

所谓举动犯，是指行为人一着手实行刑法分则条文规定的某种具体犯罪的实行行为即告犯罪完成并达到犯罪既遂形态的犯罪。其特点是：只要行为人着手实行犯罪的实行行为，犯罪构成要件即完全具备，而不管是否造成了危害结果。例如，煽动分裂国家罪、危险驾驶罪、传授犯罪方法罪等就属于举动犯。对于举动犯来说，由于只要实施一定的犯罪行为，犯罪即告完成，因而没有犯罪未遂存在的余地。因此通说认为，举动犯只可能存在犯罪预备形态和犯罪预备阶段的犯罪中止形态，而不存在犯罪未遂形态和实行阶段的犯罪中止形态。

三、研究故意犯罪过程中的犯罪形态的意义

第一，有利于正确定罪。一方面，故意犯罪过程中的各种停止形态具有各自不同的构成特征，在定罪时要求对犯罪形态予以明确的认定；另一方面，故意犯罪过程中的各种停止形态也经常涉及此罪与彼罪的区分，如故意伤害罪与故意杀人未遂的区分。

第二，有利于科学量刑。罪责刑相适应原则是我国刑法的基本原则。在故意犯罪过程中，由于停止犯罪的阶段不同和停止的主客观原因不同，形成了各种不同的形态，即犯罪既遂、犯罪预备、犯罪未遂和犯罪中止，它们的社会危险性程

度是大不相同的。根据罪责刑相适应的基本原则，刑法对上述不同的犯罪形态规定了不同的刑事责任。犯罪既遂是犯罪的完成形态，刑法分则对各种犯罪是以犯罪既遂为标本加以规定的，所以犯罪既遂的刑事责任，都由刑法分则（包括单行刑法、附属刑法中的分则性条款）的有关条文加以规定。犯罪预备、犯罪未遂、犯罪中止都是犯罪的未完成形态，它们不完全具备刑法分则所规定的某一犯罪构成的客观方面的要件，因而由刑法总则对这些犯罪形态本身的要件作出专门规定，并根据各自的社会危害性程度规定了相应的刑事责任。在确定这些犯罪形态的构成要件和刑事责任时，应当把刑法总则第 22 条、第 23 条、第 24 条的规定，与刑法分则对某一具体犯罪的规定结合起来加以认定。因此，对不同的犯罪停止形态要做到科学、合理地量刑，就必须认真研究故意犯罪过程中的犯罪形态。

第二节 犯罪预备

一、犯罪预备的概念与特征

我国现行刑法典第 22 条第 1 款明文规定："为了犯罪，准备工具、制造条件的，是犯罪预备。"该款规定准确地揭示了犯罪预备行为的主观方面和客观方面的构成特征，但并未完全揭示犯罪预备形态的所有构成特征。因此，我们不宜直接将该款规定作为犯罪预备的定义。根据我国刑法的相关规定和有关的刑法理论，所谓犯罪预备，是指行为人为了实施犯罪实行行为，在准备犯罪工具、制造犯罪条件的活动中，由于行为人意志以外的原因而未能着手犯罪实行行为的犯罪停止形态。犯罪预备具有以下四个方面的特征：

第一，行为人主观上是为了实行犯罪。犯罪预备阶段作为直接故意犯罪整个过程的有机组成部分，行为人在实施犯罪预备行为时，其主观上具有相应的罪过形式及内容。行为人之所以积极实施犯罪的预备行为，其主观意图很明确，即为了实行犯罪。具体而言，实施犯罪预备行为的行为人明知自己的行为是对犯罪实行行为的准备，而犯罪实行行为又会发生危害社会的结果，并希望这种结果发生。在司法实践中，有的犯罪经过预备，有的也可以不经过预备而直接进入实行行为。例如，故意杀人既可以事先购买毒药作准备，也可以临时起意杀死他人。有的犯罪则必须经过预备，否则无法实行。又如，生产伪劣商品罪必须事先准备好生产机器和生产原料，走私罪必须事先准备好走私货物和走私工具，等等。但无论哪一种犯罪，行为人经过预先的准备之后，都有利于犯罪实行行为的完成；而有利于犯罪实行行为的进行，正是行为人实施犯罪预备的主观目的。

第二，行为人客观上已经实施了犯罪预备行为。在犯罪预备中，行为人主观上不仅已经具有实施犯罪的意图，客观上也开始实施了犯罪的预备行为。所谓犯罪预备行为，是指为实行犯罪创造便利条件的各种外部身体活动的总称。它表现为行为人在为了犯罪这一犯意的支配下，采取一系列积极行动，企图使犯罪进入实行阶段，以便最终顺利实现其犯罪目的。根据我国刑法的相关规定，犯罪预备在客观上表现为准备犯罪工具和制造犯罪条件的行为。

所谓犯罪工具，是指能够用来进行犯罪活动的各种物品。犯罪工具的范围非常广泛，且种类繁多，既可以是一般物品，也可以是特定物品，还可能是违禁物品。所谓准备犯罪工具，是指为实行犯罪而制造、购买、寻找、使用犯罪工具的行为。制造，既可以是行为人自己亲自制造，也可以是委托他人代为制造。例如，行为人自己制造万能钥匙以便盗取使用。购买，是指用金钱或其他交换方式，购置犯罪工具。例如，行为人到市场购买管制刀具以便杀害他人。寻找，是指向他人借用、收集犯罪工具。例如，行为人为了偷越国边境而借用他人汽车。使用，是指行为人已开始使用犯罪工具为实行犯罪创造条件但尚未着手实行行为的情形。例如，行为人为了杀人而正磨刀霍霍。

所谓制造犯罪条件，是指准备犯罪工具以外的有利于犯罪实行行为的各种其他的准备活动。事实上，前述的准备犯罪工具也属于制造犯罪条件的行为，只是因为准备犯罪工具是我国司法实践中一种最常见的犯罪预备行为，因此，我国刑法把准备犯罪工具特别加以单独规定，以反映其在犯罪预备行为中的典型性。

根据司法实践，制造犯罪条件这类活动主要包括以下情形：事先调查犯罪场所和被害人行踪、出发前往犯罪场所或诱骗被害人赶赴犯罪地点、追踪被害人或守候被害人的到来，排除实施犯罪的障碍、拟定实施犯罪的计划，等等。

第三，行为人事实上未能着手犯罪的实行行为。犯罪预备形态只能发生于犯罪的预备阶段，如果行为人虽然实施了犯罪预备行为，但随之顺利进入犯罪实行阶段，那么，无论后来该实行行为发展如何，也不能构成犯罪预备形态。此时，后来的犯罪实行行为已经把犯罪预备行为吸收在内了，犯罪预备行为没有在犯罪预备阶段停留下来，也就没有形成犯罪预备的结局状态，而只能是犯罪实行阶段或者其后的某种其他状态。因此，犯罪预备形态的认定，不仅需要行为人实施了犯罪预备行为，而且需要行为人的预备行为在预备阶段停止下来，即事实上未能着手犯罪的实行行为。这一特征也是犯罪预备与下面将要论及的犯罪未遂相区别的显著标志。

第四，行为人未能着手犯罪实行行为是由于其意志以外的原因。就原因方面来说，行为人的犯罪预备行为之所以在犯罪预备阶段停止而未能着手犯罪的实行行为，是由于其意志以外的原因所致。行为人开始实施犯罪预备行为之后，主观上是希望将其行为继续推进到实行阶段，意图着手实行行为，进而顺利完成最初设想的犯罪，但是由于行为人意志以外的原因，使其未能着手于犯罪的实行行为。所谓意志以外的原因，是指足以阻止行为人的犯罪意志、迫使其不得不停止犯罪预备行为，不再继续实行犯罪的各种主客观因素。概括起来，这些原因主要包括以下情形：由于作案条件不成熟而未继续着手实行犯罪、由于被害人及时逃避或不在现场或现场防范措施严密难以下手而未着手犯罪的实行行为、由于司法机关的及时行动或被群众抓获而未着手犯罪的实行行为等。正是这些出于行为人意志以外的因素出现，阻碍了行为人着手于犯罪的实行行为，违背了行为人最初的犯罪意愿。这一特征也是犯罪预备与下面将要论及的犯罪中止相区别的显著标志。

二、犯罪预备行为与犯意表示的区别

犯意表示，是指具有犯罪意图的人，通过一定的形式，单纯地将自己的犯罪意图表露出来的外部活动。它具有以下几个特征：首先，犯意表示是人的犯罪意图的反映。如果行为人主观上根本没有犯罪意图，犯意表示就无从谈起。其次，犯意表示是犯罪意图的外化。也就是说，犯罪意图已经通过一定的形式表露出来，可以为人们所感知。如果主观上虽然存在犯罪意图，但并未表现于外部，也不是犯意表示。再次，犯意表示是一种表现为言词的行为。犯意表示往往通过口头的、书面的或者其他形式表现出来。最后，犯意表示只是表露犯罪意图的行为，它不具有刑法上的社会危害性，是一种尚未对外界造成危害因而不为刑法所禁止的行为。这是犯意表示的本质特征。

犯意表示与犯罪预备存在诸多相似之处：二者主观上都存在犯罪意图，客观上也都表现为一定的行为并都未着手犯罪的实行行为。但是二者之间有着本质的不同：犯意表示仅仅是一种犯罪意图的流露，虽然也表现为口头、书面等行为方式，但都不属于刑法意义上的危害行为。也就是说，犯意表示既不属于犯罪的实行行为，也不属于犯罪的预备行为，因而不会发生对社会的危害性，故无论如何，犯意表示不是任何意义上的犯罪；而犯罪预备则是刑法规定的为犯罪实行行为准备工具、制造条件的行为，已经使刑法所保护的社会关系面临现实的威胁，具有了达到犯罪程度的社会危害性，属于犯罪行为。可见，二者的区分是罪与非罪的界限。因此，在实践中正确地划清二者的界限具有十分重要的意义。

三、预备犯的刑事责任

犯罪预备的行为人构成预备犯。预备犯之所以要承担刑事责任，客观上在于行为人实施了为犯罪实行行为准备工具、制造条件的行为，进而对刑法所保护的社会关系构成了现实威胁，主观上在于行为人具有犯罪的故意。但是，犯罪预备行为与犯罪实行行为相比，毕竟在社会危害程度上有明显差异：犯罪预备行为只是为进一步实施犯罪创造条件，而不像犯罪实行行为那样对刑法所保护的社会关系造成现实的、直接的侵害。由此可见，预备犯的社会危害性程度不仅显著轻于未遂犯，而且大大轻于既遂犯。因此，根据罪责刑相适应的刑法基本原则，我国刑法对预备犯规定了比照既遂犯从宽处罚并且轻于未遂犯的处罚原则。我国《刑法》第22条第2款规定："对于预备犯，可以比照既遂犯从轻、减轻处罚或者免除处罚。"正确理解和适用预备犯的处罚原则，应当注意以下问题：

第一，在对预备犯定罪量刑时，应同时引用刑法典总则第22条和刑法典分则具体犯罪的条文。根据有关刑法理论和司法实践，应在罪名后加括号表明预备形态问题，如"抢劫罪（预备）"。

第二，处罚预备犯是我国刑法的原则性规定。这是基于预备犯主观上具有犯罪故意，客观上具有社会危害性，同时也符合修正犯罪的构成要件。因此，对于预备犯，原则上都要给予处罚。

第三，对预备犯一般应当比照既遂犯从轻、减轻或者免除处罚。这是因为，预备犯虽然具有一定的社会危害性，但毕竟只是对刑法所保护的社会关系造成威胁，而不是现实的实际侵害。显然，其社会危害性要比既遂犯轻得多，因此对预备犯可以比照既遂犯从轻、减轻或者免除处罚。

第四，对少数情节严重或情节恶劣的预备犯，也可以不予以从轻、减轻或免除处罚。可以从轻、减轻处罚或者免除处罚中的"可以"同时意味着"可以不"，司法机关可以根据案件的具体情形自由选择。也就是说，对于预备犯的处罚，并非一律从轻、减轻或者免除，而是视具体情况而定。如果预备行为性质严重，情节特别恶劣，主观恶性大的，也可以不予从轻、减轻处罚，更不能免除处罚。例如，行为人携带烈性炸药进入火车站等重要公共场所，准备制造爆炸事件。

第五，对少数情节显著轻微、危害不大的预备犯，应依法不认定为犯罪。我国《刑法》第13条但书部分规定："但是情节显著轻微危害不大的，不认为是犯罪。"因此，对于那些实施了犯罪预备的行为人，如果综合全案主客观因素符合"情节显著轻微、危害不大的"情形的，应当不以犯罪论处。

第六，在决定对预备犯是否追究刑事责任、是否从宽处罚以及从宽处罚的幅度时，主要应考虑如下因素：①行为人预备之罪行的性质和危害程度；②行为人实施的犯罪预备行为本身的性质、危害程度；③行为人停止犯罪的具体原因；④行为人的人身危险程度，如犯罪后的表现等。

由上可知，对于预备犯的处罚，我国刑法是以处罚为原则，以不处罚为例外。然而，对于预备犯，绝大多数国家的刑事立法都以不处罚为原则，以处罚为例外。其具体做法是只在刑法分则中规定应当处罚预备行为的各种具体犯罪，而对于分则条文没有明文规定应受处罚的犯罪的预备行为，则不能追究刑事责任。例如，现行日本刑法在总则中对预备犯未作任何规定，只在分则中对内乱罪、放火罪、故意杀人罪等八种严重犯罪的预备犯作了处罚规定。根据刑法的谦抑精神，我国刑事立法对于预备犯处罚原则的规定是否科学、合理确实还是一个值得进一步思考的问题。

第三节　犯罪未遂

一、犯罪未遂的概念与特征

何谓犯罪未遂？对此问题，各国刑法理论上有不同的认识，各国的刑事立法也有不同的规定。主要有两种代表性的见解：一是狭义的犯罪未遂，仅指行为人已经开始着手犯罪而由于其意志以外的原因被迫停止犯罪，从而未达犯罪既遂的情形。二是广义的犯罪未遂，除了前述的狭义的犯罪未遂情形，还包括行为人开始着手犯罪后基于己意自动放弃犯罪，从而未达犯罪既遂的情形。可见，前者是严格区分犯罪未遂与犯罪中止两种形态，而后者是对二者不加区分，统称为犯罪未遂。我国现行刑法严格区分犯罪未遂与犯罪中止的界限，并规定了轻重不同的处罚原则。因此，在我国刑法中，犯罪未遂只能是狭义的犯罪未遂。我国《刑法》第 23 条第 1 款规定："已经着手实行犯罪，由于犯罪分子意志以外的原因而未得逞的，是犯罪未遂。"据此，所谓犯罪未遂，是指行为人已经着手实行犯罪，由于其意志以外的原因而未能达到犯罪既遂的一种犯罪停止形态。犯罪未遂具有以下三个方面的基本特征。

（一）行为人已经着手实行犯罪

已经着手实行犯罪是犯罪未遂成立的前提条件，也是犯罪未遂与犯罪预备区别的主要标志。因为二者都是由于行为人意志以外的原因而被迫停止了继续犯罪，其区别在于各自发生的犯罪阶段不同：犯罪预备发生于犯罪的预备阶段，而犯罪未遂发生于犯罪的实行阶段。因此，是否已经着手实行犯罪是二者区别的关键所在。所谓着手实行犯罪，是指行为人开始实施其意图实现的刑法分则规定的具体犯罪构成客观方面的行为。"着手"是犯罪进入实行阶段的标志，是犯罪实行行为的起点，又是区分犯罪的预备行为与实行行为的显著标志。犯罪的预备行为只是发生在犯罪的预备阶段，仅仅为犯罪的着手实施创造便利条件，从而对刑法所保护的社会关系造成的威胁具有一定的间接性。犯罪的着手则意味着犯罪行为已经脱离了预备阶段，进入了犯罪的实行阶段，因为这种行为已经使刑法所保护的具体合法权益面临直接、现实的威胁，甚至初步受到了实际的危害。在有犯罪对象的场合，这种行为已经直接指向犯罪对象，如果不出现行为人意志以外的原因，这种行为就会继续实施下去，进而完成犯罪实现既遂。例如，行为人已经将枪口对准被害人的行为。

由此可见，着手实行犯罪是行为人的客观犯罪实行行为与其主观上的犯罪意图相结合的产物。这种主客观基本特征的结合，也反映出其不同于犯罪预备的社会危害性及其程度。因此，是否着手实行犯罪的认定也应从主客观两个方面来进行。

从客观方面看，行为人着手实施的是犯罪的实行行为，即开始实施刑法分则规定的具体犯罪构成客观方面的行为。具体地说，行为人着手实施具体犯罪构成客观方面的行为能够对犯罪的对象或目标发生直接的影响或作用，使其发生某种变化，从而会产生危害结果，危害一定的社会关系。相对而言，犯罪预备行为并不对犯罪的对象或目标发生直接的影响或作用，不可能使其发生现实的变化，只是为实行行为的实施创造便利条件，间接地有利于促使危害结果的发生，其社会危害性表现在对一定的社会关系构成现实的威胁而不是实际的侵害。因此，在实践中具体判断行为人是否着手，要以犯罪预备阶段与犯罪实行阶段不同的行为特征作为区分的标准，即犯罪预备是准备犯罪工具、制造犯罪条件的行为。如果行为人既不是准备犯罪工具也不是制造犯罪条件，而是使用已有的或已经准备好的工具、利用已有的或已经造成的条件的行为，那么，这种行为就是犯罪的实行行为。据此，对于司法实践和刑法理论上常有争议的途中行为（行为人正处于前往犯罪地点的途中）、尾随行为（行为人尾随被害人伺机侵害）、守候行为（行为人埋伏或等候在预定地点准备加害被害人）和寻找行为（行为人公然或秘密地寻找预定的犯罪对象欲予加害），应认定为预备行为，因为上述行为本身都只是在为实施具体犯罪的实行行为创造便利条件，而并未对刑法所保护的某种具体合法权益构成直接、现实的威胁或初步侵害，因而不属于犯罪未遂。

从主观方面看，着手实行的行为已经能比较明显、直接地反映出行为人的犯罪意图。任何犯罪阶段的行为，都是行为人主观犯罪意图和客观犯罪行为的统一，无论犯罪的预备行为，还是犯罪的实行行为，都是主观犯罪意图的客观外在表现。但是，犯罪的预备行为本身一般不能直接反映出行为人的主观犯意。例如，行为人购买菜刀准备杀人时，这种购买菜刀的预备行为如果没有其他相关证据的证明，就无法体现行为人故意杀人的犯意。相对而言，犯罪的实行行为则能明显而直接地反映行为人的犯罪意图。例如，行为人对着他人开枪射击时，这种开枪射杀他人的行为本身就已经能直接而明显地反映出行为人故意杀人的主观犯罪意图。主观犯罪意图在预备行为和实行行为中的这种不同表现方式，也给我们认定行为人是否着手提供了一种途径。

（二）犯罪行为未能达到既遂状态

未能达到既遂状态是区分犯罪未遂与犯罪既遂的显著标志。所谓犯罪行为未能达到既遂状态，是指行为人着手实行行为后犯罪行为没有齐备其意图实现的具体犯罪构成的全部要件。例如，骗取到他人财物是诈骗犯罪中行为人主观上所意图实现的诈骗罪的构成要件全部齐备，属于犯罪行为已经达到既遂状态；如果行为人虽然实施了虚构事实的骗取行为但最终没有骗取到他人财物，就属于犯罪行为未能达到既遂状态。犯罪行为未能达到既遂状态是一种客观停止状态，体现直接故意犯罪的未完成形态。

需要注意的是，犯罪行为未能达到既遂状态并不意味着没有发生任何危害结果。例如，行为人在实施抢劫犯罪时，由于被害人的拼死反抗，最终没有劫取到预定的被害人的财物，但其在实施暴力手段时却将被害人打伤，这里的伤害就是一种危害结果，但该结果的发生并不是抢劫罪既遂的标志，因为该结果不是行为人所最终追求的，行为人所追求的是劫取他人财物的结果，只有该结果发生时才是其意图实现的犯罪既遂，没有发生时只能属于犯罪行为未能达到既遂状态的情况。

（三）未能达到既遂状态是由于行为人意志以外的原因

这是犯罪未遂的实质要件，也是区别犯罪未遂与犯罪中止的重要标志。行为人已经着手犯罪的实行行为但未能达到既遂状态，这是犯罪未遂的客观特征。但犯罪未遂作为一个主客观因素相结合的犯罪形态，还必须具有相应的主观特征，即犯罪行为未能达到既遂状态是由于行为人意志以外的原因。所谓行为人意志以外的原因，是指违背行为人的犯罪意图，并能够阻止犯罪行为达到既遂状态的各种主客观因素。可见，对意志以外的原因也应从质和量两方面结合来认定。

首先，从性质上看，这些因素应当与行为人完成犯罪的主观愿望相矛盾并与犯罪行为的发展程度相冲突。根据司法实践经验，这些意志以外的因素主要包括三类：①行为人以外的客观原因。这主要包括遭到被害人强有力的反抗、遭到他人的制止、遇到物质上的障碍、受到自然力的破坏以及时间地点使犯罪难以继续进行等情形。②行为人自身的原因。这主要包括犯罪人智能低下、犯罪技术拙劣、身体状况差等因素。③行为人主观上的认识错误。这主要指行为人对犯罪对象、犯罪工具、犯罪因果关系、犯罪时周围客观环境产生的错误认识。

其次，从量上看，上述意志以外的原因还应当达到足以阻止行为人犯罪意志的程度。也就是说，上述各种对行为人实施犯罪不利的因素不是一概都认定为属于犯罪未遂中的“意志以外的原因”。例如，行为人在实施抢劫犯罪中发现被害人是熟人，或者在实施暴力犯罪中遇到被害人的轻微挣扎、反抗等时，如果行为人在此情况下自己停止了犯罪的实施，就不能将该情形中的不利因素作为犯罪未遂中的“意志以外的原因”，进而对其以未遂犯定罪量刑。

值得注意的是，虽然犯罪未遂与前述的犯罪预备两种犯罪停止形态主观上都是由行为人意志以外的原因所导致的，但区别二者的关键在于其各自发生的犯罪阶段不同：前者发生于犯罪的实行阶段，后者发生于犯罪的预备阶段。

二、犯罪未遂的类型

关于犯罪未遂的类型，各国的刑事立法和刑法理论上都有不同的划分方法，即从不同角度可以对犯罪未遂进行不同的分类。有的以实行行为是否终了为标准，将犯罪未遂分为实行终了的未遂与未实行终了的未遂；有的以行为的性质在客观上能否完成犯罪为标准，将犯罪未遂分为能犯未遂与不能犯未遂；还有的以犯罪停止的原因标准，将犯罪未遂区分为障碍未遂与中止未遂。这些分类都有助于进一步把握犯罪未遂的特征、社会危害性及刑事责任，也有助于指导司法机关对未遂犯正确量刑。由于我国犯罪未遂是狭义上的犯罪未遂，严格区分了犯罪未遂与犯罪中止，因此，将犯罪未遂区分为障碍未遂与中止未遂在我国并没有多大实际意义，故本书主要介绍犯罪未遂的前两种分类。

（一）实行终了的未遂与未实行终了的未遂

所谓实行终了的未遂，是指行为人已着手实行特定犯罪的实行行为，并且自认为已经将实现其犯罪意图所必需的全部行为实施完毕，但由于行为人意志以外的原因，而未能达到既遂状态。例如，行为人致被害人重伤后，见被害人不省人事误以为对方已经死亡而离开，但被害人只是临时昏迷，后经他人及时送往医院救治而幸存。所谓未实行终了的未遂，是指行为人已经着手特定犯罪的实行行为，但由于行为人意志以外的原因，使其未能将他认为实现犯罪意图所必要的全部行为实行完毕，因而未能达到既遂状态。例如，行为人故意杀害他人，在其拿起刀向被害人头部砍去之际，由于第三者及时将刀夺下，从而未能完成预定的杀人行为。

由此可见，二者虽然都属于犯罪未遂，但各自形态中犯罪实行行为的实施进展程度不同，从而影响了各自社会危害性的大小。一般而言，实行终了的未遂在社会危害程度上要比未实行终了的未遂要重，故行为人应当承担相对较重的刑事责任。因此，犯罪未遂的这种分类具有一定的实践意义。

那么，应当如何判断犯罪实行行为是否终了呢？我们认为，行为是否实行终了，在法定犯罪构成要求所限定的客观实行行为范围内，应依行为人是否自认为将实现其犯罪意图所必要的全部行为都实行完毕为标准。也就是说，在法定犯罪构成所包含的实行行为的范围内，如果从主客观的统一上看犯罪行为未实行完毕，如行为人刚潜入室内准备寻找财物就被他人抓获，属于未实行终了的未遂；如果犯罪行为已经实行完毕，则属于实行终了的未遂。

（二）能犯未遂与不能犯未遂

这种分类方法是根据行为的性质在客观上能否完成犯罪为标准对犯罪未遂所作的划分。所谓能犯未遂，是指行为人已经着手实施特定犯罪的实行行为，并且这一行为实际上也有可能完成犯罪，但由于其意志以外的原因，而使犯罪未能达到既遂形态。例如，行为人行凶杀人时刀被夺下，如果无人夺刀则被害人就会受害。能犯未遂属于一种犯罪未遂形态。所谓不能犯未遂，是指行为人已经着手实施特定犯罪的实行行为，但由于其行为的性质导致其犯罪意图不可能实现。例如，行为人将尸体误认为是活人而开枪射杀，显然此种行为在任何情况下都不可能杀死他人。刑法理论上一般将不能犯未遂分为工具不能犯未遂和对象不能犯未遂。工具不能犯未遂，是指由于行为人实施犯罪所使用的工具、手段不可能使犯罪达到既遂的情况。例如，使用枪支射杀有效射程之外的人，就不可能达到既遂。对象不能犯，是指由于行为人实施犯罪所指向的对象不可能使犯罪达到既遂的情况。例如，盗窃实际上没有装任何东西的保险柜，误把被子裹着的枕头当做被害人开枪射击等，都不可能达到既遂。

另外，在外国刑法理论中，通常根据不能完成犯罪的程度，将不能犯区分为相对的不能犯和绝对的不能犯。前者如用不足致命的毒药杀人，未能将他人杀死；后者如误将白糖当砒霜杀人，未能将他人杀死。对相对的不能犯，以未遂犯论处；对绝对的不能犯，则认为不构成犯罪。而我国刑法中并没有类似的具体区分，而是都以未遂犯论处，即绝对的不能犯也是未遂犯的一种。我们认为，将绝对的不能犯也作为未遂犯是不科学的，因为这种行为在任何情况下都不能引起行为人追求的危害结果的行为状态，根据刑法的谦抑精神以及刑法客观主义的要求，不宜将其作为犯罪论处。

一般来说，能犯未遂与不能犯未遂相比，前者具有引起危害结果的现实可能性，而后者只有引起危害结果的抽象可能性，即其产生的危险更具有潜在性，故前者的社会危害性也重于后者。因此，在处罚时，前者一般也应重于后者。这也正是在理论上区分能犯未遂与不能犯未遂的意义所在。

三、未遂犯的刑事责任

犯罪未遂的行为人是未遂犯。未遂犯之所以要承担刑事责任，在于行为人主观上具有犯罪意图，客观上实施了犯罪的实行行为、甚至造成了初步的危害结果，从而具备了刑法所要求的犯罪构成要件。但是，未遂犯的犯罪构成毕竟不同于既遂犯的犯罪构成。特别是从客观方面看，犯罪未遂没有造成法定的既遂结果，因此，其社会危害程度要轻于既遂犯。基于此，我国刑法对未遂犯规定了不同于既遂犯的处罚原则。我国《刑法》第 23 条第 2 款规定："对于未遂犯，可以比照既遂犯从轻或者减轻处罚。"对这一处罚原则的正确理解和运用要注意以下问题：

第一，我国刑法中的未遂犯不是独立的罪名，而是附着于直接故意犯罪具体罪名的犯罪形态，故在对未遂犯定罪量刑时，应同时引用刑法典总则第 23 条和刑法典分则具体犯罪的条文。根据有关刑法理论和司法实践，应在罪名后加括号表明未遂形态问题，如"抢劫罪（未遂)"。

第二，可以从轻、减轻处罚，表明的是法律的一种倾向性要求，但也不是硬性规定，司法机关有自由裁量的权力。具体来说，在司法实践中，根据犯罪未遂的具体情节，决定是否从轻、减轻处罚，既可以从轻处罚，也可以减轻处罚，还可以既不从轻、也不减轻处罚。一般说来，由于未遂犯的行为还没有导致其追求的危害结果的发生，其社会危害性小于相应的既遂，故可以比照既遂犯从轻或者减轻处罚。但是，有的犯罪虽然是未遂，却存在严重的情节。例如，犯罪性质严重，行为特征恶劣，造成行为人目的之外的其他严重后果，累犯，等等，也可以在处罚时不予以从轻和减轻。

第三，对未遂犯应否给予从宽处罚，以及究竟是从轻还是减轻，必须考虑全案的整体情况。一般来说，主要考虑以下几种因素：①犯罪的性质；②犯罪未遂的具体类型；③犯罪行为所造成的危害结果的大小；④行为人主观恶性的大小。

第四节　犯 罪 中 止

一、犯罪中止的概念与特征

我国《刑法》第 24 条第 1 款规定："在犯罪过程中，自动放弃犯罪或者自动有效地防止犯罪结果发生的，是犯罪中止。"据此，所谓犯罪中止，是指在犯罪过程中，行为人自动放弃犯罪或者自动有效地防止犯罪结果发生，从而使其犯罪行为未能达到犯罪既遂状态。根据上述概念，可将犯罪中止形态分为两种情形：一是在犯罪过程中行为人自动放弃犯罪，因而没有发生犯罪结果；二是在犯罪过程中行为人已经将犯罪行为实施完毕，但在犯罪结果尚未发生时，行为人自动有效地防止了犯罪结果的发生。前一种情况既可以发生在犯罪的实行阶段，也可以发生在犯罪的预备阶段，后一种情况发生在犯罪的实行终了之后，因此，在直接故意犯罪全过程中的任何阶段上，只要在既遂发生之前，都可能发生犯罪中止。

刑法中犯罪中止制度的设立，有利于鼓励行为人及时停止犯罪或有效防止危害结果的发生，为行为人架起一座后退的黄金桥，进而更好地保护社会的各种合法利益。犯罪中止具有以下几项基本特征。

（一）犯罪中止的时间性

关于犯罪中止的时间性，我国刑法明确规定为“在犯罪过程中”。所谓犯罪过程，是指故意犯罪从准备活动到实施实行行为进而完成犯罪所经过的整个程序，既包括犯罪的预备阶段，也包括犯罪的实行阶段。因此，就时空范围而言，犯罪中止可以发生在从犯罪预备到犯罪结果发生之前的整个过程之中。故在以下三种情形下都可能出现中止犯：①犯罪预备阶段的犯罪中止，即行为人在开始实施犯罪的预备行为，但尚未着手犯罪的实行行为之前，自动放弃犯罪，不再着手实行犯罪。例如，被告人在前往犯罪现场途中又基于悔悟而返回等。②犯罪实行阶段的犯罪中止，即行为人在着手犯罪之时或者正在实行犯罪的过程中，自动停止犯罪的实行行为。例如，行为人已经通过强制手段使被害人处于不能反抗的状态，但因被害人的苦苦哀求，行为人自动放弃犯罪而未进一步实施劫取财物的行为。③犯罪既遂结果发生前的犯罪中止，即行为人已经将犯罪的实行行为实施完毕，但在法定的既遂结果发生前，行为人自动有效地防止了危害结果的发生。

值得研究的一个问题是，在危险犯中，危险状态出现后行为人自动采取一定的措施，解除这种危险状态时，能否成立犯罪中止。对此有肯定与否定的两种截然对立的观点。肯定说主张危险犯的危险状态出现后，仍然可成立危险犯的中止犯，其主要理由是：①只要行为人是自动所为，并且客观上有效解除了法定的危险状态，防止了危害结果的发生，就可成立中止。②危险犯中的法定危险结果不同于实害犯的危害结果。“实际的危害结果一经造成，就不可能再弥补，这如同人死不能复生一样。而法定的危险状态形成后，却可以有效解除。”① 否定说主张危险状态出现后不能成立中止犯，其理由有：①不能混淆“解除业已存在的法定危险状态”与“防止危害结果的发生”两件事，既然危险犯构成要件中的危险状态已经发生，就谈不上对此结果的防止问题了。②危险犯的危险状态发生后成立既遂犯。既遂犯与中止犯是两个互相排斥的概念。成立了既遂犯，当然就不能再成立同一犯罪的中止犯，否则就违反了逻辑学的不矛盾律②。

对此问题，我们认为，从犯罪中止的时间性要件来看，既遂犯与中止犯确实

① 叶高峰：《危害公共安全罪新探》，河南人民出版社，1989年，第60～61页。

② 鲜铁可：《新刑法的危险犯》，中国检察出版社，1998年，第128～129页。

是两个互相排斥的概念。成立了既遂犯，当然就不能再成立同一犯罪的中止犯，因为犯罪中止只能存在于犯罪过程中这一时空范围。因此，否定说的观点具有一定的合理性。但在此种情形中，行为人主观上确实有自动中止犯罪的意图，客观上也采取了积极有效的中止行为，并且防止了更大危害的实害结果发生，无论从刑事政策角度还是从中止犯的立法宗旨而言，对行为人不以中止犯论处似乎与法理、情理又不相符合。为了解决此种矛盾，国外刑法理论上提出了“特殊中止犯”的概念。所谓特殊中止犯是德国的刑事立法上，为了节制抽象危险犯可罚性情形而创设的立法，使某些无法适用中止犯规定的抽象危险犯，可以因行为人事后的忠诚悔悟，极力防止危险或损害发生者，从而适用特殊中止犯规定，减轻或免除其刑①。也就是说，对于危险犯中行为人在危险状态出现后解除危险状态的行为不是以刑法总论中的犯罪中止论处，而是在刑法分则有关危险犯罪的规定中，直接增设类似中止犯处罚的条款。之所以采取这种立法方式，就是因为该情形并不完全符合刑法理论上中止犯的成立要件，只能在刑法分则有关危险犯罪的规定中作出例外的规定。国外这种刑事立法给我们解决危险犯的此种问题提供了有益的借鉴。

（二）犯罪中止的自动性

犯罪中止的自动性，是指行为人在自认为本可继续实施犯罪或完成犯罪的情况下，基于本人的意志而停止了犯罪行为或者主动有效地防止了危害结果的发生。这是犯罪中止成立的主观条件，也是犯罪中止形态与犯罪预备形态、犯罪未遂形态相区别的根本标志。因此，犯罪中止的自动性的正确认定直接关系到不同犯罪形态的正确认定。在对犯罪中止的自动性的判断中，必须从以下三个方面加以认定：

第一，行为人当时自认为自己能够继续完成犯罪，这是认定自动性的前提要件。如果行为人已经意识到不可能完成犯罪，即使其客观上停止了犯罪实施，也不属于自动放弃。也就是说，只要行为人自己确信有能力继续将犯罪完成，即使在他人看来不可能完成犯罪，或者从客观上看其根本无法完成犯罪，也不影响其自动性的成立。例如，行为人在入室盗窃过程中，基于悔悟决定停止犯罪，但由于被害人的报案，警察已经赶到现场准备实施抓捕，此时，行为人仍应属于中止犯，因为其对室外的不利因素并不知道，自己确信还有能力继续完成犯罪，只是基于悔悟而放弃了。相反，在有些案件中，虽然局外人看来完全有可能完成犯罪，但行为人却认为不可能再继续完成犯罪，从而放弃犯罪的，不应认定为中止

① 林东茂：《危险犯与经济刑法》，台湾元照出版社，1999年，第58～59页。

犯，而属于未遂犯，因为其放弃犯罪是出于被迫的而不是自动放弃。例如，行为人在实施强奸犯罪过程中，发现被害人正处于月经期，因缺乏生理常识，误认为不能发生性关系，从而放弃了奸淫行为，对此情形，应以未遂犯论处。

第二，行为人出于本人的意愿而放弃实施或完成犯罪，这是自动性的实质内容。也就是说，行为人不管受到什么主客观因素的影响，基于什么动机考虑，但最终其是在自认为可继续完成犯罪的基础上，在可以继续犯罪和可以放弃犯罪两条道路之间，出于其本人的意志，选择了停止犯罪的道路，并在此主观意志的支配下客观上停止了犯罪的继续实施与完成。反之，如果行为人停止犯罪活动不是由于行为人自己的主观意志，而是遇到了自认为无法克服的物质或心理等其他障碍，从而放弃犯罪，则是被迫停止犯罪而不是自动放弃犯罪。需注意的是，促使正在实施直接故意犯罪的行为人在主观上发生变化并自动放弃犯罪或者有效地防止犯罪结果发生的动机是多种多样的，有的是出于真诚的悔悟；有的是基于对被害人的怜悯；有的是利益使然；有的是害怕受到惩罚；等等。无论何种原因，只要行为人在能够将犯罪进行下去的情况下自动放弃或在要发生危害结果的情况下有效地防止危害结果的发生，就具有犯罪中止的自动性。

第三，行为人在主观上彻底放弃了原来的犯罪。彻底性表明了行为人自动停止犯罪的真诚性及其决心，它表明犯罪分子自动停止犯罪是坚决的、完全的，而不是暂时的中断、放弃。如果行为人停止犯罪是因为准备不充分或者认为时机不成熟、环境条件不利而暂时中断犯罪，即意图等待条件适宜再继续该项犯罪，则其不具备中止犯罪彻底性的要求，因而不能认为是犯罪中止。当然，彻底停止犯罪是相对而言的，不具有绝对的意思，即行为人必须彻底放弃正在进行的某个具体的犯罪，而不是指行为人在以后任何时候都不再犯同种犯罪，更不能理解为行为人在以后的任何时候都不再犯任何罪。

（三）犯罪中止的有效性

所谓犯罪中止的有效性，是指行为人在自动彻底放弃犯罪意图的主观意志支配下，客观上停止了犯罪行为，或者有效地防止了犯罪结果的发生，进而使其犯罪行为未能达到犯罪既遂。可见，犯罪中止的行为，客观上表现为两种形式：一是放弃犯罪；二是积极有效地防止犯罪既遂的危害结果发生。作为犯罪中止成立的客观行为方式，这两种行为之间是选择关系，即根据具体案件情况的不同，行为人中止犯罪的有效性只要求具有其中一种行为方式即可。

在有些案件中，行为人中止犯罪的有效性只要求其消极停止犯罪即可。具体而言，主要是以下两种情形：①在犯罪预备阶段，行为人主观上具有彻底放弃犯罪的意图后，客观上只要消极地停止了犯罪的预备行为或不再去着手犯罪的实行行为即可。例如，行为人制作盗窃工具的过程中基于悔悟不想再实施犯罪，则其只要停止了继续加工制作的犯罪预备活动就构成了犯罪中止的有效性。②在犯罪的实行阶段，行为人具有彻底放弃犯罪的意图后，客观上在犯罪实行行为终了前自动停止实施。例如，行为人在实施撬门这一盗窃犯罪的实行行为时，又基于悔悟决定中止犯罪，则行为人只要停止继续实施秘密窃取的实行行为就可以构成犯罪中止的有效性。

在有些案件中，行为人在主观上产生彻底放弃犯罪的意图后，单纯消极地放弃犯罪尚不能成立犯罪中止的有效性，还必须积极采取措施去防止犯罪既遂的危害结果发生。所谓有效地防止犯罪结果的发生，是指行为人在将犯罪的实行行为实施终了后，行为人追求的犯罪既遂结果发生之前，行为人采取了防止犯罪结果发生的措施，并且有效地防止了犯罪结果的发生。也就是说，这种类型的犯罪中止主要发生在以下时空范围：行为人已经将犯罪的实行行为实施终了，但犯罪的既遂结果尚未发生之前。在这种时空条件下，由于实行行为已经实施完毕，产生了引起犯罪既遂结果的紧迫、现实的危险，因此，此时行为人单纯停止犯罪并不能消除现有的产生危害结果的危险，还必须积极努力去采取措施避免该危害结果的发生。由此可见，此种场合的犯罪中止必须具有以下几个条件：

第一，犯罪中止发生在实行行为终了后危害结果发生前。危害结果发生后行为人所做的复原或补偿不能抵消危害结果发生的事实。例如，行为人盗取他人财物之后，又慑于法律的威严而偷偷将财物还给了被害人，此种行为人的返还赃物行为不属于犯罪中止，因为其盗窃既遂后的事后返还并不能改变既遂的性质。

第二，行为人采取了积极防止犯罪结果发生的措施。例如，行为人投毒以后，被害人已经饮用，还没有发作或正在发作、尚未死亡之前，行为人积极送被害人去医院抢救从而避免了死亡结果的发生等。值得注意的是，行为人采取的积极防止结果发生的措施，必须达到真挚努力的程度，这样才能体现出行为人自动彻底放弃犯罪的主观意图，否则，就不能认为行为人采取了积极努力的防止措施。例如，行为人实施了放火犯罪的实行行为后，看到火势蔓延起来又基于悔悟决定停止犯罪，但其只是在案发现场大声呼喊旁人救火后便自行离开了现场。显然，行为人此种呼喊旁人救火的行为虽然也对防止危害结果发生具有一定的作用，但并不足以认定为其积极采取了防止危害结果发生的措施。因此，即便大火后来被群众及时扑灭了，也不能认为行为人的此种行为构成犯罪中止。

第三，行为人采取的积极防止措施有效地防止了危害结果的发生。这就说明行为人除了必须采取了防止危害结果发生的积极措施外，还必须事实上防止了危害结果的最终发生。据此，我国刑法理论通说认为，以下两种情形不能认为是犯罪中止：①虽然行为人采取了防止危害结果发生的积极措施，但最终危害结果还是发生了，也不能成立犯罪中止。例如，行为人投毒使他人中毒后积极抢救被害人，但被害人最终经抢救无效死亡，就不成立犯罪中止。当然，行为人的积极抢救行为可以成为量刑时处罚的酌定情节，但不能将其按犯罪中止处罚。②虽然行为人采取了防止危害结果发生的积极措施，并且该危害结果也最终没有发生，但该结果未发生的原因不是由于行为人所采取的积极措施，而是由于其他因素的介入或者犯罪行为本身就不会发生该危害结果。例如，行为人实施了放火行为后，又基于怜悯而自动放弃犯罪，赶紧一边拨打火警电话一边积极灭火，但在消防车到来之前一场突如其来的暴雨及时将大火浇灭。再如，行为人基于杀人故意误将少量不足致命的毒药当做致命剧毒给被害人服用后，又自动放弃犯罪，积极将被害人送往医院救治，后经医生了解，即使被害人不及时救治，该种毒药也不会造成人体重大伤害。对于这种情形，我国刑法理论认为，该危害结果的未发生是由于其他原因所致，即该危害结果的未发生与行为人采取的积极防止措施之间不具有因果关系，所以不能认定为犯罪中止，而应以犯罪未遂论处。而在国外刑法理论中以及有些国家的刑事立法中，该种情形被称为“准中止犯”，即虽然该危害结果的未发生与行为人采取的积极防止措施之间不具有因果关系，但还是对行为人以中止犯论处，而不是以未遂犯论处。我们认为，从中止犯的立法宗旨以及鼓励犯罪人及时中止犯罪、更好地保护合法权益的刑事政策而言，“准中止犯”制度的设立具有一定的合理根据，值得我们刑事立法所借鉴。

三、自动放弃能够重复实施的侵害行为的定性

在司法实践中，有一种行为人在犯罪过程中自动放弃能够重复实施的侵害行为的情形，对此行为是认定为犯罪未遂还是犯罪中止呢？鉴于该问题无论是在刑法理论上还是司法实践中均存在一定的争议，故需要专门论述。所谓自动放弃能够重复实施的侵害行为，是指行为人已经着手实行特定的犯罪行为，但未能发生预期的危害结果，在能够继续重复实施侵害行为并造成预期危害结果的情形下，行为人自动放弃了犯罪的继续实施，因而使既遂的危害结果没有发生的情况。例如，行为人基于杀人故意携带连发猎枪对被害人射杀，第一次开枪射击未击中，行为人本可以继续射杀，但是又临时自愿放弃犯罪，不再射击，从而未造成他人死亡的危害结果。

对自动放弃能够重复实施的侵害行为的性质，过去刑法理论上有“未遂论”、“中止论”、“折中论”等不同观点，但近年来我国刑法学界通说倾向于主张是犯罪中止。我们认为，自动放弃能够重复实施的侵害行为应当是犯罪中止而不是犯罪未遂，主要理由如下：

第一，就时空范围而言，该种犯罪行为的放弃是发生在犯罪实行未了的过程中，而不是在犯罪行为已被迫停止的未遂形态。如前所述，行为是否实行终了，

在法定犯罪构成要求所限定的客观实行行为范围内，应依行为人是否自认为将实现其犯罪意图所必要的全部行为都实行完毕为标准。也就是说，其认定不但要看行为人客观上是否实施了足以造成犯罪结果的犯罪行为，还要看犯罪人是否自认为完成犯罪所必要的行为是否都实行完了。在自动放弃能够重复实施的侵害行为的情形中，正是行为人认识到自己的犯罪实行行为并没有实施完毕，为中止犯罪提供了存在的时空条件。

第二，在自动放弃能够重复实施的侵害行为的情形中，行为人主观上是基于自动而彻底放弃犯罪而不是基于被迫停止。例如，在前述案例中，行为人主观上认识到自己仍有能力可以继续实施重复侵害行为，但最终出于其本意选择了停止犯罪的道路。因而，其主观上符合犯罪中止的自动性要件。

第三，在自动放弃能够重复实施的侵害行为的情形中，由于行为人对犯罪行为的自动彻底放弃从而使犯罪的危害结果最终没有发生，犯罪未达既遂形态。可见，该种停止行为同样符合犯罪中止的有效性要件。

第四，对于自动放弃能够重复实施的侵害行为以犯罪中止论处，也有利于鼓励犯罪分子及时中止犯罪，避免更大危害结果的发生，符合中止犯制度设立的立法宗旨。

综上所述，自动放弃能够重复实施的侵害行为完全具备了犯罪中止的全部条件，因而它不是实行终了的犯罪未遂，而是未实行终了情况下的犯罪中止。

四、中止犯的刑事责任

实施犯罪中止的行为人是中止犯。与前述的犯罪预备、犯罪未遂相比，犯罪中止中行为人主观上是基于己意自愿彻底放弃犯罪，客观上也避免了危害结果的发生，因此，根据主客观相统一的原则，犯罪中止都反映出在同样条件下比犯罪未遂和犯罪预备更轻的社会危害性。基于此，刑法对中止犯规定了更轻的处罚原则。《刑法》第 24 条第 2 款规定：“对于中止犯，没有造成损害的，应当免除处罚；造成损害的，应当减轻处罚。”正确适用这一处罚原则，要注意以下问题：

第一，我国刑法中的中止犯不是独立的罪名，而是附着于直接故意犯罪具体罪名的犯罪形态。故在对中止犯定罪量刑时，应同时引用刑法典总则第 24 条和刑法典分则具体犯罪的条文。根据有关刑法理论和司法实践，应在罪名后加括号表明未遂形态问题，如“抢劫罪（中止）”。

第二，我国刑法对中止犯的处罚原则是“应当”，即必减免制。因此，对中止犯必须实行从宽处罚，司法机关没有自由裁量的余地。首先，无论免除处罚，还是减轻处罚，都是“应当”，司法机关没有选择余地。其次，没有造成损害的，只能免除处罚；造成损害的，只能减轻处罚，司法机关同样没有选择的余地。

第三，我国刑法将中止犯的处罚分为“没有造成损害的”和“造成损害的”两种情况，不同的情况有不同的处理原则：没有造成损害的，应当免除处罚；造成损害的，应当减轻处罚。可见，“损害”的正确界定与否直接关系到中止犯的正确量刑。我们认为，“损害”这一概念必须满足以下三个要件：①这里的损害必须是有形的、物质性的损害，而不包括无形的、精神性的损害；②这里的损害必须达到严重的社会危害性程度，因为行为人承担刑事责任的根据就在于其行为具有严重的社会危害性；③这里的损害必须具有法定性，即属于刑法分则所规定的具体犯罪的构成要件结果，这是罪刑法定基本原则的要求。

第四，在有些案件中，如果综合全案各种主客观因素，中止犯属于《刑法》第 13 条但书规定之“情节显著轻微危害不大”的，应依法认为不是犯罪。例如，行为人在预备阶段的犯罪中止，又没有造成损害结果。

第五节　犯罪既遂

一、犯罪既遂的概念和特征

（一）犯罪既遂的概念

行为人在着手犯罪的实行行为后，如果没有意志以外因素的介入被迫停止犯罪或自己主动放弃犯罪，往往都会顺利完成犯罪进而实现犯罪的既遂形态。可见犯罪既遂是故意犯罪的完成形态。

那么，何谓犯罪既遂？对此，中外刑法理论上存在不同的学说，归纳起来，主要有以下三种代表性的学说：一是“犯罪结果发生说”。该说主张犯罪既遂是指故意实施犯罪行为并且造成了法律规定的犯罪结果的情况。认为既遂与未遂的区别就在于是否发生了犯罪结果，实行故意犯罪并发生犯罪结果的是犯罪既遂，未能发生犯罪结果的是犯罪未遂。二是“犯罪目的实现说”。该说认为犯罪既遂是指行为人故意实施犯罪行为并达到了其犯罪目的的情况。主张既遂与未遂的区别就在于行为人是否达到了其犯罪目的，达到犯罪目的的是犯罪既遂，未达到犯罪目的的是犯罪未遂。三是“犯罪构成要件齐备说”。该说主张犯罪既遂是指着手实行的犯罪行为具备了具体犯罪构成全部要件的情况。认为既遂与未遂区别的标志，就是犯罪实行行为是否具备了犯罪构成的全部要件，具备的是既遂，未能完全具备的是未遂。至于犯罪构成要件是否全部具备的具体标志，在各类犯罪里则可以有不同的表现。然而，前两种学说各具缺陷，不宜成为中外刑法理论上的通说。

首先，“犯罪结果发生说”的不足之处在于：虽然在结果犯中是以法律规定的犯罪结果的发生与否区分犯罪既遂与否，但犯罪结果的是否发生不能作为一切犯罪既遂与否的区分标志，即该标准无法适用于行为犯或危险犯。例如，在脱逃罪中，根据刑法规定是以被依法关押的罪犯、被告人、犯罪嫌疑人逃离羁押场所为既遂的标志。这种犯罪的既遂要求的并不是物质性犯罪结果的发生，而是犯罪行为的法定完成即达到一定程度。

其次，“犯罪目的实现说”的缺陷是：其一，在我国刑法规定的目的犯中，有些犯罪中的特定犯罪目的仅是构成该种犯罪构成主观方面的必要要件。犯罪目的的是否实现，并不是犯罪既遂与否的标志。例如，在拐卖妇女、儿童罪中，虽然刑法规定行为人必须以出卖为目的，但此种目的只是该罪成立的主观必备要件，该目的是否实现并不影响该罪既遂的成立。只要行为人出于此种目的客观上完成了相应的犯罪实行行为，不管出卖的目的是否得到实现，均构成本罪的既遂。其二，在行为犯、危险犯中，刑法并没有规定将犯罪目的的实现作为犯罪既遂成立的必备要件。例如，在放火罪中，行为人的犯罪目的可能是希望将财物烧毁或将他人烧死，但根据刑法的相关规定，该罪的既遂只要求行为人实施了放火行为，引起了点火对象的独力燃烧状态即可，即使最后未能将财物烧毁或将他人烧死，也同样构成犯罪既遂。

可见，“犯罪结果发生说”、“犯罪目的实现说”都存在比较明显的缺陷，均无法解决既遂犯认定的统一标准问题，因而“犯罪构成要件齐备说”成为中外刑法理论上的通说。因此，所谓犯罪既遂，是指行为人在犯罪意识支配下所实施的犯罪行为已经具备了刑法分则所规定的某种犯罪构成的全部要件的犯罪形态。

（二）犯罪既遂的特征

第一，行为人主观上必须具有犯罪的意思，这是构成犯罪既遂的前提要件。如果没有犯罪的意思，犯罪既遂无从谈起。正是由于主观犯意的存在，才会支配行为人客观上实施犯罪、进而完成犯罪。

第二，行为人客观上必须已经着手实行犯罪。也就是说，犯罪既遂只能发生在着手实行犯罪以后的过程中。如果行为人尚未着手实行犯罪，而仅仅在犯罪的预备阶段，则不可能成立既遂犯。

第三，行为人的犯罪行为必须齐备了某种犯罪构成的全部要件，这是构成犯罪既遂的实质要件。该要件意味着：首先，行为人的犯罪行为要具备某种犯罪构成的主观和客观方面的全部法定要件，而不仅仅是具备客观要件。其次，行为人的犯罪行为要具备刑法分则条文所规定的特定犯罪构成的全部要件，至于行为人的主观意图与法定的构成要件是否完全相吻合，并不影响犯罪既遂的认定。例如，行为人意图杀死甲，但由于弄错对象，误将乙当做甲加以杀害。从行为人方面看，其犯罪计划显然没有完成，然而，刑法规定故意杀人罪只要有非法剥夺他人生命的危害结果即可构成既遂。因此，对行为人仍应以犯罪既遂论处。

二、犯罪既遂形态的类型

不同的犯罪类型有不同的犯罪既遂的表现形式。根据我国刑法分则对各种直接故意犯罪构成要件的不同规定，犯罪既遂主要包括以下四种不同类型：

第一，结果犯的既遂。所谓结果犯，是指以法定的危害结果作为犯罪构成客观方面的必要条件的犯罪。因此，在结果犯中，犯罪既遂的成立不仅要求实施具体犯罪构成客观要件的实行行为，而且必须发生法定的危害结果。即以法定的危害结果的发生与否作为犯罪既遂与未遂的区别标志。所谓法定的危害结果，是指刑法规定的危害行为通过对犯罪对象的作用而给犯罪客体造成的物质性的、有形的损害结果。这类犯罪在我国刑法中为数很多，如故意杀人罪、故意伤害罪、抢劫罪等。如故意杀人罪的犯罪结果就是他人的死亡，发生了死亡结果的即为该罪的既遂。

第二，举动犯的既遂。所谓举动犯，是指以着手实行法定的特定犯罪的实行行为作为犯罪构成必要条件的犯罪。其特点是，只要行为人着手犯罪的实行行为，犯罪即告成立，而不管是否造成了危害结果。因此，在举动犯中，犯罪既遂的成立只要行为人实施了该种犯罪的实行行为即可。例如，在危险驾驶罪中，只要行为人在醉酒状态下在道路上实施了驾驶机动车的行为，即构成危险驾驶罪的既遂。

第三，行为犯的既遂。所谓行为犯，是指以实行法定的犯罪行为达到一定程度作为犯罪构成必要要件的犯罪。因此，在行为犯中，犯罪既遂的成立不仅要求行为人着手实施了该种犯罪的实行行为，而且其行为还要达到一定的程度。例如，在脱逃犯罪中，行为人并不是一开始实施脱逃的实行行为即构成犯罪的既遂，而是只有当其脱逃行为达到脱离羁押机关的控制范围之后，才能认定为本罪的既遂。

第四，危险犯的既遂。所谓危险犯，是指以行为人实施的危害行为具有造成一定危害结果的客观危险状态作为犯罪构成必要要件的犯罪。因此，在危险犯中，判断既遂的标准是行为人所实施的危害行为是否足以造成一定危害结果的客观危险状态。例如，在破坏交通工具犯罪中，行为人实施的危害行为如果破坏的是交通工具的关键、重要部位，足以造成交通工具倾覆、毁坏的危险，则构成犯罪既遂；如果破坏的是交通工具上的非关键等部位，不足以造成交通工具倾覆、毁坏的危险，则不能以犯罪既遂论处。

三、既遂犯的处罚原则

犯罪既遂的行为人就是既遂犯。由于既遂犯构成的是故意犯罪的完成形态，符合的是基本的犯罪构成即刑法分则具体犯罪条文的构成，而从现代大多数国家的刑事立法来看，分则条文的法定刑就是按照犯罪既遂的基本构成设置的；故各国刑法均未再专门规定既遂犯的特殊处罚原则，而是直接按刑法总则的一般量刑原则和刑法分则关于具体犯罪的法定刑对其适用。我国刑法和刑法理论也是这种主张。因此，对行为符合犯罪既遂特征的既遂犯，我国刑法要求根据其所犯的罪，在考虑刑法总则一般量刑原则的指导与约束的基础上，直接按照刑法分则具体犯罪条文规定的法定刑处罚。

［复习题］

(1) 怎样认定行为人是否“着手”?
(2) 如何区分犯罪未遂与犯罪中止?
(3) 犯罪既遂有哪些类型?

第十章　共同犯罪

【重点提示】

- 共同犯罪的概念及成立条件
- 共同犯罪的理论分类
- 主犯及其刑事责任
- 从犯及其刑事责任
- 教唆犯及其刑事责任

第一节　共同犯罪概述

一、共同犯罪的概念

在司法实践中，通常情况下犯罪都是单个人独自实施的。但是，有不少犯罪也是由两个人或者两个以上的人共同实施的，这种情况在刑法上被称做共同犯罪。相对于单个人犯罪而言，共同犯罪是一类需要特别重视的复杂的犯罪现象。一方面，相对单个人犯罪而言，共同犯罪往往通过密谋策划、相互分工，使犯罪容易实行，并便于对抗侦查，逃避打击，从而具有更大的社会危害性；另一方面，刑法分则各个条款所规定的犯罪构成，除了少数必要的共同犯罪以外，都是以个人单独犯罪为模式，因此，对这些犯罪中涉及共同犯罪的案件，就不能直接适用刑法分则的规定加以认定，而需要结合刑法总则关于共同犯罪的规定来加以定罪量刑。另外，共同犯罪人的结合方式多种多样，不同结构的共同犯罪之间在社会危害性程度上也有着相当大的差异，需要予以揭示，而且在共同犯罪内部各共同犯罪人所处的地位和所起的作用也不是完全相同的，因而应当给予区别对待，这才符合罪责刑相适应原则。因此，各国刑法大多数在刑法总则中设立了共同犯罪的条款，以解决共同犯罪人的刑事责任问题。

那么，什么是共同犯罪呢？对此，各国刑事立法一般规定得不够明确，而是委之于刑法理论上加以解释。1960 年《苏俄刑法典》较为简洁地规定了共同犯罪的概念。1996 年《俄罗斯联邦刑法典》基本上承袭了《苏俄刑法典》关于共同犯罪的定义，该刑法典第 32 条规定，二人或二人以上共同故意参加实施故意犯罪的，是共同犯罪。我国刑法即属于这种立法例。我国《刑法》第 25 条第 1

款规定："共同犯罪是指二人以上共同故意犯罪。"同时，该条第 2 款规定："二人以上共同过失犯罪，不以共同犯罪论处；应当负刑事责任的，按照他们所犯的罪分别处罚。"据此，所谓共同犯罪，是指二人以上基于共同犯罪故意而共同实施犯罪。这一定义表明共同犯罪是二人以上以共同的犯罪故意和共同的犯罪行为联系起来的犯罪整体，从而科学地概括了共同犯罪的内在属性和构造形态，正确界定了共同犯罪的存在范围。

二、共同犯罪的成立条件

根据上述共同犯罪的定义以及我国刑法的相关规定，成立共同犯罪必须具备三个条件：主体必须是二人以上；客观上必须有共同犯罪行为；主观上必须有共同犯罪故意。这三个条件密切联系，缺一不可。

（一）共同犯罪的主体条件

根据《刑法》第 25 条第 1 款的规定，共同犯罪的主体必须至少是"二人以上"。这是共同犯罪成立的前提条件，即成立共同犯罪，其主体至少应为两人。同时，二人以上的共同犯罪人都必须是达到刑事责任年龄、具有刑事责任能力的人。如果一个达到刑事责任年龄的人和一个未达到刑事责任年龄的人，或者一个精神健全具有刑事责任能力的人和一个由于精神障碍无刑事责任能力的人共同实施危害行为，则不构成共同犯罪。有刑事责任能力者利用幼年人或者精神病人实施犯罪行为的，被利用者不构成犯罪，利用者按照实行犯加以处罚。这种情形在刑法理论上称为间接正犯。之所以称为间接正犯，正是因为其不是共犯的一种，而是正犯即实行犯的一种。例如，司法实践中，经常有具有刑事责任能力的成年人教唆未满 14 周岁的儿童实施犯罪，此时，行为人不过是把儿童作为犯罪的工具实施自己的犯罪，对其应当以相应犯罪的间接正犯论处，而不是按共同犯罪处罚。

需注意的是，这里的"人"不仅包括自然人，也包括单位。也就是说，由于我国刑法规定了单位犯罪，因而两个以上的单位之间或者自然人与单位之间也能构成共同故意犯罪。例如，甲公司与乙公司共同故意实施销售假冒、伪劣产品的犯罪行为，或者甲公司与自然人乙共同故意实施走私货物的犯罪行为。

另外，在认定某个单位犯罪时，直接负责的主管人员及其他直接责任人员与该单位本身不成立共同犯罪，只认定为一个单位犯罪并依法追究刑事责任。因为，单位本身是法律拟制的犯罪主体，并不能表达自己的意志和实施相应的行为，其犯罪行为要通过其主管人员、直接责任人员去实施，没有这些人的行为，单位本身无法犯罪，而且没有这些自然人，单位也不能称之为单位。因此，单位主管人员、直接责任人员的意志和行为统一构成单位的意志和行为，而并不是个人的行为，从而其与单位之间并不是共同犯罪关系。但是，单位犯罪中，直接负责的主管人员与其他直接责任人员仍然成立共同犯罪，理由如下：首先，尽管单位的意志和行为是由直接负责的主管人员与其他直接责任人员的意志和行为构成的，但是在单位内部这些自然人仍彼此具有相对独立的人格，可以各自独立表达自己的意志和行为，从而具备了共同犯罪的主体条件；其次，由于单位犯罪的意志是经过单位决策机关和负责人决定的，意志是统一的，所以参与犯罪的直接负责的主管人员与其他直接责任人员必然主观上也有共同的犯罪故意；最后，在统一的犯罪意思支配下，参与犯罪的直接负责的主管人员与其他直接责任人员必然实施了决策行为或实行行为，从而具有了共同的犯罪行为。

（二）共同犯罪的主观条件

根据《刑法》第25条第1款的规定，成立共同犯罪，必须在主观上符合二人以上具有共同犯罪故意这一条件。所谓共同犯罪故意，是指各共同犯罪人通过意思联络，认识到他们的共同犯罪行为会发生危害社会的结果，并决意参与共同犯罪，希望或者放任这种结果发生的心理态度。由此可见，共同犯罪故意这一要件也包括认识因素与意志因素两个方面：

首先，共同犯罪故意的认识因素主要包括以下内容：①共同犯罪人认识到不是自己一个人单独实施犯罪，而是与他人相互配合共同实施犯罪。②共同犯罪人不仅认识到自己的行为会引起的危害结果，而且认识到其他共同犯罪人的行为会引起的危害结果。③共同犯罪人能概括地预见到共同犯罪行为与共同犯罪结果之间的因果关系。

其次，共同犯罪故意的意志因素主要包括以下内容：①行为人决意参与共同犯罪，即当行为人认识到自己是要与他人共同合作实施犯罪时，经过自己自由意志的选择，决意与他人一起共同实施犯罪。②共同犯罪人希望或者放任自己的行为和共同犯罪行为会发生的某种犯罪结果。

另外，需注意的是，共同犯罪故意虽然意味着共同犯罪人之间主观上必须相互沟通，彼此联络，具有互相配合的意思，但是，由于共同犯罪的复杂性，这种共同犯罪人之间的意思联络在不同的共同犯罪中表现不尽相同。一般而言，在规模较小的二人以上共同实行犯罪的场合，共同犯罪人之间的这种意思联络是明显的、直接的，各共同犯罪人都能知己知彼；而当共同犯罪规模较大特别是共同犯罪人之间存在分工的情况下，这种意思联络主要是指其他共同犯罪人与组织、领导、指挥共同犯罪的人或实行犯之间的知己知彼，而不是说所有参加共同犯罪的人都必须毫无例外地相互直接沟通才能成立共同犯罪故意。在司法实践中，特别是在有组织共同犯罪中，成员一般只是与组织、领导、指挥者或者实行犯单线联系，而相互之间互不相识，素不来往，甚至没有见过面，似乎谈不上什么意思联络，但这并不影响他们相互之间成立共同犯罪，因为在这种场合他们实际上是通过借助组织、领导、指挥者或者实行犯为纽带或中介而进行意思联络的，只不过是联络的形式不同而已。

根据上述共同犯罪主观要件的要求，下列情况不应当以共同犯罪论处：

第一，共同过失犯罪的不成立共同犯罪。共同犯罪之所以比单个人犯罪具有更大的社会危害性，正是因为二人以上具有共同的犯罪故意，通过互相之间的意思联络，才使各行为人围绕共同的犯罪目的而相互配合、共同实施犯罪。而在共同过失犯罪中，行为人之间缺乏彼此的犯罪意思联络，从而不可能使各个行为人的行为形成相互配合的统一体。因此，各个行为人只能分别构成过失犯，而不属于共同犯罪。但是，2000 年 11 月 10 日最高人民法院《关于审理交通肇事刑事案件具体应用法律若干问题的解释》第 5 条第 2 款规定："交通肇事后，单位主管人员、机动车辆所有人、承包人或者乘车人指使肇事人逃逸，致使被害人因得不到救助而死亡的，以交通肇事罪的共犯论处。"第 7 条规定："单位主管人员、机动车辆所有人或者机动车辆承包人指使、强令他人违章驾驶造成重大交通事故，具有本解释第二条规定情形之一的，以交通肇事罪定罪处罚。"上述规定的出台，引发了对交通肇事共同过失犯罪问题的讨论。

第二，同时犯不是共同犯罪。所谓同时犯，是指二人以上的行为人没有共同实施犯罪的意思联络，同时或在近乎同时的前后对同一目标实施同一犯罪的情况。例如，某商场发生大火，甲、乙、丙三人趁此机会，不约而同地到失火商场内去窃取财物。在这种情况下，由于各个行为人之间主观上不存在相互联络的共同犯罪故意，因而三人的行为不成立共同犯罪，行为人各自只对自己的犯罪行为负刑事责任。

第三，二人以上同时实施犯罪，但故意内容不同的，不属于共同犯罪。在司法实践中，有时二人以上虽然同时基于故意实施犯罪，甚至故意对同一对象实施侵害，但由于行为人各自故意犯罪的故意内容不同，不具有共同犯罪故意，因而不构成共同犯罪。例如，甲、乙二人同时共雇一条船走私，甲走私毒品，乙走私淫秽物品。由于二人的故意内容及行为性质不符合同一犯罪的构成，因此，对甲、乙应分别按照走私毒品罪与走私淫秽物品罪定罪量刑，而不能按照共同犯罪处罚。

第四，超出共同故意之外的犯罪，不属于共同犯罪。在有些案件中，二人以上开始基于共同故意实施犯罪，但在实施犯罪过程中，有的共同犯罪人超出了共同的犯罪故意，单独实施了另外的犯罪，由于原来的共同犯罪人之间对此缺乏共同的犯罪故意，不成立共同犯罪，而只能由实施该种犯罪的人负责，其他共同犯罪人对此不负刑事责任。例如，甲教唆乙去秘密窃取丙女家的财物，而乙在实施盗窃犯罪的过程中，除了实施窃取行为外，还对丙实施了强奸犯罪行为。在此种情形中，甲、乙事先对强奸行为并没有共同的犯罪故意，故甲、乙二人只成立盗窃罪的共同犯罪，就强奸罪而言，只能由乙个人单独承担刑事责任。

第五，事前无通谋的窝藏、包庇行为及窝赃、销赃行为，不属于共同犯罪，应单独予以定罪处罚。但是，如果事前有通谋的，则应成立共同犯罪。所以，《刑法》第310条第2款就窝藏、包庇罪明确规定："犯前款罪，事前通谋的，以共同犯罪论处。"

第六，两人以上实施危害行为，罪过形式不同的，不构成共同犯罪。这主要包括两种类型：一是过失地引起或帮助他人实行故意犯罪；二是故意地教唆或帮助他人实施过失犯罪。例如，乘客故意教唆驾驶员酒后违章驾车，因而发生重大交通事故的。当然，国外刑法理论上对于这种情形是否构成共同犯罪还有不同争议，但是根据我国刑法中共同犯罪的理论，该情形不构成共同犯罪。

值得研究的一个问题是，"片面共犯"是否构成共同犯罪。所谓片面共犯，是指参与同一犯罪的人中，一方认识到或故意在和他人共同犯罪，但另一方没有认识到有他人在和自己共同实施犯罪的情形。例如，甲在追杀乙，刚好乙的仇人丙看到了，于是丙故意躲在路边，等乙快跑到时伸出竹竿将乙绊倒，从而使甲顺利追上进而将乙杀死。对于此种片面共犯情形能否以共同犯罪论处，在外国刑法理论上存在一定的争议。有的人承认片面的共同犯罪，如日本刑法学者牧野英一认为："盖共同加功的意思属于犯人之心理的事项，其互相交换或共犯者的双方有此交换，不过是外界的事项。故予辈认为，作为共犯的主观要件的此意思，在某片面的场合，尚可成立。在这种场合，对于有此意思的一方，生共犯的效果。"① 也有学者否认片面的共同犯罪，如日本刑法学者西原春夫认为："因为作为共同成立要件的意思沟通，必须是相互的，例如甲知道乙的犯意，单方面参与乙的犯罪，这种片面的共犯的场合，不成立共犯；从而甲的参与，除了其本身独立成为某些犯罪的场合外，甲为无罪。"① 对于片面共犯的定性问题，在我国刑法理论上，同样存在肯定或否定的不同观点，目前为止还没有形成一种有说服力的通说。我们认为，对于片面共犯情形，就共同犯罪的客观因果关系而言，片面共犯对于危害结果的发生确实起到了一定的作用，具有因果关系；但就共同犯罪的共同犯罪故意而言，片面共犯的行为人之间缺乏犯罪故意的相互沟通，不符合共同犯罪的主观要件。因此，片面共犯到底应该如何处理还有待刑法理论上进一步研究。

（三）共同犯罪的客观条件

根据《刑法》第25条第1款的规定，成立共同犯罪在客观上必须是二人以

---

① 赵秉志：《犯罪总论问题探索》，法律出版社，2003年，第496页。

上具有共同的犯罪行为。所谓共同犯罪行为，是指各共同犯罪人实施的犯罪行为都指向同一犯罪目标，彼此联系，相互配合，它们与犯罪结果之间都存在因果关系，从而形成一个统一的犯罪活动整体。对于共同犯罪行为这一要件的准确理解应从以下几个方面来把握：

第一，各共同犯罪人所实施的行为，必须都是犯罪行为，否则不符合共同犯罪的客观条件。即要求每个行为人的行为必须具有社会危害性且其危害性达到了相当严重的程度，否则，就不是共同犯罪行为。

第二，各共同犯罪人的行为相互配合、支持形成一个统一的整体。即各个共同犯罪人的行为，不管它们在共同犯罪中的具体表现形式如何，都不是相互孤立的，而是在共同犯罪的主观意图的支配下形成统一的犯罪活动。具体而言，共同犯罪行为可以表现为三种形式：①共同的作为。例如，甲、乙二人共同强奸丙。②共同的不作为。例如，一起担负铁路扳道值班任务的甲、乙共同约定都不按时扳道，导致火车发生倾覆事故。③作为与不作为的结合。例如，某仓库保安人员甲与社会无业人员乙按事先约定，在甲值夜班时乙前去盗窃而甲佯装睡觉不予制止，事后两人共同分赃。在该案中，甲的行为是不作为，乙的行为是作为。

第三，按照共同犯罪的分工，共同犯罪行为可以表现为四种方式：①实行行为，即实施符合犯罪构成客观要件的行为；②组织行为，即组织、领导、策划、指挥共同犯罪的行为；③教唆行为，即劝说、收买、威胁或者采用其他手段唆使他人故意实施犯罪的行为；④帮助行为，即提供信息、犯罪工具及其他支持或者排除犯罪的障碍从而协助他人实施犯罪的行为。因此，作为整体的共同犯罪行为既可以表现为行为人共同实施实行行为，也可以表现为有的实施实行行为而有的实施组织行为、教唆行为或帮助行为。例如，甲教唆乙去实施盗窃行为，而乙又让丙在其实施盗窃犯罪时，为其提供在门外放风的帮助行为。

第四，共同实施的犯罪是结果犯时，在发生犯罪结果的情况下，共同犯罪行为是作为一个整体而成为危害结果发生的原因，即每一个共同犯罪人的行为与危害结果之间都具有因果关系。

需注意的是，共同犯罪中的因果关系，是指两个以上的共同犯罪人的行为与危害结果之间的因果关系，而不是指单个人的行为与犯罪结果间的因果关系，即共同犯罪中“部分行为整体负责”的原则。也就是说，在认定共同犯罪中的因果关系时的刑对共同犯罪人的行为应当统一地整体加以考察，而不能对每一共同犯罪人的行为孤立地看待，即不能仅就某一共同犯罪人的行为是否现实地引起危害结果的发生来确定其行为是否与危害结果之间存在因果关系。这是由共同犯罪这一客观要件的特点所决定的。当然，由于共同犯罪行为的表现方式不同，各种具体共同犯罪行为与危害结果之间的因果关系表现形式也不同。①在共同实行犯罪的情况下，各共同犯罪人的行为共同指向同一犯罪目标，共同引起同一危害结果，因而应将他们的实行行为作为统一的整体来看待，以确定其对危害结果的发生是否具有原因力。也就是说，只要共同犯罪中的一人的实行行为引起了犯罪结果发生，即使其他共同犯罪人的实行行为没有直接导致犯罪结果产生，但由于各共同犯罪人之间的行为是相互配合、不可分割的统一整体，因而应当从整体的考虑上认定他们的行为与危害结果之间都存在因果关系。例如，甲、乙二人埋伏在路边山上共同投掷石头意图砸死路过的仇人丙，尽管是甲投掷的石头击中丙的头部导致丙死亡，而乙投掷的石头并未击中丙。这时仍应认定甲、乙的行为均与丙的死亡之间具有因果关系，二人均应对丙的死亡结果负故意杀人罪的刑事责任。②在共同犯罪人之间存在分工的场合，即共同犯罪人中有的实施组织行为、有的实施教唆行为、有的实施实行行为、有的实施帮助行为的情况下，共同犯罪行为与危害结果之间的因果关系具有如下特点：组织行为、教唆行为引起实行犯产生犯罪决意并进而实施实行行为，帮助行为加强实行犯的犯罪决意及有助于实行犯的实行行为，而实行行为直接导致危害结果的发生。简而言之，组织行为、教唆行为、帮助行为是犯罪结果发生的间接原因，实行行为是犯罪结果发生的直接原因。它们作为共同犯罪行为统一的有机整体，通过实行行为都与危害结果之间存在因果关系。

第二节　共同犯罪的形式

一、共同犯罪形式的概念

所谓共同犯罪形式，是指二人以上共同犯罪的内部结构框架或者共同犯罪人之间的结合方式。共同犯罪的内部结构是指共同犯罪人内部之间有无分工，即共同犯罪由什么样的共同犯罪人组成。共同犯罪人的结合方式，是指共同犯罪是否具有组织形式。不同的共同犯罪形式具有不同的特点和不同的社会危害程度。所以，刑法理论上一般是采取依照一定的标准进行划分的方法来研究共同犯罪形式。

对共同犯罪形式进行分类研究，具有重要的现实意义。首先，有助于从各种角度把握不同形式共同犯罪之间的区别；其次，有助于认识各种形式的共同犯罪的性质及危害程度；最后，有助于在定罪量刑时正确适用刑法，区别对待不同形式的共同犯罪以及不同的共同犯罪人。

二、共同犯罪形式的分类

共同犯罪可以分为哪几种类型，我国刑法学界存在分歧，主要有“四分法”、

“三分法”、“二分法”等不同主张。但通说认为，共同犯罪形式可以作如下划分：

(1) 以共同犯罪能否任意形成为根据，可以分为任意的共同犯罪和必要的共同犯罪。所谓任意的共同犯罪，是指刑法分则规定单个人能够独自实施的犯罪而由二人以上共同故意实施而形成的共同犯罪。例如，故意杀人罪、抢劫罪、盗窃罪等，既可以由一人单独实施，也可以由二人以上共同实施，而当二人以上共同故意实施这些犯罪时，就是任意的共同犯罪。对任意的共同犯罪，应当依照刑法分则的有关条文以及刑法总则关于共同犯罪的规定定罪量刑。所谓必要的共同犯罪，是指刑法分则明文规定必须由二人以上共同故意实施的犯罪。对这类共同犯罪通常直接根据刑法分则的规定定罪处刑。必要共同犯罪主要包括对向犯与平行犯两类。对向犯是指基于二人以上的相互对向性行为作为构成要件的犯罪，如重婚罪。值得注意的是，上述场合，只有双方存在共同故意时，才成立必要共同犯罪，否则，只能追究其中一方的刑事责任。平行犯是指多人实施向着同一目标的共同行为为构成要件的犯罪，在我国刑法中包括聚众性共同犯罪与集团性共同犯罪两种情况，前者如《刑法》第 317 条第 2 款规定的聚众持械劫狱罪，后者如《刑法》第 294 条第 1 款规定的组织、领导、参加黑社会性质组织罪。

(2) 以共同犯罪故意形成的时间为根据，可以分为事前通谋的共同犯罪与事中通谋的共同犯罪。所谓事前通谋的共同犯罪，是指各个共同犯罪人在着手实行犯罪之前已经形成共同犯罪故意即已经就实行犯罪进行了策划和商议的共同犯罪。事前通谋的共同犯罪，是一种比较常见的共同犯罪形式。所谓事中通谋的共同犯罪，是指各共同犯罪人在着手实行犯罪时或者实行犯罪的过程中形成共同犯罪故意的共同犯罪。也就是说，在着手实施犯罪之前，各共同犯罪人并没有进行通谋，是在开始实行犯罪之际或者在开始实施后才形成共同犯罪的故意。例如，甲对乙实施故意伤害行为时，刚好甲的朋友丙路过此地，于是上前帮忙，与甲一起对乙共同实施故意伤害的犯罪行为。此情形即属于事中通谋的共同犯罪，对甲、丙二人应按故意伤害罪的共同犯罪论处。一般而言，共同犯罪人在着手实行犯罪前进行通谋，更易于犯罪的完成和逃避法律的制裁，因此，在其他方面没有差异的情况下，事前通谋的共同犯罪较事中通谋的共同犯罪具有更大的社会危害性，裁量刑罚时应予以区别对待。

(3) 以共同犯罪人之间有无分工为根据，可以分为简单共同犯罪与复杂共同犯罪。所谓简单共同犯罪，是指二人以上共同故意实行犯罪实行行为的共同犯罪，即二人以上共同故意实行某一具体犯罪客观要件的行为。故简单共同犯罪在理论上又称共同实行犯（共同正犯）。这种共同犯罪在司法实践中经常出现。简单共同犯罪必须具备如下基本条件：①二人以上主观上有共同实行的意思，即各共同犯罪人不仅都具有实施犯罪实行行为的意思，而且还均具有相互利用、补充他方行为的意思。对于共同实行犯罪的故意，也应从认识因素和意志因素两个方面加以认定。其中，意识因素应包括如下内容：共同犯罪人对所共同实施的具体犯罪都有共同认识；共同犯罪人认识到自己与他人是共同直接实行犯罪的实行行为，而不是其他帮助行为或教唆行为；共同犯罪人之间相互认识到他人与自己共同实行犯罪。如果一人有共同实行犯罪的认识，另一人没有共同实行犯罪的认识，则不能成立简单共同犯罪。②二人以上有共同实行犯罪的事实，即各共同犯罪人共同实施了符合某一具体犯罪的构成要件的行为。需要指出的是，不管是作为整体来看还是分别而言，共同实行行为都具有实现犯罪的现实危险性。共同实行表现有以下几种情形：一是各个共同犯罪人实行同样的犯罪构成客观要件的行为。例如，甲、乙共同对丙实施抢夺行为。二是各个共同犯罪人实施不同的行为，但都属于同一犯罪构成客观要件的行为。例如，甲、乙二人共同抢劫，甲持刀威胁被害人而乙动手夺取财物。三是各共同犯罪人共同实施某一犯罪，但分别对不同的对象实行犯罪行为。例如，甲、乙二人相约杀害丙全家，甲用刀砍死丙而乙用绳索勒死丙妻女。这些情形都属于简单共同犯罪。

由于简单共同犯罪在实践中经常发生，而我国刑法没有明文规定简单共同犯罪，因此，在司法实践中对简单共同犯罪人如何处理做法不一。我们认为，在对简单共同犯罪追究刑事责任时应注意遵循以下几个原则：①部分实行负全部结果责任原则，即各共同犯罪人应对共同实行的犯罪行为整体负责，而不是只对自己参与实行的犯罪行为负责。例如，甲、乙二人以杀人的共同故意而一起朝丙砍杀，即使只是甲的致命一刀实际导致了丙的死亡，乙也应负故意杀人既遂的责任。②区别对待原则，即在坚持部分实行负全部结果责任的前提下，对各共同实行犯应当根据各自在共同犯罪中所起的作用和社会危害程度，分别按主犯、从犯与胁从犯予以处罚。当然，如果各共同犯罪人都是起主要作用，也可以都按主犯处罚。③罪责自负原则，即各共同犯罪人只能对共同故意实行的犯罪负责，而对他人超出共同故意实施的其他犯罪行为则不能承担责任。

所谓复杂的共同犯罪，是指各共同犯罪人之间存在不同分工的共同犯罪。这种分工的具体表现形式为：有的教唆他人使之产生犯罪故意而着手实行犯罪，有的帮助他人实行犯罪，有的直接实行某一犯罪的客观构成要件的行为，等等。在这类共同犯罪中，由于各个共同犯罪人的具体分工不同和参与实施犯罪的程度不同，因而各自在共同犯罪中所起的作用大小也不同。故对各共同犯罪人的刑事责任，也应按其各自在共同犯罪中所起作用的大小及其社会危害性程度，依照刑法有关共同犯罪的规定来加以解决。

（4）以共同犯罪有无组织形式为根据，可以分为一般的共同犯罪与特殊的共同犯罪。所谓一般的共同犯罪，是指共同犯罪人之间不存在组织形式的共同犯罪。其特点是：二人即可构成，不要求至少三人以上；共同犯罪人之间没有组织，往往是为了实施一个或数个犯罪而临时勾结在一起，完成犯罪后即自动解体；共同犯罪人之间也没有明显的领导与被领导的关系。一般的共同犯罪，可以是事前通谋的共同犯罪，也可以是事中通谋的共同犯罪；可以是简单的共同犯罪，也可以是复杂的共同犯罪。实际上属于什么形式的共同犯罪，就按什么形式的共同犯罪处理。所谓特殊的共同犯罪，又称有组织的共同犯罪，是指各共同犯罪人之间建立起组织形式的共同犯罪。实施这类共同犯罪的组织，法律上称犯罪集团。我国《刑法》第 26 条第 2 款规定："三人以上以共同实施犯罪而组成的较为固定的犯罪组织，是犯罪集团。"据此，成立犯罪集团必须具备以下几个要件：

第一，由三人以上组成，即该种共同犯罪至少必须是三名达到刑事责任年龄、具备刑事责任能力的人才能构成犯罪集团。这一要件也是特殊共同犯罪与一般共同犯罪在主体方面上的区别。当然，三人只是犯罪集团的人数构成的最低要求，在司法实践中，犯罪集团的人数往往少则四、五人，多的达到十几人、几十人。

第二，共同犯罪人主观上具有共同实施某种犯罪的目的性。犯罪集团是三人以上以共同实施某一种或者某几种犯罪为目的而结合在一起的，否则便不称其为犯罪集团。例如，对现实中几个人为了追求不健康的生活方式而结帮抱团，但并非以实施犯罪为目的的，就不能认定为犯罪集团。如果其中有个别人单独进行了犯罪活动，也只能对从事犯罪活动的本人依法予以处理，而不能以犯罪集团论处。需注意的是，共同的犯罪目的既可以通过成员之间口头或书面相互通谋而确定，也可以通过共同实施犯罪行为而形成。

第三，具有一定程度的组织性。所谓组织性，是指犯罪集团成员之间存在领导与被领导的关系。也就是说，犯罪组织中一般既有起组织、策划、指挥作用的首要分子，也有普通成员，前者领导、指挥后者进行犯罪活动，后者服从前者的领导和指挥。当然，犯罪集团的性质不同，其组织的严密程度也不完全一样。按照其严密程度强弱来划分及排列，犯罪集团可分为黑社会组织、黑社会性质的组织与普通犯罪集团三种类型。根据我国刑法的规定，目前我国社会中只有普通犯罪集团与黑社会性质的组织两类，而不存在黑社会组织。

第四，具有相当程度的固定性。所谓固定性，就是指以实施多次犯罪为目的而联合，联合体准备长期存在，而不以事实上实施了多次犯罪为必要。也就是说，犯罪集团是以多次实施犯罪而组织起来的，而其组织体准备长期存在，并非是以仅仅实施一次具体犯罪为目的而暂时纠合在一起，打算当该具体犯罪实施完毕后即行散伙。因此，只要查明共同犯罪人是以实施多次或不定次数的犯罪为目的而建立组织，即使只实施了一次犯罪甚至还没有来得及实施犯罪，也不影响成立犯罪集团。但是，如果共同实施多次或不定次数犯罪的目的并非事前通谋所确定，而是通过共同实施犯罪过程中实际形成的，则必须存在至少两次以上的犯罪事实，才能对其认定为犯罪集团。由此可见，由于犯罪集团的成员较多，并且具有较强的组织性和固定性，因此，其实施犯罪往往具有更大的破坏性和社会危害性，是具有严重危险性的共同犯罪形式。故犯罪集团是最严重的共同犯罪形式，历来是我国刑法惩办的重点。

犯罪集团可以分为任意的犯罪集团和必要的犯罪集团。前者指刑法分则条文对该种犯罪未规定为犯罪集团，而实际构成该种犯罪的集团，如走私犯罪集团。后者指刑法分则条文明文规定的犯罪集团，如黑社会性质组织犯罪。因此，在司法实践中处理犯罪集团时，对刑法分则明确规定为必要共同犯罪的集团性共同犯罪，应当直接依照分则的有关规定进行处理；对分则中没有明文规定而任意形成的集团性共同犯罪，则应当依照刑法总则关于共同犯罪的规定，区别首要分子、首要分子以外的主犯、从犯和胁从犯，然后分别予以相应的处罚。需注意的是，20世纪80年代以来，我国司法实践中频繁使用一个概念——“犯罪团伙”，但对什么是犯罪团伙，认识上很不一致，有的认为犯罪团伙就是犯罪集团，有的认为犯罪团伙是介于一般共同犯罪与犯罪集团之间的共同犯罪形式，有的认为犯罪团伙是包括犯罪集团和一般共同犯罪的一个概念。我们认为，最后一种观点是比较符合规定、也较为符合司法实践的。由于我国刑法中只规定了犯罪集团与一般共同犯罪，并没有使用犯罪团伙的概念，而审判实践中对多人结伙犯罪的情况或者认定为犯罪集团或者按一般共同犯罪处理，因此犯罪团伙的概念并不科学，应予以彻底摈弃。

第三节 共同犯罪人的分类及其刑事责任

一、共同犯罪人的分类概述

共同犯罪人的分类，是指按照一定的标准将共同犯罪人区分为各种不同的类型。由于各个共同犯罪人在共同犯罪中的地位和作用不同，他们的社会危害程度也不同，因此，对共同犯罪人进行科学的分类无论是对刑法理论研究还是司法实践均具有重要意义。古今中外的刑法，对共同犯罪人的分类各不相同。概括起来，关于共同犯罪人分类的标准，各国的做法主要有两种：一种做法是以共同犯罪人在共同犯罪中的分工为标准，对其进行分类。在采用这种标准分类的国家中，有的实行二分法，如将共同犯罪人分为正犯与从犯两类；有的实行三分法，如将共同犯罪人分为正犯、教唆犯与从犯，或者将其分为实行犯、教唆犯与帮助犯；有的则实行四分法，如将共同犯罪人分为实行犯、组织犯、教唆犯与帮助犯。另一种做法是以共同犯罪人在共同犯罪中所起的作用为标准对其进行分类，如将共同犯罪人分为主犯和从犯两类，等等。

上述两种分类方式各有利弊。第一种分类法较为客观地反映了各共同犯罪人在共同犯罪中的实际分工和彼此间联系的方式，便于清晰地把握共同犯罪的性质，但据此无法揭示各共同犯罪人在共同犯罪中所起的作用，从而不利于准确确定各自的刑事责任。第二种分类法较为客观地反映了各共同犯罪人在共同犯罪中所起作用的大小，便于对共同犯罪人准确裁量刑罚，恰当解决其刑事责任问题，但其缺陷是不能全面反映各共同犯罪人在共同犯罪中的分工和相互间的联系方式，不利于对此罪与彼罪的区分。

由于作用分类法符合对共同犯罪人进行分类的根本意图，符合我国的历史传统和司法实践经验，符合我国一贯提倡的惩办与宽大相结合的基本刑事政策，故我国刑法于共同犯罪人的分类上，主要是采用作用分类法。刑法总则在共同犯罪一节中将共同犯罪人分为主犯、从犯和胁从犯，同时考虑到以分工为标准分类的教唆犯的复杂性，也将其作为特殊的一类共同犯罪人而规定在胁从犯之后。因此，我国刑法中的共同犯罪人包括主犯、从犯、胁从犯和教唆犯四种类型。

二、各种共同犯罪人的认定及其刑事责任

（一）主犯的认定及其刑事责任

1. 主犯的种类及其认定

《刑法》第 26 条第 1 款规定："组织、领导犯罪集团进行犯罪活动的或者在共同犯罪中起主要作用的，是主犯。"据此，主犯可以分为两种：一是组织、领导犯罪集团进行犯罪的犯罪分子；二是在共同犯罪中起主要作用的犯罪分子。

组织、领导犯罪集团进行犯罪活动的犯罪分子，即犯罪集团的首要分子。这种主犯具有以下两个构成特征：①以犯罪集团的存在为前提条件，即这种主犯只有在犯罪集团这一特殊的共同犯罪中才存在。故没有犯罪集团，也就没有这种主犯存在的空间。②客观上实施了组织、领导犯罪集团进行犯罪活动的行为。这些行为通常表现为：负责组建犯罪集团，网罗犯罪集团成员，制定犯罪活动计划，布置犯罪任务，指挥犯罪集团的成员进行具体的犯罪活动等。由于这种主犯起着组建、领导犯罪集团及指挥犯罪集团成员进行犯罪活动的作用，因而是犯罪集团的核心，具有特别严重的社会危害性，是我国刑法打击的重点中的重点。需注意的是，一个犯罪集团的这种主犯，可能只有一人，也可能不止一人。因此，在司法实践中，认定犯罪集团中哪些人属于这种主犯时，应以事实为根据，依照《刑法》第 26 条的规定来具体确定。

在共同犯罪中起主要作用的犯罪分子，是指犯罪集团首要分子以外的在共同犯罪中起主要作用的犯罪分子。在司法实践中，这种主犯主要包括三种情形：

①积极参加犯罪集团的骨干分子，即虽然在犯罪集团中不是组织者、领导者，但是积极参与犯罪集团的活动，是犯罪集团的得力成员，因而也属于主犯。②聚众共同犯罪中的首要分子以及其他在聚众性共同犯罪中起主要作用的犯罪分子。我国刑法中规定的聚众犯罪主要有三种：第一种是参与者均构成犯罪的情况，如《刑法》第 317 条第 2 款规定的聚众持械劫狱罪；第二种是聚众者和积极参加者构成犯罪，其他一般参加者不成立犯罪的情况，如《刑法》第 290 条规定的聚众扰乱社会秩序罪和聚众冲击国家机关罪；第三种是只有聚众者即首要分子才能构成犯罪，其他参与者不成立犯罪的情况，如《刑法》第 291 条规定的聚众扰乱公共场所秩序、交通秩序罪。上述第一种聚众犯罪的首要分子以及积极参加者无疑都在这种共同犯罪中起主要作用，因而都属于主犯。第二种聚众犯罪中的聚众者即首要分子也属于主犯。第三种聚众犯罪中的聚众者或首要分子是否为主犯，则应视案件情况而定。如果案件中的首要分子只有一人，则因为只有一个人的行为构成犯罪而不成立共同犯罪，也不发生认定主犯的问题。如果案件的首要分子为二人以上，则构成共同犯罪。这时应在首要分子之间对各自所起的作用进行比较，若数个首要分子均起主要作用，则皆为主犯；如果有的首要分子起主要作用，有的仅起次要作用，则只能将起主要作用的首要分子认定为主犯。③在一般共同犯罪中起主要作用的犯罪分子，在实践中主要表现为：在共同犯罪中积极实施实行行为，在共同犯罪中直接造成严重危害结果，在共同犯罪中积极献计献策并在完成犯罪中起到了关键作用等。

2. 主犯的刑事责任

由于主犯分为两种不同的类型，因此，我国刑法对主犯的刑事责任也是按照其具体类型分别加以规定的：

（1）犯罪集团首要分子的刑事责任。《刑法》第 26 条第 3 款规定：“对组织、领导犯罪集团的首要分子，按照集团所犯的全部罪行处罚。”所谓集团所犯的全部罪行，应理解为首要分子组织、指挥的全部犯罪。据此，犯罪集团的首要分子不仅应对自己实施的犯罪负刑事责任，而且要对犯罪集团其他成员按照集团的预谋实施的犯罪承担刑事责任，因为，在这些犯罪中，首要分子主观上与集团其他成员有共同的犯罪故意，即他们认识到集团成员所实施的犯罪，并希望或放任该危害结果的发生；客观上也与集团其他成员具有共同的犯罪行为，即他们组织、指挥其他成员实施犯罪。当然，对犯罪集团其他成员实施的超出集团的预谋的别的犯罪，不能要求首要分子负刑事责任，而应由实施该犯罪的集团成员自己承担责任。例如，抢劫犯罪集团成员甲在实施首要分子指挥的抢劫犯罪中，又乘机对被害人实施了强奸犯罪，甲实施的强奸犯罪只能由其自己承担刑事责任，而该集团的首要分子对此不负责任。

（2）犯罪集团首要分子之外的主犯的刑事责任。《刑法》第 26 条第 4 款规定："对于第三款规定以外的主犯，应当按照其所参与的或者组织、指挥的全部犯罪处罚。"据此，对犯罪集团的骨干分子以及在聚众犯罪和一般共同犯罪中起主要作用的主犯，应分为两种情况来追究刑事责任：一是组织、指挥共同犯罪的，如聚众犯罪的首要分子，应按照其组织、指挥的全部犯罪追究其责任；二是没有进行组织、指挥活动但参与实行犯罪的，对他们则应按照所参与的犯罪追究其刑事责任，因此，这种主犯对不是他所参与的或者不是他所组织、指挥的犯罪，理应无需承担刑事责任。另外，在一般共同犯罪中，共同犯罪人之间往往有主犯、从犯之分，也有可能全部是主犯。在都是主犯的情况下，不同主犯之间，社会危害性大小也一般有所不同，应当区别对待；但也有可能主犯之间社会危害性大小相当，可能承担同样大小的刑事责任。

需要注意的是，《刑法》第 26 条第 3 款、第 4 款规定是针对任意共同犯罪而言的。而对于必要共同犯罪中犯罪集团的首要分子和其他主犯，刑法分则均规定了相应的具体法定刑，例如，《刑法》第 294 条第 1 款规定对黑社会性质组织的首要分子和积极参加者处 3 年以上 10 年以下有期徒刑等。因此，对于这样的主犯，只要直接按刑法分则的有关规定追究其刑事责任即可，无需再援引《刑法》第 26 条第 3 款或第 4 款规定。

（二）从犯的认定及其刑事责任

1. 从犯的种类及认定

《刑法》第 27 条第 1 款规定："在共同犯罪中起次要或者辅助作用的，是从犯。"据此，从犯也分为两种类型：一类是在共同犯罪中起次要作用的犯罪分子，另一类是共同犯罪中起辅助作用的犯罪分子。

共同犯罪中起次要作用的犯罪分子，即对共同犯罪的形成与共同犯罪行为的实施、完成起次于主犯作用的犯罪分子，主要包括两种情况：一种是起次要实行作用的从犯，其表现为，虽然在犯罪集团的首要分子领导下从事犯罪活动，但罪恶不够重大或情节不够严重；或者在一般共同犯罪中虽然直接参加实行犯罪，但所起作用不大，行为没有直接造成严重危害结果等。另一种是次要的教唆犯，如二人以上共同教唆他人犯罪中起次要作用的教唆者。

在共同犯罪中起辅助作用的犯罪分子，即为共同犯罪的实行提供方便、创造条件的帮助犯。其行为一般表现为为实行犯提供犯罪工具，指示犯罪地点和犯罪对象，打探和传递有利于犯罪实施和完成的信息，或事前通谋事后窝藏实行犯或为其销赃、窝赃等。事实上，辅助作用当然也是次要作用，之所以刑法特别提出辅助作用，是因为按分工在共同犯罪中存在着帮助犯。帮助犯并不直接实施犯罪构成客观要件的行为，只是为实行犯罪提供方便条件。需注意的是，传授犯罪方法的行为，虽然也属于为实行犯罪提供方便条件的行为，但是由于《刑法》第295条将这种行为作为独立的犯罪即传授犯罪方法罪加以规定，所以对传授犯罪方法的，应直接以传授犯罪方法罪论处，不能再以共同犯罪中的从犯处罚。

由于主犯与从犯各自体现的社会危害性大小不同，从而承担的刑事责任程度也不相同，因此，在处理共同犯罪时，要注意正确区分主犯与从犯。一般来说，认定从犯时，要根据行为人在共同犯罪中所处的地位，对共同故意形成的作用、实际参与的程度、具体行为的形式以及危害结果所起的作用等多种因素进行综合、具体分析判断，看其是否在共同犯罪中起次要或辅助作用。

2. 从犯的刑事责任

《刑法》第27条第2款规定："对于从犯，应当从轻、减轻处罚或者免除处罚。"这是因为从犯在共同犯罪中所起的作用较主犯小，其人身危害性和行为的社会危害性没有主犯严重，故对于从犯，理应从轻、减轻或者免除处罚。需注意的是，"应当"体现的是对从犯的处罚是必须从宽处罚，司法机关没有自由裁量的余地。但是，对具体案件中的从犯到底是从轻处罚，还是减轻处罚，抑或是免除处罚，则司法机关根据具体案情可以自由裁量。也就说，司法机关应根据共同犯罪的性质、情节轻重、参与实施犯罪的程度以及从犯本人所起作用的程度来综合分析加以确定。另外，需指出的是，关于从犯的处罚原则，除了《刑法》第27条第2款这一规定，刑法分则的一些条文还明确规定了某些共同犯罪中从犯的法定刑。例如，《刑法》第294条第1款规定："对组织、领导和积极参加黑社会性质组织的处三年以上十年以下有期徒刑；其他参加的，处三年下有期徒刑、拘役、管制或者剥夺政治权利。"上述条文里的其他参加者，显然指的是该种共同犯罪中的从犯。因此，对于这些从犯，直接按分则条文规定的法定刑处罚即可。

（三）胁从犯的认定及其刑事责任

1. 胁从犯的概念及认定

根据《刑法》第28条的规定，胁从犯是被胁迫参加犯罪的人。所谓被胁迫参加犯罪，是指行为人受到他人威胁，从而并非完全出于自愿地参加共同犯罪。我国刑法对胁从犯的规定，体现了我国一贯坚持的“惩办与宽大相结合”的刑事政策。构成胁从犯应当具备以下条件：①行为人客观上参加了犯罪，既可以表现为参与实行犯罪的客观构成要件行为，也可以表现为实施帮助犯罪的行为。②行为人主观上认识到自己参与的是危害社会的行为，并且放任犯罪结果的发生。③行为人是在受到他人胁迫下所参加的犯罪。也就是说，被胁迫者虽不愿意参加犯罪，但由于受到威胁而处于恐吓之中，才作出参加犯罪的选择。可见，在这种情况下，被胁迫者还是具有自由意志的，其参加犯罪仍是出于自己选择的结果。需注意的是，在司法实践中，有的行为人虽然起先是被胁迫参加共同犯罪，但后来发生变化，积极主动实施犯罪行为，在共同犯罪中起主要作用或者次要作用，对此，则应分别按主犯或从犯论处。

在认定胁从犯时，应注意将其与下列两种情形区分：①因身体完全受到强制，彻底丧失了意志自由时实施某种行为的行为人。由于在这种情况下行为人主观上没有罪过，身体受到完全强制，故其实施的行为也不具有刑法上的意义。因此，对此种行为人不能以胁从犯论处。例如，铁路工作人员因被歹徒捆绑而不能即时扳道，以致火车在运行时倾覆、毁坏的，不成立破坏交通设施罪的胁从犯。②被胁迫行为符合紧急避险的行为人。例如，抢劫犯持枪顶住银行工作人员的脑袋，逼迫其拿出现金，对银行工作人员将现金交出的行为就应以紧急避险论处，而不成立抢劫罪的胁从犯。

2. 胁从犯的刑事责任

在胁从犯中，由于行为人主观上不愿意或不大愿意参加犯罪活动，客观上在共同犯罪中所起的作用也较小，故其社会危害性较小，因此《刑法》第 28 条规定：“对于被胁迫参加犯罪的，应当按照他的犯罪情节减轻处罚或者免除处罚。”至于在具体追究刑事责任时对胁从犯是减轻处罚还是免除处罚，要根据其具体的犯罪情节来决定，主要应考虑其参加实施犯罪的性质、被胁迫的程度以及在共同犯罪中所起的作用等情节。

（四）教唆犯的认定及其刑事责任

1. 教唆犯的概念及构成要件

根据《刑法》第 29 条的规定，教唆犯是故意唆使他人实施犯罪的人。据此，教唆犯的成立应具备如下构成要件：

第一，就主观方面而言，行为人必须具有教唆他人犯罪的故意。该犯罪故意也包括认识因素与意志因素两方面内容。其认识因素包括：①认识到他人尚无犯罪故意。如果认识到他人已经具有犯罪决心，从而为之提供犯罪计划、策谋的，构成从犯；对其传授犯罪方法的，构成传授犯罪方法罪。②认识到被教唆的人是已经达到一定刑事责任年龄、具有责任能力的人。如果是明知他人未达一定刑事责任年龄、没有责任能力而对其进行教唆，则不构成教唆犯，而是属于间接正犯。③预见到自己的教唆行为会引起被教唆人产生犯罪的故意并进而实施某一犯罪。其意志因素通常是直接故意，即希望危害结果的发生，但并不排除有些情况下也存在间接故意，即放任危害结果的发生。具体而言，《刑法》第 29 条第 2 款规定的教唆犯只能由直接故意构成，因为即使此时被教唆人没有犯被教唆的罪，教唆人也成立教唆犯。如果行为人是出于间接故意，那么，被教唆人没有犯被教唆的罪并没有违背教唆人的意愿，故不能认定其为教唆犯。但是，构成《刑法》第 29 条第 1 款规定的犯罪，通常是出于直接故意，也有可能出于间接故意。

第二，就客观方面而言，行为人必须实施了教唆他人犯罪的行为即教唆行为。所谓教唆，就是唆使没有犯罪意图的人产生犯罪意图。至于教唆行为的方式，则多种多样，既可以是口头教唆，也可以是书面教唆，还可以是以示意性动作如使眼色、打手势等进行教唆。教唆行为的具体方法也可以是多种多样的，如劝告、嘱咐、哀求、指示、引诱、怂恿、命令、威胁、强制等。但是这里的强制必须是有限度的，即没有使被教唆者失去选择的自由。如果强制达到一定的程度，使被教唆人完全失去意志自由时，则不成立教唆犯，而属于间接正犯了。

根据我国刑法关于教唆犯的规定，构成教唆犯只要实施了教唆行为即可，不以被教唆人实施了所教唆的犯罪为必要构成要件。因此，教唆行为客观上可能产生两种结果：一是教唆行为实际上引起了被教唆人的犯罪故意，被教唆人进而实施被教唆的犯罪行为（包括犯罪预备行为）。此时，实施了教唆行为的人与被教唆人成立共同犯罪，该教唆犯便属于共同犯罪中的教唆犯。二是行为人虽然实施了教唆行为，但被教唆人没有犯被教唆的罪。此时，教唆人与被教唆人之间则不发生共同犯罪问题，该教唆犯就属于独立教唆犯。

2. 教唆犯的刑事责任

关于教唆犯的刑事责任，《刑法》第 29 条分别规定了以下三个处罚原则：

第一，“教唆他人犯罪的，应当按照他在共同犯罪中所起的作用处罚。”这是就共犯教唆犯而言的，即被教唆人实施了被教唆的犯罪。所谓被教唆人实施了被教唆的犯罪，指被教唆人已经进行犯罪预备，或者已经着手实行犯罪，或者已经完成犯罪而既遂。因此，如果教唆犯在共同犯罪中起主要作用，就以主犯论处；如果教唆犯在共同犯罪中起次要作用，则以从犯论处；教唆犯在个别情况下，也可能是胁从犯，如因被胁迫而协助教唆他人犯罪的，这时则应对教唆犯以胁从犯论处。

第二，“教唆不满十八周岁的人犯罪的，应当从重处罚。”这是因为，选择不满18周岁的人作为教唆对象，不利于未成年人的健康成长，既说明行为人的主观恶性严重，又表明教唆行为的腐蚀性大，社会危害性严重，理应从重处罚。

第三，“如果被教唆的人没有犯被教唆的罪，对于教唆犯，可以从轻或者减轻处罚。”这种情况在刑法理论上被称为教唆未遂。“被教唆的人没有犯被教唆的罪”主要包括以下几种情形：①被教唆的人拒绝教唆犯的教唆；②被教唆的人虽然接受教唆，但事后并没有实施犯罪行为；③被教唆人虽然接受教唆，但事实上所犯之罪并非被教唆之罪，且二者不存在部分重合关系。这种情况的教唆行为所具有的社会危害性往往比被教唆人已犯被教唆之罪的场合所具有的社会危害性要小一些，因此刑法规定可以从轻或者减轻处罚。

另外，在对教唆犯定罪量刑时，还应注意以下问题：首先，教唆犯不是独立的罪名。因此，对教唆犯，一般应当依照他教唆的罪定罪，而不能笼统地定教唆罪，如对教唆他人强奸的，应定强奸罪，而不是教唆罪。其次，当刑法分则条文将教唆他人实施特定犯罪的行为规定为独立犯罪时，对教唆人应直接依照分则条文规定的罪名定罪，而无需援用刑法总则关于教唆犯的规定。例如，煽动分裂国家、破坏国家统一的行为，虽然按总则的规定也成立分裂国家罪的教唆犯，但由于《刑法》第103条第2款将这种行为规定为独立的煽动分裂国家罪，因此对煽动分裂国家、破坏国家统一的行为只需直接依照《刑法》第103条第2款的规定定罪判刑，而不需引用《刑法》第29条的规定认定为分裂国家罪的教唆犯。

[复习题]

(1) 共同犯罪的成立条件是什么？
(2) 犯罪集团具有哪些构成特征？
(3) 如何认定主犯及如何追究其刑事责任？
(4) 如何区分从犯和胁从犯？
(5) 教唆犯的构成特征是什么？对教唆犯应如何追究刑事责任？

[相关法规和司法解释]

最高人民法院、最高人民检察院、公安部《关于当前办理集团犯罪案件具体应用法律的若干问题的解答》

第十一章　罪数形态

【重点提示】

- 区分罪数的标准
- 继续犯，想象竞合犯，结果加重犯
- 连续犯，牵连犯，吸收犯

第一节　罪数概述

一、罪数的概念

所谓罪数，是指行为人实施的危害行为构成犯罪的个数，即刑法理论上所指的一罪与数罪。行为人实施的危害行为，构成单一犯罪的，是一罪；构成两个以上多数犯罪的，是数罪。一般情况下，行为人的危害行为到底是构成一罪还是成立数罪并不难区分。但是，由于犯罪现象千姿百态，法律规定错综复杂，罪数形态各种各样，数罪的处罚关系较为复杂，导致确定某种犯罪事实是一罪还是数罪、或者数罪事实是以一罪论处还是数罪并罚成为复杂的难题。因此，研究罪数即解决一罪与数罪的区分问题，具有重要的理论价值与实践意义。

首先，这有助于司法机关准确地定罪量刑。正确定罪、公正量刑是刑事审判活动的最基本要求。要做到准确定罪，先要查明行为人的行为是否构成犯罪，构成何种犯罪，同时还要确定是构成一罪还是构成数罪。如果本来是一罪而认定为数罪，或者相反，本来为数罪而认定成一罪，都可能导致定罪上的不准确。一般而言，对一罪只能一罚，对数罪则应当并罚。如果错误地将一罪认定为数罪或者将数罪当成了一罪，就会导致不合理地加重或减轻行为人刑事责任的情况，造成量刑畸重畸轻的后果。可见，如果不能正确区分一罪与数罪，就无法做到正确地定罪量刑。

其次，这与我国刑法上一些重要制度的正确适用紧密相关。在我国刑法中，有些一罪与数罪意义上的犯罪类型，如连续犯、继续犯、牵连犯等，与刑法的空间效力、时间效力、追诉时效、赦免等制度有直接的关系。因此，只有准确区分一罪与数罪并准确认定各种罪数意义上的犯罪类型，才能正确运用上述刑法制度。

最后，这与刑事诉讼法的正确适用有重大关系。在实践中，有时候行为人实施的一个犯罪或数个犯罪行为是隔时隔地实施的，那么，如何确定犯罪的时间与地点，则与刑事诉讼的管辖权确定有直接的关系。此外，一罪与数罪的区分还关系到公诉、审判的范围。例如，对于包含数个行为的裁判上或实质上一罪，如果公诉机关仅就其中一部分起诉，人民法院对于未起诉部分可以依据法律的规定或一定的理论原则确定审判范围。可见，如果不能准确地区分一罪与数罪，就很难正确适用法律所规定的某些刑事诉讼程序。

二、罪数的区分标准

罪数的区分标准，指判断犯罪事实是构成一罪还是成立数罪的根据。如何区分一罪与数罪，其判断的标准是什么？对此问题，中外刑法理论中均存在各种不同的学说。

（一）国外刑法理论上罪数区分标准的学说

第一，行为标准说。持该说的学者认为，犯罪的本质是行为，无行为则无犯罪，所以罪数的单复应当以行为的个数为标准。行为人实施了一个行为的，为一罪；实施了数个行为的，为数罪。根据对行为所持的观念的不同，该说又有自然行为说与法律行为说之分。前者主张，对这里的行为应从自然意义上来理解，即行为的单复应以自然意义上的身体动作的个数来判断。据此，人的一个动作或举动就是一个行为。后者认为，行为的单复应从法律意义上来认定，从而与自然意义上的行为区别开来，因为犯罪行为不同于自然意义上的行为。

自然行为说把一个自然事实的动作用来决定行为的单复，具有明显的不妥。例如，行为人以数个动作杀死一个人，从生理上的自然动作上看是数个行为，但显然对行为人的行为只能以一罪论处而不是以数罪论处。因为从法律上讲，数个举动可能只是一个法律意义上的行为，如将枪支装上子弹、举枪瞄准、开枪射击而致被害人死亡，这一系列的动作或举动，只是一个杀人行为，所以自然行为说显然不妥。但即便从法律行为说的角度讲，这种以行为为标准的观点也并不科学。因为犯罪的成立必须符合刑法规定的一切主客观犯罪构成要件，而该说只片面地强调行为，对结果、犯罪主观方面等因素却不予考虑。因此，依行为标准说，不可能科学、准确地区分一罪与数罪。

第二，法益（结果）标准说。持该说的学者认为，犯罪的本质是对犯罪客体的侵害。因此，应以侵害法益（或犯罪结果）的个数作为决定犯罪单、复的标准。也就是说，危害行为侵害一个法益或发生一个结果的，是一罪；侵害数个法益或者发生数个危害结果的，是数罪。例如，日本刑法学者陇川幸辰在其《犯罪论序说》中指出："犯罪是符合构成要件的行为。对每一个具有构成要件的法益的侵害，也就意味着发生了与侵害法益个数相应的可以处罚的侵害事实，因而应该理解为构成了数个犯罪。"至于法益个数的单复，则因其类型的不同而不同。国家法益与社会法益属公法益，系概括的法益，为单数。个人法益属私法益，分为人身专属法益与非专属法益两类，前者指生命、健康、人格等与人身不可分离的法益，其个数以法益持有人为标准计算；后者指动产、不动产等财产法益，其个数以财产监督者的个数为标准计算。该说片面强调受侵害法益的个数在区分罪数问题上的重要性，而忽略了其他构成要件对一罪与数罪区别的意义，因而也不可能科学地区分一罪与数罪。例如，行为人窃取一个人监督的数个所有物，只成立一个盗窃罪，如果窃取数人监督的一个所有物，则反而成立数个盗窃罪。可见，该说也不可取。

第三，犯意（意思）标准说。持该说的学者认为，犯罪是行为人主观上犯罪意思或犯罪意图的外部表现，而行为只是行为人犯罪意思或主观恶性的表征，所以应以犯罪意思作为区分罪数的标准。也就是说，行为人基于一个犯罪意思实施犯罪的，是一罪；基于数个犯罪意思实施犯罪的，为数罪。例如，行为人以一次杀二人的意思同时杀害二人的，成立一罪，但如果是杀害了一人以后又产生了犯意而杀害第二个人的，则成立数罪。犯意标准说虽然注意到犯罪主观方面在罪数区分问题上的意义，但同样存在一定的缺陷。如前所述，犯罪是符合刑法规定的犯罪构成的行为，而犯罪构成是犯罪主观方面和客观方面要件的统一，因此，仅仅以犯意作为判断罪数的标准，是不能正确地区分一罪与数罪的界限的。故该说也不科学。

第四，构成要件标准说。持该说的学者认为，犯罪首先是符合构成要件的行为，如果不具备构成要件符合性就谈不上成立犯罪，所以罪数应以刑法分则或其他刑法法规中规定的构成要件为区分的标准。也就是说，犯罪的单复取决于犯罪行为符合构成要件的次数，行为一次符合构成要件的，是一罪；数次符合构成要件的，为数罪。该说在日本刑法理论界为通说，如大塚仁、团藤重光等学者均持此立场。相对前述的行为标准说、法益标准说和犯意标准说，该说具有一定的合理性，因为在大陆法系刑法理论中，构成要件包含着行为、结果或法益以及故意等一系列要素，从而一定程度上可以避免上述行为标准说、法益标准说和犯意标准说的片面性。但该说仍然存在着缺陷。根据大陆法系的犯罪理论体系，犯罪构成必须具有构成要件符合性、违法性和有责性三个要件，即构成要件符合性只是犯罪成立的条件之一，行为成立犯罪，除了要具备构成要件符合性外，还必须具备违法性和责任，否则也不构成犯罪。所以，行为符合构成要件的次数并不一定就完全等于犯罪的个数，故以构成要件为标准也同样不能准确地将一罪与数罪加以区分。

（二）中国刑法学理论上罪数区分标准的观点

相对国外刑法学界而言，我国刑法理论界的观点基本一致。大多数学者认为，区分一罪与数罪的标准应当是行为所符合或具备犯罪构成的个数，也就是说，行为人的行为符合一个犯罪构成的是一罪，行为符合数个犯罪构成的为数罪。我国刑法学界的通说之所以主张以犯罪构成作为区分一罪与数罪的标准，主要理由如下：①这一标准有利于贯彻罪刑法定原则。如前所述，罪刑法定原则是我国刑法中的首要基本原则，其基本的要求是法律主义，即犯罪与刑罚都必须由刑法明文加以规定。罪刑法定原则在我国刑法中的直接体现之一便是，我国刑法总则和分则全面地规定了构成犯罪的要件，即每一种犯罪的犯罪构成。因此，在我国刑法中，体现罪刑法定原则的犯罪构成就是认定单个犯罪的唯一标准，也是解决罪数问题即区分一罪与数罪的标准。另外，坚持以犯罪构成作为判断一罪与数罪的标准，也有利于罪数认定的统一性和公正性。可见，坚持以犯罪构成作为区分一罪与数罪的标准，也是罪刑法定原则在罪数领域的具体体现。②这一标准有利于贯彻主客观相统一的原则。虽然我国刑法没有明确规定将主客观相统一作为基本原则，但我国刑法理论普遍认为，主客观相统一也是我国刑法原则之一。根据主客观相统一原则，只有行为人在具有罪过（故意或过失）的心理支配下所实施的危害社会的行为才属于犯罪行为。因此，我们在认定犯罪和追究刑事责任过程中都必须严格坚持主客观相统一的原则。可见，以犯罪构成作为区分一罪与数罪的标准，正是坚持主客观相统一原则的具体体现。因为我国刑法中的犯罪构成是主客观相统一的，任何一种犯罪的构成都是由一定的客观要件和主观要件有机结合而成的，因此，将犯罪构成作为区分罪数的标准切实地体现和贯彻了主客观相统一的原则，也使罪数的区分标准更加科学化。③这一标准有利于贯彻犯罪构成理论。犯罪构成理论可以说是我国刑法学的核心理论，它贯穿于刑法学中与认定犯罪有关的各个领域，如在故意犯罪过程中的停止形态、共同犯罪以及刑法分则理论的各章中，无不以犯罪构成理论为基石。同理，在罪数领域中也应以犯罪构成理论为中心。以犯罪构成作为判断罪数的标准，不仅是犯罪构成理论作为刑法学核心理论的要求，也是发展、完善罪数理论的需要。因为任何一种罪数类型，无论是一罪的类型还是数罪的类型，都具有其客观要件和主观要件，都是主客观要件的统一。所以，只有以主客观相统一的犯罪构成为标准，才能正确区分各种一罪与数罪，才能使犯罪构成理论在罪数领域得到充分的贯彻。

需注意的是，我国刑法学者主张的这一罪数区分标准与前述国外刑法学界的构成要件标准说是不同的，因为我国的犯罪构成理论是主客观相统一的犯罪构成，行为具备犯罪构成即成立相应的犯罪，而国外刑法学中的构成要件只是犯罪成立的条件之一。

三、罪数的类型

确定区分罪数的标准后，接下来需要解决的问题就是罪数的类型问题。简单地来说，罪数的类型可以分为一罪与数罪。但是，究竟何为一罪而何为数罪却是颇为棘手的问题。在司法实践中，有的犯罪行为表面上是数罪，实质上却是一罪；有的犯罪行为实质上是数罪，而法律上规定为一罪。对此问题，不仅各国的刑事立法规定不尽相同，国内外刑法理论上对此也见解不一，甚至在同一国家的立法中和理论上也不完全一致。例如，对于一罪的分类，日本刑法学者就有三种不同的分类：一是四分法，把一罪分成单纯一罪、特种一罪（吸收犯、结合犯、继续犯）、处断上的一罪（想象竞合犯、连续犯、牵连犯）、包括的一罪（常业犯、惯犯）；二是三分法，把一罪分为单纯一罪、包括一罪、处断一罪；三是二分法，即单纯一罪和处断一罪。

我国刑法学界的通说是将一罪分为三类：①实质的一罪，即一行为在刑法中规定为一罪或者处理时作为一罪的情况，具体包括继续犯、想象竞合犯与结果加重犯三种；②法定的一罪，即行为人实施了数个犯罪行为，但刑法中将其规定为一罪的情况，具体包括结合犯与惯犯两种；③处断的一罪，即行为人实施了数个犯罪行为，具备数个犯罪构成但处断为一罪处理的情况，具体包括连续犯、牵连犯和吸收犯三种。本书下面拟按这一分类具体论述各种一罪的形态，但在法定一罪中将根据现行刑法的规定，以集合犯的概念取代惯犯的概念。至于数罪的类型划分问题，因为主要涉及合并处罚的刑罚适用问题，故本章不予以论述。

第二节　实质的一罪

一、继续犯

（一）继续犯的概念与特征

继续犯，也称持续犯，是指一个已经实现犯罪既遂的行为，在既遂后的相当时间内持续侵犯同一或相同客体的犯罪。也就是说，作用于同一对象的一个犯罪行为从着手实行到行为终了前，犯罪行为与不法状态同时处于继续状态的犯罪。对于继续犯，虽然我国刑法没有专门规定，但刑法理论界普遍认为，现行《刑法》第 89 条中“……犯罪行为有……继续状态的”这一表述指的就是继续犯。

司法实践中，非法拘禁罪是典型的继续犯。继续犯具有以下特征：

第一，客观上必须只能有一个犯罪行为。继续犯之所以客观上必须是一个犯罪行为，主要是基于以下理由：一是行为人主观上自始至终支配实施犯罪行为的犯意只有一个；二是行为人客观上自始至终只有一个实行行为，并不因实行行为持续时间的长短而改变，而且即使行为地发生变化，仍然只是一个犯罪的实行行为。继续犯的犯罪完成往往表现为持续实行的一系列过程。例如，行为人第一天将被害人拘禁于甲地，第二天转移拘禁于乙地，第三天再转移拘禁于丙地。尽管拘禁地一再转移，但非法拘禁行为并未间断，仍然是一个非法拘禁行为，而不是数个非法拘禁行为。如果不是只有一个犯罪的实行行为，就不是继续犯。需注意的是，继续犯可以由作为构成，如非法拘禁罪中的非法拘禁，就是以作为的形式实施的；也可能由不作为构成，如遗弃罪的遗弃，即负有扶养义务而拒绝扶养，就表现为不作为的形式。

第二，犯罪行为必须是持续地侵害同一对象。继续犯持续作用的对象只能是同一对象。例如，行为人非法拘禁甲一月有余，在持续非法拘禁一个多月的时间里，非法拘禁的对象始终只是甲，这是继续犯。如果行为人前后侵害的对象不具有同一性，即使从外观上、形式上看，行为人的犯罪行为具有一定的持续性，但也不属于继续犯。例如，行为人第一天非法拘禁甲，第二天非法拘禁乙，第三天又非法拘禁丙，则因三天中非法拘禁的对象不同而构成数个非法拘禁罪，不能认定为一个继续犯。

第三，必须是犯罪行为与不法状态同时继续。这是构成继续犯的重要条件，也是继续犯与即成犯、状态犯相区别的重要特征。这一特征包括如下含义：首先是犯罪行为必须具有继续性，即犯罪行为从着手实行到行为终了在时间上有一个持续的过程。在这个过程中，实行行为一直处于不间断进行的状态中。其次是犯罪行为所引起的不法状态必须具有继续性。所谓不法状态，通常是指犯罪行为实行或终止后，客体持续遭受侵害的一种状态。这种不法状态不是很快即告消失，而是在时间上处于继续存在的状态中。最后是犯罪行为与不法状态同时处于持续的过程中，而不只是犯罪行为的继续或者不法状态的继续。如果只是犯罪行为所造成的不法状态处于持续之中，而犯罪行为一经实行即告完成，并不处于继续状态，就不是继续犯。例如，行为人实施盗窃之后占有赃物，是不法状态的继续，但盗窃罪不是继续犯；因为作为盗窃罪构成要件的盗窃行为已经结束，而不是处于继续状态。而非法拘禁罪在行为人将被害人非法拘禁期间，既是非法拘禁行为的继续，也是非法拘禁不法状态的继续，所以是继续犯。

第四，必须是继续了一定的时间。作为继续犯，必须具有时间上的持续性，这是继续犯的又一特征。也就是说，对于继续犯而言，其犯罪行为和不法状态的继续，必须有相应的时间作印证。否则，没有一定的时间过程，就谈不上是犯罪行为和不法状态的继续，从而也就构不成继续犯。例如，行为人将被害人非法拘禁几分钟，就构不成非法拘禁罪。至于构成继续犯的时间继续应以多长时间为准，法律并没有规定，应当根据犯罪的性质、情节、危害程度等各方面具体分析和认定，不可一概而论。

（二）继续犯的界定

第一，继续犯与状态犯不同。所谓状态犯，是指犯罪达到既遂后，其实行行为所造成的不法状态仍然处于持续之中的犯罪形态。例如，行为人完成盗窃行为，秘密取得财物之后，其非法占有他人财物的不法状态仍然处于持续之中。可见，就不法状态处于持续之中来看，状态犯与继续犯颇为相似。两者的主要区别是：①从不法状态的发生和存续时间来看，在继续犯中，不法状态是从犯罪实行行为开始，并一直持续到犯罪行为终止以前的整个犯罪过程中；而在状态犯中，不法状态则只是发生在犯罪实行行为终止之后，而不是存在于整个犯罪过程中。②从持续的形式上看，在继续犯中，不仅是犯罪行为的继续，还有不法状态的继续，并且是犯罪行为与不法状态同时继续；在状态犯中，则只是不法状态的继续，而不存在犯罪行为的继续。例如，前述的盗窃罪，盗窃犯占有赃物，只是不法状态的继续，而盗窃行为已经结束，因而盗窃罪属于状态犯，而不是继续犯。

第二，继续犯与即成犯不同。所谓即成犯，也称即时犯，是指犯罪行为实行终了，犯罪即告完成而没有不法状态的继续的犯罪形态，如强奸罪。即成犯与继续犯客观上有相同之处，即都只是一个犯罪行为。二者的主要区别有以下两点：①各自成罪的客观要件不一样。继续犯以犯罪行为和不法状态在一定时间内继续为成立要件，而即成犯在犯罪构成要件上没有时间的要求。例如，故意伤害罪的行为人可能一枪致人重伤，也可能将被害人持续殴打了个把小时造成重伤，后一种情况下行为人实施犯罪行为时间较为长一些，但这并非故意伤害罪的构成要件。②追诉时效的计算标准不同。继续犯的追诉时效是从犯罪行为终了之日起计算；而即成犯的追诉时效是自犯罪实行之日起算。

第三，继续犯与接续犯不同。所谓接续犯，是指行为人在时间、场所较为接近的条件下，以性质相同的数个举动接连不断地完成一个犯罪行为的形态。接续犯虽然表面上是数个行为，但实际上是数个性质相同的举动总和起来形成一个犯罪行为。接续犯的主要特征有两点：①在同一机会实施。即在相接近的时间或场所内侵害同一犯罪的直接客体。②接连不断地实施性质相同的数个举动。这要求必须是数个举动，且数个举动必须性质相同并接连不断地实施。例如，行为人意图杀死被害人，每次下少量毒药，经多次下毒后致被害人死亡，这种情形就是接续犯。继续犯和接续犯都是一个犯罪行为，这是二者的相似之处。二者的区别主要在于：①接续犯必须具有场所上的接近性；继续犯则没有这种空间要求，即使场所上相隔较远也可以构成。②接续犯必须具有时间上的接近性，继续犯则要求犯罪行为必须持续一定的时间。③接续犯是数个相同的举动组成一个犯罪行为，但没有犯罪行为和不法状态的同时继续；而继续犯则必须是犯罪行为和不法状态同时处于持续之中。

（三）继续犯的处罚原则

由于刑法分则对属于继续犯的犯罪设立专条加以规定，并配置有相应的法定刑，所以对继续犯应依刑法规定以一罪论处，不实行数罪并罚。但继续犯继续时间的长短在裁量刑罚时应作为量刑情节加以考虑。例如，一般而言，对非法拘禁他人达数月之久的继续犯在量刑时应重于非法拘禁他人一两个星期的继续犯。

二、想象竞合犯

（一）想象竞合犯的概念与特征

何谓想象竞合犯？对此问题，中外刑法理论上认识基本一致。所谓想象竞合犯，也称想象的数罪或观念的竞合，是指一个行为触犯数个罪名的犯罪形态。例如，开一枪，打死了甲，又打伤了乙，这就是想象的竞合犯。我国刑法没有明文规定想象竞合犯，但这一概念在刑法理论上一直是被承认的，并为司法实践所普遍接受。想象竞合犯具有如下特征：

第一，行为人客观上只实施了一个实行行为。这是构成想象竞合犯的前提条件，如果是实施了数个行为，则不可能构成想象竞合犯。所谓一个行为，指在社会生活的意义上被评价为一个的行为。这里所说的行为不单单是狭义的行为，也指包括结果在内的广义的行为。例如，上例所说的开一枪打死一人并打伤另一人，即一个发生了一死一伤两个结果的行为。想象竞合犯的一行为通常是作为，但也可能是不作为。

第二，一个行为触犯了数个罪名。所谓一个行为触犯数个罪名，就是一个行为同时在形式上或外观上符合刑法规范规定的数个犯罪构成。想象的竞合犯只能是一个行为触犯数个罪名，触犯一个罪名的，谈不上是想象的竞合，但如果是数个行为触犯数个罪名，也非想象竞合犯。值得研究的问题是，这里的数个罪名是否必须不同，这在刑法理论上还有争议。我们认为，想象竞合犯只能是一个行为触犯相互不同的数个罪名，触犯数个相同的罪名的，不成立想象竞合犯。因为只有数个不同的罪名，才是数个罪名。如果是数个相同的罪名，如数个故意杀人罪，罪名仍然只是一个，也就谈不上是想象的竞合犯。并且我们研究想象的竞合犯的目的是在行为人触犯的数个罪名中，解决应按哪一个罪名定罪量刑的问题。如果一行为触犯数个同种罪名时，在确定行为的罪名上不会发生疑问，因而将它作为想象竞合犯，对司法实践也没有实际意义。在我国的审判实践中，对于一个行为触犯同种的数个罪名，如行为人杀死被害人一家三人，只是作为一罪从重处罚，无需按照想象竞合犯来处理。

（二）想象竞合犯的类型

关于想象竞合犯的类型，主要可以根据数罪名的罪过形式分为故意的想象竞合犯、过失的想象竞合犯和混合形式的想象竞合犯。所谓故意的想象竞合犯，是指一个行为触犯数个故意犯罪的罪名的情形。例如，行为人故意开枪向人群射击，结果打死一人，打伤数人。所谓过失的想象竞合犯，是指一个行为触犯数个过失犯罪的罪名的情形。例如，甲在擦枪的时候，不慎走火，结果打死一人，重伤一人。所谓混合形式的想象竞合犯，是指一个行为同时触犯故意犯罪和过失犯罪两种形式的罪名的情形。例如，行为人意图杀害甲，担心伤害了站在甲旁边的乙，遂转移位置，选择不易伤害到乙的角度向甲射击，结果由于枪法不准，还是将乙打成重伤，而甲则幸免于难。这里行为人的行为对甲而言是出于故意，对乙则是基于过失。

（三）想象竞合犯的处罚原则

对想象竞合犯应该如何处理？有的国家采用从一重处断原则，如瑞士刑法第68条规定，“一行为或数行为触犯数自由刑之罪者，从一重处断并适当加重刑期。法官除得加重其刑至原定刑罚二分之一外，并应受该刑种法定最高限之限制”。可见，该国对于想象竞合犯的处罚原则是从一重处断的基础上还要适当加重刑期。而我国刑法理论界主张按“从一重处断”原则处理，即依照行为触犯的数个罪名中法定刑较重的犯罪定罪处刑，而不实行数罪并罚，如《刑法》第329条就体现了这一处罚原则。该条第1款规定了抢夺、窃取国有档案罪，第2款规定了擅自出卖、转让国有档案罪，紧接着第3款规定：“有前两款行为，同时又构成本法规定的其他犯罪的，依照处罚较重的规定定罪处罚。”因此，对于想象竞合犯原则上应按这一处罚原则处理。但是，如果刑法另有特别规定的，则应当依照特别规定处理。

（四）想象竞合犯与法规竞合的异同

所谓法规竞合，或称法条竞合，是指行为人实施一个犯罪行为同时触犯数个在犯罪构成上具有包容（完全的或部分的）关系的刑法规范，但只适用其中一个刑法规范的情况。这里的实施一个犯罪行为，指基于一个罪过实施一个危害社会的行为。数个刑法规范可能表现为不同法律中规定的数个刑法规范或者同一法律中不同条款规定的不同罪刑规范。不同刑法规范规定了不同的犯罪构成，同时触犯数个刑法规范，亦即行为同时形式上符合数个犯罪构成，因而触犯数个罪名。但是数个犯罪构成之间在法律上具有包容关系，即一个犯罪构成在法律上为另一个犯罪构成所包括，所以实质上只是符合一个犯罪构成，因而只适用其中一个刑法规范论处。例如，甲出于抢劫枪支、弹药的故意，实行了抢劫枪支、弹药的行为，同时触犯了《刑法》第127条第2款规定的抢劫枪支、弹药罪和第263条规定的抢劫罪，而由于抢劫枪支、弹药罪的构成从内容上讲为抢劫罪的构成所包容，所以甲实际上只构成抢劫枪支、弹药罪，应依《刑法》第127条第2款的规定论处。法规竞合时适用法律的原则有：①特别法优于普通法；②重法优于轻法。例如，前述的抢劫枪支、弹药罪和抢劫罪的两条规定，后者是普通法，相对于后者而言，前者是特别法。因此，依照特别法优于普通法的原则，对抢劫枪支、弹药的行为，应适用《刑法》第127条第2款的规定，按抢劫枪支、弹药罪论处。再如，根据《刑法》第149条第2款的规定，生产销售第141条至第148条所列的特殊伪劣产品，构成各该条所规定的犯罪，同时又构成第140条规定的生产、销售伪劣产品罪的，依照处罚较重的规定定罪处罚。这便是法规竞合情况下重法优于轻法的立法例。

想象竞合犯与法规竞合的相同之处有两点：其一，都是实施了一个犯罪行为；其二，都是触犯了数个罪名。两者的区别主要在于：①法规竞合中的一个犯罪行为，主观上只是出于一个罪过，客观上也只是产生一个结果；而想象竞合犯中的一个行为，往往是数个罪过和数个结果。例如，开一枪打死一人，并打伤另一人，只能是想象竞合犯，而不可能是法规竞合。②竞合的原因不同。法规竞合是由于法规的错综复杂规定，即法律条文内容上存在着包容或部分包容关系，以致一个犯罪行为触犯数个刑法规范；想象竞合犯则是由于犯罪的事实特征所导致，即出于数个罪过或产生数个结果，以致一行为触犯数罪名。③法律适用原则不同。在法规竞合的情况下，在竞合的数法规中，仅仅一法规可以适用于该行为，其法律适用问题，依照特别法优于普通法或重法优于轻法的原则来解决；想象竞合犯的场合，竞合的数法规均可以适用于该行为，其法律适用问题，依照“从一重处断”的原则来解决。

三、结果加重犯

（一）结果加重犯的概念与特征

结果加重犯，也称加重结果犯，是指实施了符合基本犯罪构成要件的一个犯罪行为，但发生了法律上规定的基本犯罪构成要件以外的重结果，因而刑法规定加重处罚的犯罪形态。例如，《刑法》第260条规定：犯虐待罪，处2年以下有期徒刑、拘役或者管制；致被害人重伤、死亡的，处2年以上7年以下有期徒刑。这里的虐待致人重伤或死亡，就是结果加重犯。从上述概念可以看出，结果加重犯具有如下构成特征：

第一，实施了基本犯罪行为。结果加重犯一般是由两个部分构成，即基本犯罪和加重结果。所谓基本犯罪，是指行为人实施的犯罪行为已经符合刑法分则规定的某种基本犯的构成要件。所谓加重结果，是指行为人的犯罪行为所造成的危害结果已经超出了基本犯罪的构成结果，但符合法律上关于加重处罚的结果的规定。因此，基本犯罪行为是结果加重犯存在的前提，没有基本犯罪行为就不会有结果加重犯。

需要研究的是，这里的基本犯罪是否仅限于结果犯（即以危害结果为犯罪构成要件的犯罪）以及是否必须是故意犯罪。对这两个问题，刑法学者均有不同的见解。就第一个问题而言，本书认为，这里的基本犯罪不以结果犯为限，即所实施的不是以危害结果作为犯罪构成要件的犯罪行为，也可以成立结果加重犯。例如，《刑法》第238条第1款规定的非法拘禁罪的基本犯罪不是结果犯，但非法拘禁致人重伤、死亡的，同样成立本罪的结果加重犯。就第二个问题而言，本书认为，对结果加重犯的基本犯罪也不能限定为故意犯罪，因为从我国刑法规定来看，也存在对基本犯罪是过失的结果加重犯。例如，《刑法》第136条规定的危险物品肇事罪以及第137条规定的工程重大安全事故罪等，都是过失犯罪，实施这些基本犯罪为过失犯罪的行为造成特别严重后果的，也成立结果加重犯。

第二，基本犯罪行为产生了基本犯罪构成以外的重结果。构成结果加重犯，以发生法定的加重结果为不可缺少的条件，并且重结果必须由基本犯罪的犯罪行为所引起，即重结果与基本犯罪行为之间必须具有因果关系；否则，不构成结果加重犯。例如，甲殴打乙致伤，乙住院治疗时，因病房失火被烧死，这种场合，甲只构成故意伤害罪，而不成立故意伤害致人死亡这一结果加重犯。值得研究的一个问题是，行为人对这种重结果的罪过形式是仅限于过失还是既可以是过失也可以是故意呢？对此问题，刑法理论上也有不同看法。我们认为，根据我国刑法的规定，重结果的罪过形式既可以是过失也可以是故意。例如，在某些结果加重犯中，行为人对重结果的发生只能是出于过失，如故意伤害致人死亡这种结果加重犯，行为人对他人死亡的结果就只能是过失，否则应成立故意杀人罪，而不是故意伤害罪的这种结果加重犯；而在其他一些结果加重犯中，行为人对重结果则既可以是过失，也可以是故意，例如在抢劫致人重伤、死亡这种结果加重犯中，行为人对他人重伤、死亡结果的发生就既可以是出于过失，也可以是出于故意。

第三，刑法就严重结果规定了加重法定刑。这里的加重法定刑，是相对于基本犯罪的法定刑而言的，即结果加重犯的法定刑高于基本犯罪的法定刑。如果虽然行为人实施了基本犯罪行为并由此产生了超出成立基本犯罪要求的严重结果，但刑法并没有对其单独规定较重法定刑的，那就不是结果加重犯。这也是罪刑法定原则的基本要求。例如，《刑法》第 247 条规定，刑讯逼供致人伤残、死亡的，依照刑法关于故意伤害罪、故意杀人罪的规定定罪从重处罚。这种情况就不属于刑讯逼供罪的结果加重犯。

（二）结果加重犯的罪名与刑事责任

由于结果加重犯仅有一个犯罪行为，因而从犯罪构成角度分析，依然属于一罪。在其他一些国家，结果加重犯一般成立不同于基本犯罪罪名的独立罪名，如对抢劫致人死亡的，认定为抢劫致死罪；对强奸致人死亡的，则认定为强奸致死罪。但根据我国的刑事立法与司法实践，结果加重犯的罪名与基本犯罪的罪名并无区别。例如，在上述两种情况下，我国仍分别将其确定为抢劫罪与强奸罪。

在刑事责任方面，由于刑法对结果加重犯规定了比基本犯罪较重的法定刑，所以对结果加重犯只能依照刑法的规定，在较重的法定刑幅度内量刑。

第三节　法定的一罪

一、结合犯

（一）结合犯的概念与特征

结合犯，是指两个以上各自独立而罪名不同的犯罪行为，根据刑法的明文规定结合而成为另一个独立的新罪的犯罪类型。例如，根据日本刑法第 241 条规定，犯强盗罪而又强奸妇女的，构成强盗强奸罪，这就是典型的结合犯。从上述概念可以看出，结合犯分为两个部分，即原罪和新罪。其中原罪是结合前的犯罪行为，新罪是刑法合成后的犯罪。可见，结合犯具有如下特征：

第一，结合犯所结合的原罪必须是刑法规定的数个各自独立成罪的不同犯罪行为。这是结合犯成立的基本前提。这里所说的独立的犯罪，指不依附其他犯罪而符合刑法上独立的犯罪构成的行为；并且数个独立的犯罪，是数个罪名不同的犯罪。例如，上例所举的强盗强奸罪是由强盗罪和强奸罪相结合而成，强盗罪和强奸罪就是刑法规定的各自独立的罪名不同的犯罪。

第二，结合犯是将数个独立的犯罪结合成为另一个独立的新罪。刑法之所以通过结合犯的形式将数个犯罪结合在一起，往往是由于数个犯罪行为之间具有一定的牵连关系，或者是因为两种犯罪往往同时发生。结合数罪成为一个新罪有两种方式。如果用公式表述，一是“甲罪＋乙罪＝甲乙罪”，例如，前面所例举的强盗罪＋强奸罪＝强盗强奸罪，这种方式在结合犯中比较常见；二是“甲罪＋乙罪＝丙罪”，这种方式在结合犯中比较少见。

第三，数个独立的犯罪结合成一个独立的新罪，是基于刑法的明文规定。虽有数罪的结合，如果刑法没有明文规定结合为新罪，而是作为基本犯罪的加重情节或加重结果，那就不是结合犯，而是情节加重犯或结果加重犯。例如，我国《刑法》第 263 条规定的犯抢劫罪而致人重伤、死亡的情况就不是结合犯，而是抢劫罪的结果加重犯。

（二）结合犯的处罚原则

我国刑法理论上一般认为，我国刑法中没有结合犯的规定。因此，这里只就国外对结合犯的处罚原则略作介绍。在日本，由于结合犯是刑法规定将原来的数罪结合成一个新罪，并规定相应的法定刑，故对其应当依照刑法规定的新罪一罪论处，而无需按原来的数罪规定实行数罪并罚。

二、集合犯

（一）集合犯的概念与特征

所谓集合犯，是指行为人以反复多次实施同种犯罪为目的，实施了数个性质相同的犯罪行为，刑法却规定作为一罪论处的犯罪形态。对集合犯，日本刑法理论界研究比较深入。如日本学者前田雅英指出：“集合犯是构成要件本身预想有数个同种类的行为。例如，常习犯的场合，常习赌博者即使实施数次赌博行为，只能构成常习赌博一罪。又如营业犯的场合，即使反复实施未经准许的医业行为，仍不过成立未经准许医业罪一罪。”① 我国刑法理论以往对集合犯缺乏研究，

① ［日］前田雅英：《刑法总论讲义》（第 2 版），东京大学出版社，1996 年，第 537 页。

而将有关问题纳入惯犯概念中讨论。考虑到 1997 年修订的《刑法》取消了惯犯的概念且新增加了一些营业犯的规定，因此这里借鉴国外刑法理论，对集合犯的问题加以论述。一般而言，集合犯具有如下构成特征：

第一，行为人主观上必须以实施不定次数的同种犯罪行为为目的。这是集合犯主观方面的构成特征。之所以将集合犯的主观目的归纳为实施不定次数的同种犯罪行为，是因为实际中的集合犯均不是意图实施一次犯罪即行结束，而是预期实施不定次数的同种犯罪行为。例如，《刑法》第 336 条规定的非法行医罪，行为人就是意图实施不定次数的非法行医行为。据此，对主观上明确以实施一次行为为目的的，不能认定为集合犯。

第二，行为人客观上通常实施了数个性质相同的犯罪行为。集合犯不仅在主观上具有实施不定次数的同种犯罪行为的意图，而且在客观上通常也实施了数个性质相同的犯罪行为，如多次实施非法行医行为、以赌博为业行为等。这里之所以使用"通常"这一修饰词，是因为虽然在大多数情况下集合犯都是实施了多个性质相同的犯罪行为，但也有例外。例如，非法行医的行为人即便只是一次非法行医，只要是有造成就诊人身体健康遭受严重损害等严重情节的，也成立非法行医罪。

第三，集合犯必须是刑法所规定的。集合犯是法定的一罪，故只有在刑法将可能被反复实施的数个性质相同的犯罪行为规定为一罪的场合，才会有集合犯存在。而正因为刑法将可能被反复实施的数个性质相同的行为规定为一罪，所以才导致行为人虽然实施了数个同种犯罪行为但在法律上仍然受一罪评价的结论。例如，前述非法行医罪，由于《刑法》第 336 条规定的构成要件包括了可能被反复实施的数个非法行医行为，所以无论行为人实施了多少次非法行医行为，都只成立一罪。需要说明的是，集合犯与前面提到的继续犯以及后面将要论述的连续犯有相似之处。从犯罪于时间上可能存在一定的过程讲，集合犯与继续犯较为近似，区别在于：集合犯在多数情况下是由数个性质相同的犯罪行为组成，且行为之间存在时间上的间隔，所以通常而言为数行为因法律的规定而成立一罪；继续犯则是单一行为处于不间断的持续之中，故因其属一行为而成立实质的一罪。就数个性质相同的行为成立一罪来讲，集合犯又与连续犯颇为近似，但集合犯是数个性质相同的行为因刑法的规定而构成一罪，即法定的一罪；连续犯则表现为连续实施的数个性质相同的行为均独立构成犯罪，即实为数罪而只是作为一罪来处理，所以属于处断上的一罪。

（二）集合犯的种类

根据我国刑法的规定并参考日本刑法理论的研究结论，我们认为，现行刑法中的集合犯可分为两种情况：一种是常业犯，另一种是营业犯。

所谓常业犯，也称常习犯或惯行犯，是指以一定的犯罪行为为常业的犯罪。详言之，常业犯是指行为人意图实施多次性质相同的犯罪行为，而法律也规定以反复实施同种犯罪行为为构成要件的犯罪。就这种集合犯而言，实施一次行为的，还不能成立犯罪，只有反复实施性质相同的行为，才能构成该罪。例如，我国《刑法》第 303 条规定的因“以赌博为业”而构成的赌博罪就是这样的情况。如果行为人只是偶尔参与赌博，不是以赌博为业的，则不成立赌博罪。

所谓营业犯，又称营利犯，是指具有营利目的，意图以反复实施一定的行为为业的犯罪。它与常业犯的区别在于：就常业犯而言，实施一次不能成立犯罪，必须是反复实施性质相同的行为，才构成犯罪；而对于营业犯来说，只要是意图以反复实施某种犯罪行为为业，即便实际上只实施了一次犯罪行为，同样可以构成本罪。例如，《刑法》第 363 条第 1 款规定的制作、复制、出版、贩卖、传播淫秽物品牟利罪，只要行为人以牟利为目的，即便仅实施了一次制作、复制、出版、贩卖或者传播淫秽物品的行为，也可能构成该种犯罪。

（三）集合犯的处罚原则

由于集合犯属于法定的一罪，刑法分则中明文规定对其以一罪论处，因而对成为集合犯的，无论行为人实施了多少次性质相同的犯罪行为，均应认定为一罪，并在法律明文规定的相应量刑幅度内予以处罚，不能数罪并罚。

第四节　处断的一罪

一、连续犯

（一）连续犯的概念与特征

连续犯，是指基于同一或者概括的犯罪故意，连续实施性质相同的独立成立犯罪的数个行为，触犯同一罪名的情况。例如，甲见乙家庭富裕，便起意盗窃。于是，甲连续三个晚上分别从乙家盗取了价值不一的各种高档物品。这里的甲就是基于同一犯意，连续实施盗窃行为，从而触犯同一罪名的情形。虽然我国现行刑法中尚无连续犯的专门规定，但是第 89 条中关于“犯罪行为有连续状态”的这一表述，即是指连续犯。连续犯具有如下构成特征：

第一，行为人客观上必须实施性质相同的独立成罪的数个行为。这是连续犯成立的前提条件。只实施一个行为的，不可能成立连续犯。例如，行为人以数个举动完成犯罪，而数个举动仅构成一个犯罪行为，就不是连续犯，而是前面所提到的接续犯。同时数个行为必须是独立成罪的，即各个行为都独立具备犯罪构成的要件，连续犯才可能成立。另外，数个行为还必须是性质相同的，如实施数个行为，都是杀人行为，构成杀人罪的连续犯。如果实施的数个行为性质不同，如一次实施盗窃行为，一次实施强奸行为，则不发生连续犯问题。

第二，行为人主观上必须是基于同一的或概括的犯罪故意实施数个犯罪行为。同一的犯罪故意，指行为人预计实施数次同种犯罪的故意，每次实施的具体犯罪都明确地包含在行为人的故意内容之中。概括的犯罪故意，指尽管每次实施的具体犯罪并非都明确地包含在行为人的故意内容之中，但它概括地具有实施数次同一犯罪的故意。例如，甲与乙有仇，蓄意报复乙，准备对乙及其家人造成伤害，除了明确伤害乙之外，对其家属中其他人进行伤害只有概括的意思而并无明确的目标。随后，甲伤害了乙的儿子，后来又伤害了乙，不久又伤害了乙的母亲。这即是基于概括的故意构成的故意伤害罪的连续犯。

第三，性质相同、独立成罪的数个行为在时空上必须具有连续性。这是成立连续犯的重要条件。独立成罪的数个行为之间，如果不具有连续性，则只能成立各自独立的数罪，而不构成连续犯。数个犯罪行为具有连续性表现为，数个行为的性质相同、手段类似和时间上前后具有连贯性。例如，前后两次都是实施的抢劫行为，但一次是以暴力相威胁，一次是实施暴力，这就是数个行为的性质上相同和手段类似。如果一次实施盗窃，一次实施抢劫，行为性质不同，就谈不上数个行为的连续性。时间上的连贯性，是指数个犯罪行为在时间上没有发生前后被隔断的情况。例如，某甲在国道上抢劫旅客，一月接连作案四次，最后一次被抓获。这里数次抢劫行为就具有时间上的连贯性。如果前罪已被判决，服刑期间脱逃后再犯性质相同之罪，这时数个犯罪行为之间，在时间上就因刑事判决所隔断而不具有连贯性，从而不能按连续犯处理。

第四，数个行为必须触犯同一罪名。需要指出的是，这里的同一罪名是指具体罪名，即刑法分则所规定的具体犯罪的罪名而非类罪名。此外，只要能为同一具体罪名所涵盖，即便数行为各自呈现为不同的形态或具有不同的犯罪情节，甚至属于由其他罪转化为本罪的，都应被视为触犯同一罪名。例如，数个抢劫行为中第一次为既遂，第二次为未遂，第三次为教唆抢劫，第四次为实行抢劫并致人重伤、死亡，第五次为《刑法》第 269 条规定的按抢劫罪定罪处刑的情形。这五次行为虽然相互间存在诸多差别，但都符合抢劫罪这一罪名，所以就触犯同一罪名这一意义上讲，可以成为连续犯。

（二）连续犯的处罚原则

一般而言，对连续犯应按照一罪处断，不实行数罪并罚。具体来讲，对连续犯的处理，应当按照不同情况，在认定为一罪的基础上，依据刑法的有关规定分别从重处罚或者加重处罚。

（1）刑法规定只有一个量刑档次，或者虽有两个量刑档次但无加重犯的量刑档次的，应按照一个罪名从重处罚。例如，《刑法》第 262 条规定的拐骗儿童罪就只有一个量刑档次，对拐骗儿童罪的连续犯，只能在这个量刑档次内从重处罚。又如，《刑法》第 232 条规定的故意杀人罪，虽有两个量刑档次，但无加重犯的量刑档次，对故意杀人罪的连续犯，只能在该罪的基本犯的量刑档次内从重处罚。

（2）刑法对多次实施某种犯罪明文规定了重于基本犯的量刑档次的，应对符合这种情况的连续犯，依照该加重犯的量刑档次处罚。例如，《刑法》第 263 条对“多次抢劫”明文规定了重于抢劫基本犯罪的量刑档次，因而对连续三次以上抢劫的，应依照抢劫罪加重情节的量刑档次处罚。

（3）刑法对多次实施某种犯罪虽然没有明文规定相应量刑档次，但对“情节严重”或“情节特别严重”的情形分别规定了不同的量刑档次，在这种情况下，对连续犯应依照相对应的量刑档次处罚。例如，《刑法》第 267 条对抢夺罪按基本犯、情节严重和情节特别严重分为三个量刑档次加以规定，因而对抢夺罪的连续犯，应根据连续实施抢夺犯罪次数的多少，依据刑法的规定，按相应的量刑档次裁量决定刑罚。

需要指出的是，以上关于连续犯的处罚原则是就审判结束之前所认定的事实而言的，如果行为人连续犯罪的事实中一次或者数次犯罪行为在其服刑期间才被发现，则应作为漏罪单独定罪量刑，然后按照刑法关于数罪并罚的规定合并执行刑罚。

二、牵连犯

（一）牵连犯的概念与特征

牵连犯，是指行为人以实施某种犯罪为目的，而其犯罪的方法行为或结果行为又触犯其他罪名的犯罪类型。可见，牵连犯主要包括两种情况：一是方法行为和目的行为的牵连。例如，以伪造国家机关公文的方法（方法行为）骗取公私财物（目的行为），分别触犯了伪造国家机关公文罪和诈骗罪。二是原因行为和结果行为的牵连。例如，为盗窃枪支防身，而秘密窃取枪支、弹药（原因行为），得逞后又伪造持枪证（结果行为）的，分别触犯了盗窃枪支、弹药罪与伪造国家机关证件罪。牵连犯主要具有以下构成特征：

第一，行为人主观上是以实施一个犯罪为目的。目的行为是牵连犯的本罪，牵连犯是为了实施本罪，其方法行为或结果行为又构成了另一独立的犯罪，即他罪。他罪是为了本罪目的的实现而实施的。如果行为人不是以实施一个犯罪为目的，而是出于实施数个犯罪的目的，并在这样的目的支配下实施了数个犯罪，则不成立牵连犯。

第二，行为人客观上实施了数个（两个以上的）犯罪行为。这是牵连犯与只有一个行为的想象竞合犯的重要区别。如前面举例所示，牵连犯的数个行为之间的关系表现为两种方式：一是目的行为与方法行为（或称手段行为）的关系；二是原因行为与结果行为的关系。这里的目的行为与原因行为都是指本罪，只不过在与方法行为相对应时称目的行为；在与结果行为相对应时，称原因行为。需要指出的是，这里的方法行为或结果行为都是指目的行为或者原因行为之外的行为（如前面例子中的伪造国家机关公文行为与伪造国家机关证件行为就分别是诈骗行为和盗窃枪支、弹药行为之外的行为），而不是目的行为或原因行为本身的方法或者结果，否则就不是数个行为而仅仅只有一个行为了。如果只有一个行为，那是无论如何也不可能成立牵连犯的。

第三，牵连犯中的数个行为之间具有牵连关系。我国刑法理论上一般认为，判断行为人实施的数行为之间是否存在着牵连关系，应当从主客观两方面考察，即行为人在主观上具有牵连的意思，数行为间在客观上又具有通常的目的与方法或原因与结果关系的，才能认为是有牵连关系。如果行为人主观上不具有牵连的意思，或者数行为间在一般人看来不具有目的与方法或原因与结果关系的，则不能认为是牵连犯。

第四，牵连犯的数个行为分别触犯了不同的罪名。如果数行为触犯的是同一罪名，则不成立牵连犯。例如，甲、乙两人为使盗窃某仓库财物的行为得逞，先盗窃他人一辆客货两用车，然后再盗窃仓库的财物并用该车运走。这两个行为就因同属于盗窃性质即触犯了相同罪名而不成立牵连犯。

（二）牵连犯的处罚原则

对牵连犯如何处理，我国刑法总则没有规定。刑法理论上一般主张，对牵连犯的处理不实行数罪并罚，而应“从一重处断”，即按照数罪中最重的一个罪所规定的刑罚处理，在该最重的罪所规定的法定刑范围内酌情确定执行的刑罚。本书认为，这只是牵连犯处罚的原则性规定，如果刑法对牵连犯的处罚作了特别规定，则应直接适用刑法的相关规定。具体而言，我国刑法分则对某些犯罪的牵连犯的处理规定了以下几种方式：

（1）实行从一重从重处罚。我国刑法分则某些条文还规定对牵连犯实行从一重从重处罚，即选择处罚较重的罪名从重处罚。例如，《刑法》第 253 条规定，邮政工作人员私自开拆、隐匿、毁弃邮件、电报而窃取财物的，依照《刑法》第264条关于盗窃罪的规定定罪从重处罚。

（2）实行数罪并罚。我国刑法分则某些条文还规定对牵连犯实行数罪并罚。例如，《刑法》第198条规定，以故意造成财产损失的保险事故骗取保险金，或者故意造成被保险人死亡、伤残或者疾病骗取保险金，同时构成其他犯罪的，依照数罪并罚的规定处罚。类似的条文还有《刑法》第157条，该条规定："以暴力、威胁方法抗拒缉私的，以走私罪和本法第二百七十七条规定的阻碍国家机关工作人员依法执行职务罪，依照数罪并罚的规定处罚。"

（3）实行独立的法定刑。我国刑法分则某些条文还对牵连犯规定了独立的法定刑，即对此种牵连犯直接适用相应法定刑即可。例如，《刑法》第321条规定，在运送他人偷越国（边）境中，以暴力、威胁方法抗拒检查的，处7年以上有期徒刑，并处罚金。

三、吸收犯

（一）吸收犯的概念与特征

吸收犯，是指数个犯罪行为中的一个犯罪行为因被其他的犯罪行为所吸收而失去独立意义，从而仅成立吸收的犯罪行为一个罪名的犯罪形态。例如，非法制造枪支、弹药，事后藏于家中，前一行为构成非法制造枪支、弹药罪，后一行为构成私藏枪支、弹药罪。前一犯罪行为吸收后一犯罪行为，仅仅成立非法制造枪支、弹药罪，私藏枪支、弹药罪被吸收不再独立被认定为犯罪，这即是吸收犯的情况。吸收犯主要具有如下构成特征：

第一，行为人客观上必须实施了数个犯罪行为。这是吸收犯成立的前提和基础。因为吸收犯的特点是一个行为吸收其他行为，如果没有数个行为，就谈不到吸收与被吸收的问题，从而也就无所谓吸收犯了。同时吸收犯的数个行为还必须都是犯罪行为，即每个行为都符合刑法规定的犯罪构成，如果数个行为中只有一个是犯罪行为，其余的是违法行为，也不可能构成吸收犯。综上，吸收犯是数个犯罪行为，这是吸收犯与想象竞合犯的重要区别之所在。如前所述，想象竞合犯是一行为触犯数罪名，而吸收犯则是数行为触犯数罪名。

第二，行为人实施的数个犯罪行为之间必须具有吸收关系。这是吸收犯成立的关键。如果数个犯罪行为之间不存在一个犯罪行为吸收其他犯罪行为的关系，也就不可能成立吸收犯。那么，什么是吸收关系呢？所谓吸收，即一个行为包容其他行为，只成立一个行为构成的犯罪，其他行为构成的犯罪失去存在的意义，不再予以定罪。一个犯罪行为之所以能够吸收其他犯罪行为，是因为这些犯罪行为通常属于实施某种犯罪的同一过程，彼此之间存在着密切的联系。例如，前一犯罪行为可能是后一犯罪行为发展的所经阶段，或后一犯罪行为可能是前一犯罪行为发展的自然结果，或者在实施犯罪过程中数个行为之间具有其他密切关系。具体而言，吸收关系主要有如下三种类型：①重行为吸收轻行为。这里所说的行为的轻重，主要是根据行为的性质来区分的，重行为在行为的性质上较轻行为严重，前后的行为有轻重之别时，轻行为应为重行为所吸收。例如，前述的非法制造枪支、弹药，事后藏于家中的情况，这里的私藏是非法制造的自然结果，非法制造行为在性质上重于私藏行为，所以非法制造枪支、弹药行为吸收私藏枪支、弹药行为，行为人只成立非法制造枪支、弹药罪。②实行行为吸收预备行为。预备行为是实行行为的先行阶段，尽管并非每种具体犯罪都有预备行为，但是许多犯罪往往是经过预备然后转入实行行为的。在这种情况下，预备行为为实行行为所吸收，仅依实行行为所构成的犯罪定罪。例如，为了使用伪造的信用卡诈骗财物，自己先伪造信用卡，之后使用伪造的信用卡诈骗大量财物。伪造信用卡是信用卡诈骗罪的预备行为，触犯了伪造金融票证罪，其后的使用伪造的信用卡诈骗财物的行为是实行行为，触犯了信用卡诈骗罪，根据实行行为吸收预备行为的原理，对这种情况仅依信用卡诈骗罪定罪处刑，而不再追究行为人伪造金融票证罪的刑事责任。③主行为吸收从行为。主行为和从行为，是根据共同犯罪人在共同犯罪中的分工或作用来区分的。在我国对共同犯罪人分类规定的情况下，主犯或教唆犯的行为属主行为，从犯的行为是从行为。据此，先教唆他人犯罪，后又帮助他人犯罪，帮助行为为教唆行为所吸收，应以教唆犯罪论处。

（二）吸收犯的处罚原则

我国刑法理论界一致认为，对吸收犯，应依照吸收行为所构成的犯罪处罚，不实行数罪并罚。我国司法实践中在追究吸收犯的刑事责任时也是按照这一原则来操作的。

［复习题］

（1）区分罪数的标准是什么？

（2）想象竞合犯与法规竞合有什么区别？

（3）结果加重犯的构成特征是什么？

（4）牵连犯的构成特征是什么？

（5）如何认定吸收犯的吸收关系？

第十二章　刑事责任

【重点提示】

- 刑事责任的概念与特征
- 刑事责任的根据

第一节　刑事责任概述

一、刑事责任的概念与特征

刑事责任是我国刑法明文规定的一个法律术语，刑法总则第二章第一节就是以“犯罪和刑事责任”为标题的。据查证，刑法452个条文中有13个条文共21处使用了“刑事责任”一词，在附属刑法规范中这一术语更是屡见不鲜。刑事责任和犯罪、刑罚一样，是刑法的基本范畴，是刑法理论和实践中的一个十分重大的问题。所谓刑事责任，是指刑法规定的、行为人因实施犯罪而承担的法律谴责和刑罚惩罚的后果。刑事责任是刑事法律责任的简称，与民事责任、行政责任等并列，属法律责任的一种。刑事责任既有一般法律责任的共同特征，又具有其个性特征。

第一，刑事责任的法定性。刑事责任只能由刑事法律加以规定。追究行为人的刑事责任，只能以刑事法律的明文规定为依据。没有法律的明文规定，不得追究任何人的刑事责任。

第二，刑事责任的专属性。刑事责任专属于犯罪行为人，只能由犯罪者本人承担，不得转移给其他任何人，罪责自负、反对株连是我国刑事法的重要原则之一。刑事责任以犯罪为前提，没有犯罪也就没有刑事责任。刑事责任只涉及犯罪人对国家负有的责任，不包括犯罪人对被害人的责任。刑事责任的专属性同时意味着任何人不得代替他人承担刑事责任，代替他人顶罪是一种违法甚至是犯罪行为，刑事责任的这一特征表明其与民事责任的非专属性是有本质区别的。

第三，刑事责任的严厉性。与民事责任、行政责任相比，刑事责任具有严厉性的特征，它是后果最严重的一种法律责任。追究刑事责任，往往意味着对责任人处以刑罚，意味着对其财产、自由乃至生命的剥夺。

第四，刑事责任的应然性。有犯罪即有刑事责任。行为只要构成犯罪，行为人就应当承担刑事责任。但是，刑事责任是一种应然性，有罪并不等于实际承担刑事责任。

二、刑事责任的地位

犯罪、刑事责任和刑罚三位一体，紧密相连，刑法总论就是以罪—责—刑为基本框架展开的，刑事责任是与犯罪、刑罚同等重要的刑法基本范畴。犯罪、刑事责任和刑罚是各自独立又相互联系的，刑事责任是介于犯罪与刑罚之间、联结犯罪与刑罚的纽带，这可以从刑事责任与犯罪、刑罚的关系上得到说明。

第一，刑事责任与犯罪的关系。犯罪是刑事责任产生的法律事实根据，无犯罪则无刑事责任；刑事责任是犯罪的必然法律后果，实施了犯罪就产生刑事责任。此即犯罪与刑事责任质的一致性。犯罪的社会危害性程度不同，犯罪人承担刑事责任的程度也不相同。罪重责重，罪轻则责轻，此即犯罪与刑事责任量的一致性。

第二，刑事责任与刑罚的关系。刑事责任与刑罚是有区别的：①刑事责任是一种法律责任，刑罚则是一种法律制裁方法。②刑事责任是以犯罪人承受刑法规定的惩罚或法律谴责为内容，刑罚则是以剥夺或限制犯罪人一定的法益为内容。③刑事责任随实施犯罪而产生，刑罚则随法院的有罪判决生效而出现。但二者也具有紧密的联系：①刑事责任的存在是适用刑罚的前提，无刑事责任则无刑罚。②刑事责任的大小决定刑罚的轻重。刑事责任大，刑罚就重；刑事责任小，刑罚就轻。③刑事责任主要通过刑罚来实现。非刑罚处理方法等虽然也是刑事责任的实现形式，但那是次要的、少见的，刑罚则是实现刑事责任的主要形式。

总之，犯罪、刑事责任和刑罚三者既相互独立，又相互依存，它们共同构成一个完整的罪、责、刑体系，这个体系不仅是刑法规范的体系，也是刑法理论的体系。

第二节　刑事责任的根据

一、刑事责任根据的含义

刑事责任的根据是指国家追究犯罪人刑事责任的根据以及犯罪人承担刑事责任的根据。那么，国家应基于何种基础、理由或决定因素追究犯罪人的刑事责任？犯罪人应基于何种基础、理由或决定因素承担刑事责任呢？在刑法理论发展史上，先后出现过神意责任论、道义责任论、社会责任论和综合责任论等不同的刑事责任理论。我们认为，刑事责任的根据是多层次、综合性的，它包括哲学根据和法学根据两个基本方面。

二、刑事责任的哲学根据和法学根据

刑事责任的哲学根据在于人的主观能动性。人是具有意志自由的，人的意志自由决定了人的主观能动性，人具有选择自己行为的能力和自由。那么，犯罪人为什么要对自己的犯罪行为负刑事责任？这是因为，人既然有选择行为的意志自由，理应选择有利于社会至少是无害于社会的行为，但犯罪人竟然避善从恶，危害社会，就不能不使之承担刑事责任。黑格尔认为，犯罪是理性人的自由意志的产物，所以人要对自己所实施的犯罪行为负责。

刑事责任作为一种法律责任，其有无、大小和评判都必须符合法律规定的要求。刑事责任的法学根据是刑事责任人的行为符合刑法规定的犯罪构成。这个法学根据应该包括如下三方面的内容：

第一，行为人必须实施了某种危害行为。无行为则无犯罪，无行为则无刑事责任。仅有思想是不能成立犯罪的，认定犯罪或追究刑事责任必须有危害行为的事实存在。

第二，行为必须具有严重的社会危害性。严重的社会危害性是犯罪的本质特征。某种行为如果不具备严重的社会危害性，就不得认定为犯罪，当然就不得追究其刑事责任。

第三，行为必须符合刑法规定的犯罪构成。刑法规定的犯罪构成是决定具有严重社会危害性的行为成立犯罪的必备条件。行为虽然具有社会危害性，但如果不符合刑法规定的犯罪构成，就不能追究行为人的刑事责任。这是罪刑法定原则的基本要求。罪刑法定原则是我国刑法的基本原则，也是关于刑事责任的基本原则。

第三节　刑事责任的发展阶段与实现方式

一、刑事责任的发展阶段

刑事责任与其他法律责任一样，有一个产生、确立、实现以至终结的发展过程。这个过程一般可以分为以下三个阶段：

第一，刑事责任的产生阶段。刑事责任和犯罪相伴而生，有犯罪即有刑事责任，因此，行为人实施犯罪之时即刑事责任产生之时。刑事责任的产生阶段，从行为人实施犯罪时起至司法机关立案时止。一般说来，故意犯罪在实施犯罪预备之时刑事责任即随之产生，但当犯罪构成要求犯罪结果是成立犯罪的必要要件

时，如过失犯罪和间接故意犯罪，则犯罪结果发生之时刑事责任才得以产生。在本阶段，刑事责任虽然已经产生并客观存在，但这种客观存在并不意味着刑事责任的追究，并不意味着刑事责任的承担得以实现。行为人的刑事责任已经客观存在但还没有进行追究刑事责任的活动是本阶段的基本特征。

第二，刑事责任的确认阶段。本阶段从司法机关立案时起至人民法院作出有罪判决生效时止。这一阶段的基本任务是查明行为人是否实施了犯罪行为，是否负刑事责任，负何等刑事责任以及如何负刑事责任。司法机关必须严格按照法定程序，通过立案、侦查、起诉和审判等活动，正确认定行为人的刑事责任。一旦行为人被确认有罪，即确认了行为人的刑事责任。

第三，刑事责任的实现阶段。刑事责任的实现，是指代表国家的司法机关追究犯罪人的刑事责任并强制犯罪人履行刑事制裁义务的过程。刑事责任的实现阶段从人民法院作出有罪判决生效时起至所决定的刑事制裁措施执行完毕或赦免时止。刑事责任实现的基本方式是执行刑罚，如管制、拘役、有期徒刑、无期徒刑和死刑等。

二、刑事责任的实现方式

刑事责任的实现方式又称刑事责任的解决方式，是指为实现行为人的刑事责任而采取的具体途径。刑事责任的实现方式必须是刑法明文规定的，是国家制裁犯罪人的方式和犯罪人承担制裁的方式。某种方式如果没有法律的明文规定，就不能作为刑事责任的实现方式，这也是罪刑法定原则的基本要求。按照我国刑法的规定，根据不同情况，刑事责任的实现方式有如下三种：

第一，定罪判刑方式，即人民法院认定行为人构成犯罪并适用一定的刑罚。这是刑事责任最重要的、最常见的实现方式，也是刑事责任与其他法律责任相区别的主要特征。

第二，定罪免刑方式，即人民法院对行为人作出有罪判决，但同时宣告免除刑罚。这种方式又包括两种情形：①认定行为构成犯罪且免除刑罚，但适用非刑处置，即给予非刑罚处理方法的处理；②认定行为构成犯罪，既免除刑罚，也免除非刑处置的适用。以定罪免刑方式实现刑事责任的，必须以法律明文规定为依据。我国刑法规定，犯罪情节轻微不需要判处刑罚的，或者犯罪人有法定免刑情节的，可以免除刑罚。应当指出，免除刑罚并不意味着免除行为人的刑事责任，行为人被确定为犯罪，就是对其行为的否定评价和谴责，这也是承担刑事责任的一种方式。定罪免刑方式是实现刑事责任的辅助方式、次要方式。

第三，特殊处理方式，又称转移处理方式，即行为人的刑事责任不由我国司法机关解决，而是通过外交途径解决。我国《刑法》第 11 条规定，享有外交特权和豁免权的外国人的刑事责任，通过外交途径解决。这种解决方式是基于国际法中的外交惯例，是一种特殊的解决方式。

三、刑事责任的终结和消灭

刑事责任的终结是指刑事责任已经实现。刑事责任终结的时间因刑事责任的实现方式不同而不同：定罪判刑的，终结时间是刑罚执行完毕或赦免之时；定罪免刑的，如果适用非刑处置，非刑罚处理方法执行完毕之时即为刑事责任终结之时，不适用非刑处置的，终结时间为人民法院有罪判决发生法律效力之时。

刑事责任的消灭，是指行为人的行为已经构成犯罪，但因法律规定的阻却刑事责任的事由的存在，司法机关不得再追究其刑事责任的情形。这些法定事由主要有：犯罪已过追诉时限的；经特赦令免除刑罚的；依照刑法告诉才处理的犯罪，没有告诉或者撤回告诉的；犯罪嫌疑人、被告人在被追诉前死亡的。

[复习题]

(1) 什么是刑事责任？刑事责任与其他法律责任的区别是什么？

(2) 刑事责任有哪些实现方式？

第十三章　刑罚的概念和目的

【重点提示】

- 刑罚的概念和特征
- 刑罚的目的

第一节　刑罚的概念

一、刑罚的概念和特征

所谓刑罚，即刑事制裁，是指由刑法规定的审判机关依法对犯罪人适用的剥夺或者限制犯罪人某种权益的法律制裁方法。国家通过法律将那些危害统治阶级利益和统治秩序的行为规定为犯罪，并以国家的名义对实施犯罪的人予以刑罚制裁。刑罚的适用不仅会使犯罪人的某种权益被剥夺或者被限制，同时体现国家对犯罪人及其行为的否定评价和谴责。刑罚具有以下几个方面的主要特征：

第一，刑罚是刑法规定的、以刑罚为名称的制裁方法。刑罚是一种制裁方法，它以剥夺或限制犯罪人的某种权益，如财产权、自由乃至生命权为内容，使其权益遭受一定的损失并使其经受一定的痛苦，这种制裁方法是由刑法规定并赋予“刑罚”之名的。是否由刑法规定、是否具有刑罚之名，是识别刑罚与其他法律制裁方法的基本依据。非刑法规定的制裁方法或者虽由刑法规定的但无刑罚之名的制裁方法也不是刑罚，譬如，刑法规定的没收违法所得是一种制裁方法，但其并无刑罚之名，只是一种非刑罚处理方法。

第二，刑罚是针对犯罪人适用的制裁方法。刑罚是犯罪的法律后果，因犯罪而产生，以犯罪为前提。刑罚是对犯罪人适用的，也只能适用于犯罪人，对无罪的人包括违法但不构成犯罪的人绝不能适用刑罚。

第三，刑罚是国家审判机关依法适用的制裁方法。只有国家审判机关即各级人民法院才有权对犯罪人适用刑罚，其他任何人、任何机关，包括人民检察院、公安机关都无权适用刑罚，人民法院必须严格依照刑法和刑事诉讼法的规定适用刑罚。

二、刑罚和犯罪的关系

犯罪和刑罚的关系，即罪刑关系，是刑法的基本关系。在刑法中，刑罚和犯罪不是相互分离而是相互联系而存在的，二者既相互对立，又相互统一。

刑罚和犯罪的对立表现为：犯罪是危害社会的行为，是对统治秩序的破坏；而刑罚是制裁犯罪、维护统治秩序的手段，是犯罪的否定性的法律后果。犯罪和刑罚，是破坏与维护、反抗与扼制的关系，是一对相互对立的不可调和的矛盾。

刑罚和犯罪的统一表现为：其一，两者具有相同的起源。刑罚和犯罪都是人类社会发展到一定阶段的产物，它们在相同的条件下同时产生。其二，两者相互依存，具有因果关系。无犯罪则无刑罚，犯罪是刑罚赖以存在的前提，刑罚则是犯罪的法律结果。其三，两者具有相同的命运。刑罚因犯罪的产生而产生，也将随犯罪的消亡而消亡，两者如影随形，同生共灭。

三、刑罚与其他法律制裁方法的区别

在国家法律制裁体系中，除刑罚外，还有民事制裁、行政制裁等法律制裁方法。法律制裁方法包括刑罚都是法律规定的，其适用都会给被制裁人带来一定的不利后果，但刑罚与其他法律制裁方法相比较存在着显著的区别。

第一，适用的法律根据不同。刑罚是根据刑法和刑事诉讼法的规定对犯罪人适用，而其他法律制裁方法的适用根据则是民法、民事诉讼法、行政法、行政诉讼法等部门法。

第二，适用的机关不同。刑事制裁和民事制裁虽然都由人民法院适用，但刑事制裁由人民法院的刑事审判庭根据刑法、刑事诉讼法适用，民事制裁由人民法院的民事审判庭根据民法、民事诉讼法适用，而行政制裁则由行政机关根据行政法、行政处罚法等实施。

第三，适用对象不同。刑罚只能适用于犯罪人，在任何情况下，违法、违纪而没有构成犯罪的人都不能适用刑罚。而民事制裁、行政制裁分别适用于民事违法者、行政违法者。

第四，严厉程度不同。刑罚是所有法律制裁方法中最为严厉的，它不仅可以剥夺犯罪人的财产、自由，甚至可以剥夺其生命。而其他法律制裁方法绝不可剥夺生命，一般情况下也不剥夺自由。行政拘留等行政制裁方法虽然也涉及剥夺自由，但远不如刑罚严厉。

第二节 刑罚的目的

一、刑罚目的的概念

所谓刑罚的目的，是指国家对犯罪人适用刑罚所要达到的目标或最终结果。刑罚的目的是国家设计刑罚制度的基本出发点，也是国家适用刑罚同犯罪作斗争的最终归宿。它从根本上制约着刑罚的性质、内容、体系和方向，贯穿于创制、适用与执行刑罚的整个过程，对刑罚的创制、适用与执行起着决定性的作用。

国家制定并适用刑罚的目的究竟是什么，这是刑罚论中最核心也是最基础的问题。从表面上看，适用刑罚是对犯罪人的惩罚，但惩罚只是一种手段，并不是刑罚的最终目的。通过刑罚惩罚这种手段，所要达到的刑罚目的应当是预防犯罪。

二、刑罚的“双面预防”目的

根据刑罚预防的对象不同，可将刑罚的目的划分为特殊预防和一般预防两个方面，即所谓“双面预防”。

所谓特殊预防，是针对犯罪人这一特殊对象的预防，是指通过对犯罪人适用刑罚，预防其重新犯罪。特殊预防主要包括如下两方面的内容：①剥夺犯罪人的再犯能力，使之丧失重新犯罪的条件。适用刑罚就是剥夺或者限制犯罪人的某种利益或权能，这一般会导致犯罪人再犯能力的降低甚至彻底丧失。例如，剥夺犯罪人的自由，就会丧失抢劫、盗窃等犯罪的能力；剥夺其财产，就会丧失走私、制售伪劣商品的能力；剥夺其生命，就永远丧失了一切犯罪的可能。同时，严厉的刑罚给犯罪人带来的痛苦体验和恐惧心理，也会使之出于趋利避害的本能，不敢或不愿意重新犯罪。②教育与改造犯罪人，使其改恶从善，重新做人。通过行刑过程中的个别化矫正措施，以及细致的思想教育和必要的劳动改造，使犯罪人树立新的世界观和人生观，从思想根源上彻底消除犯罪意识，做遵纪守法的新人。毫无疑问，特殊预防的剥夺罪犯再犯能力与教育改造使之获得新生这两方面的内容是有本质的区别的，但从刑罚目的的角度来看，两者都达到了特殊预防的目的。实现特殊预防的目的关键在于正确处理惩罚与教育改造二者之间的辩证关系。既要反对不要惩罚的教育万能论，也要反对不要教育的惩罚万能论。只有寓教育改造于惩罚之中，把教育改造与惩罚有机结合起来，才能切实保障刑罚特殊预防目的的实现。

所谓一般预防，是指通过对犯罪人适用刑罚，防止社会上有可能犯罪的潜在犯罪人实施犯罪。一般预防的对象不是犯罪人，而是潜在犯罪人，即社会上那些有可能犯罪的人。潜在犯罪人包括：①危险分子，如未得到有效改造的刑满释放人员。②不稳定分子，如法制观念淡薄、胆大妄为、好逸恶劳的容易受到诱惑走上犯罪道路的人。③其他意图实施犯罪的人。通过对犯罪人适用刑罚，发挥了刑罚的鉴别功能和威慑功能，使潜在犯罪人不敢以身试法，不敢或者不愿犯罪。通过适用刑罚，昭示法不可违，罪不可犯，促使潜在犯罪人及早醒悟，悬崖勒马，消除犯罪恶念。通过适用刑罚，还可以提高公民的法制意识，鼓励公民同犯罪作斗争，从而形成坚实的预防犯罪的群众基础。

特殊预防与一般预防是刑罚预防犯罪这一目的的两个不同方面，两者紧密联系，相辅相成。对任何一个犯罪人适用刑罚，都应符合特殊预防与一般预防的要求，二者缺一不可，不可偏废。但在适用刑罚时，对特殊预防和一般预防的要求并不是主次不分、等量齐观的。对犯罪人适用刑罚，首先应当根据罪责刑相适应的原则，充分考虑特殊预防的需要，然后在罪刑法定原则下适当考虑一般预防的需要。只有严格依法适用刑罚，才能全面实现刑罚的目的。

[复习题]

(1) 刑罚和其他法律制裁方法有何联系和区别?

(2) 如何理解刑罚的目的?

第十四章　刑罚的体系和种类

【重点提示】

- 我国的刑罚体系
- 各种主刑的基本内容
- 各种附加刑的基本内容
- 死刑的限制

第一节　刑罚的体系和分类

一、刑罚的体系

所谓刑罚体系，是刑法规定的各种刑罚方法按照一定标准排列而成的刑罚序列。刑罚体系具有如下特点：

第一，刑罚体系是由法律规定的各种具体的刑罚方法构成的。具体的刑罚方法即刑种（如死刑、罚金等），是刑罚体系的基本构成要素。没有刑种，刑罚体系就无从谈起。

第二，刑罚体系是各种刑罚方法按照一定标准排列而成的。刑罚体系是各种刑罚方法的集合。但刑罚体系不是刑种的简单堆积，而是各刑种按照一定的标准和层次排列组合而成的，有其内在的逻辑性。刑罚体系是各种刑罚方法的有机整体。

第三，刑罚体系是由刑法规定的。刑罚体系中各种刑罚方法必须是刑法规定的，无刑法明文规定的惩罚方法不是刑罚，这是罪刑法定原则的基本要求。不仅如此，刑罚体系也是法律规定的，即刑罚体系中各刑种的排列序次也是刑法规定的。

二、刑罚的分类

（一）刑罚的法定种类

犯罪的复杂性、多样性决定了刑罚方法的多样性。刑罚方法可以按照一定的原则划分为不同的类型。我国刑法把刑罚方法划分为主刑和附加刑两类。所谓主刑又称基本刑，是对犯罪人适用的主要刑罚方法。其主要特点在于适用上的独立性，即只能独立适用，不能附加适用。一个罪只能适用一种主刑，不能同时适用两种以上的主刑，对某个犯罪人一次判刑的最终结果也只能适用一个主刑。我国刑法中的主刑包括管制、拘役、有期徒刑、无期徒刑和死刑五种。所谓附加刑又称从刑，是补充主刑适用的刑罚方法。附加刑的特点在于适用上的双重性，即附加刑可以附加于主刑适用，也可独立适用，几种附加刑还可以同时并用。按照我国刑法的规定，附加刑包括罚金、剥夺政治权利、没收财产三种。此外，我国刑法还专门针对犯罪的外国人规定了驱逐出境的刑罚方法。根据《刑法》第 35 条规定："对于犯罪的外国人，可以独立适用或者附加适用驱逐出境。"显然，驱逐出境是一种附加刑。但是，由于驱逐出境只适用于犯罪的外国人，不具有普遍适用的意义，因此刑法没有将其规定在一般附加刑的种类中，只是作为一种特殊的附加刑专条加以规定。

（二）刑罚的理论分类

在学理上，按照刑罚方法的具体内容可以把刑罚分为四类：①自由刑，即以剥夺或限制犯罪人的人身自由为内容，包括管制、拘役、有期徒刑和无期徒刑。②生命刑，即死刑，以剥夺犯罪人的生命为内容。③财产刑，即以剥夺犯罪人的财产为内容，包括罚金、没收财产。④资格刑，即以剥夺犯罪人的一定资格为内容，如剥夺政治权利刑。

第二节　主　　刑

一、管制

管制是指对犯罪人不实行关押，但在一定期限内限制其人身自由，并依法对其实行社区矫正的刑罚方法。管制属于自由刑，是我国独创并且特有的刑罚方法，是我国刑罚体系中唯一一种以限制自由而不是剥夺自由为特征的自由刑。管制属于一种轻刑，它只是限制犯罪人的一定的自由，被判处管制的犯罪人仍在社会上生活，处于相对自由的状态，因此，管制具有较高的开放性和经济性，是一种人道化、社会化的刑罚方法。其特征如下：

第一，对犯罪人不予关押，但限制其一定的自由。对管制犯限制一定自由主要体现在两个方面：①遵守法院作出的禁止令。根据《刑法修正案（八）》第 2 条规定，可以根据犯罪情况，禁止犯罪分子在执行期间从事特定活动，进入特定区域、场所，接触特定的人。违反上述规定的禁止令的，由公安机关依照《中华人民共和国治安管理处罚法》的规定处罚。②遵守法定的管制规定。同时，根据《刑法》第 39 条规定，被判处管制的犯罪分子，在执行期间，应当遵守如下规定：①遵守法律、行政法规，服从监督；②未经执行机关即公安机关批准，不得行使言论、出版、集会、结社、游行、示威自由的权利；③按照执行机关规定报告自己的活动情况；④遵守执行机关关于会客的规定；⑤离开所居住的市、县或者迁居，应当报经执行机关批准。本条同时规定，对于被判处管制的犯罪分子，在劳动中应当同工同酬。

第二，管制具有一定的期限。根据《刑法》第 38 条、第 69 条规定，管制的期限为 3 个月以上 2 年以下。数罪并罚时，管制的刑期最高不能超过 3 年。根据《刑法》第 41 条规定，管制的刑期，从判决执行之日起计算；判决执行以前先行羁押的，羁押 1 日折抵刑期 2 日。根据《刑法》第 40 条规定，被判处管制的犯罪分子，管制期满，执行机关应即向本人和其所在单位或者居住地的群众宣布解除管制。

第三，依法实行社区矫正。根据《刑法修正案（八）》第 2 条规定，对判处管制的犯罪分子，依法实行社区矫正。根据 2003 年 7 月 10 日，最高人民法院、最高人民检察院、公安部和司法部联合发布《关于开展社区矫正试点工作的通知》(以下简称“两院两部”《通知》) 的规定，所谓社区矫正，是与监禁矫正相对的行刑方式，是指将符合社区矫正条件的罪犯置于社区内，由专门的国家机关在相关社会团体和民间组织以及社会志愿者的协助下，在判决、裁定或决定确定的期限内，矫正其犯罪心理和行为恶习，并促进其顺利回归社会的非监禁刑罚执行活动。社区矫正是积极利用各种社会资源、整合社会各方面力量，对罪行较轻、主观恶性较小、社会危害性不大的罪犯或者经过监管改造、确有悔改表现、不致再危害社会的罪犯在社区中进行有针对性管理、教育和改造的工作。

根据“两院两部”《通知》第 2 条规定，除了被判处管制的犯罪分子以外，社区矫正还可适用于以下四类社区服刑人员：①被宣告缓刑的犯罪分子。②被暂予监外执行的犯罪分子。具体包括以下人员：一是有严重疾病需要保外就医的；二是怀孕或者正在哺乳自己婴儿的妇女；三是生活不能自理，适用暂予监外执行不致危害社会的。③被裁定假释的犯罪分子。④被剥夺政治权利并在社会上服刑的犯罪分子。其中，重点适用于罪行轻微、主观恶性不大的未成年犯、老病残犯，以及罪行较轻的初犯、过失犯等。

根据“两院两部”《通知》第 2 条规定，社区矫正的任务包括以下三个方面：①按照我国刑法、刑事诉讼法等有关法律、法规和规章的规定，加强对社区服刑人员的管理和监督，确保刑罚的顺利实施。②通过多种形式，加强对社区服刑人员的思想教育、法制教育、社会公德教育，矫正其不良心理和行为，使他们悔过自新，弃恶从善，成为守法公民。③帮助社区服刑人员解决在就业、生活、法律、心理等方面遇到的困难和问题，以利于他们顺利适应社会生活。

二、拘役

拘役是短期剥夺犯罪人的人身自由，就近关押实行劳动改造的刑罚方法。根据《刑法》第 42 条至第 44 条的规定，拘役具有下列特点：

第一，短期剥夺犯罪人的人身自由。拘役是一种短期自由刑，它虽然剥夺犯罪人的人身自由，但刑期相对较短，因此属于一种轻刑。根据《刑法》第 42 条、第 69 条规定，拘役的期限为 1 个月以上 6 个月以下。数罪并罚时，拘役最高不能超过 1 年。根据《刑法》第 44 条规定，拘役的刑期从判决执行之日起计算；判决执行以前先行羁押的，羁押 1 日折抵刑期 1 日。

第二，由公安机关就近执行。根据《刑法》第 43 条规定，被判处拘役的犯罪分子，由公安机关就近执行。在执行期间，被判处拘役的犯罪分子每月可以回家 1 天至 2 天；参加劳动的，可以酌量发给报酬。

第三，适用于罪行较轻但仍需关押的犯罪人。这是由拘役作为一种轻刑所具有的特点决定的。拘役是一种广泛适用的短期自由刑。据统计，我国刑法分则条文中规定以拘役作为可选择刑的占全部条文的 3/4 左右。

三、有期徒刑

有期徒刑是剥夺犯罪人一定期限的人身自由，实行强迫劳动改造的刑罚方法。我国刑罚体系是以自由刑为中心的刑罚体系，而有期徒刑是我国刑罚体系中最主要、最广泛适用的刑罚方法。根据《刑法》第 45 条至第 47 条的规定，有期徒刑具有下列特点：

第一，剥夺犯罪人一定期限的人身自由。根据《刑法》第 45 条、第 69 条规定，有期徒刑的期限为 6 个月以上 15 年以下。数罪并罚的，有期徒刑最高不能超过 20 年。根据《刑法》第 50 条规定，判处死刑缓期执行的，如果确有重大立功表现，2 年期满以后，减为 15 年以上 20 年以下有期徒刑。根据《刑法》第 47 条规定，有期徒刑的刑期，从判决执行之日起计算；判决执行以前先行羁押的，羁押 1 日折抵刑期 1 日。

第二，适用对象最为广泛。有期徒刑幅度较大，我国刑法分则对每一种犯罪都规定了有期徒刑，因此，有期徒刑可适用于任何一种犯罪。

第三，在监狱等场所执行，强迫接受劳动改造。根据《刑法》第 46 条规定，被判处有期徒刑的犯罪分子，在监狱或者其他执行场所执行；凡有劳动能力的，都应当参加劳动，接受教育和改造。根据监狱法的规定，有期徒刑的执行场所分为两种：一种是监狱，这是成年罪犯的执行场所；另一种是未成年犯管教所，这是被判处有期徒刑送交执行时不满 18 周岁的未成年犯的专门执行场所。凡有劳动能力的罪犯都必须参加劳动，不得以任何理由逃避劳动。强制犯罪人参加劳动的根本目的是让其在劳动过程中接受教育改造，成为守法的新人。

四、无期徒刑

无期徒刑是剥夺犯罪人的终身自由，实行强迫劳动改造的刑罚方法。无期徒刑是所有刑罚方法中严厉程度仅次于死刑的重刑，也是最严厉的自由刑。由于无期徒刑的严厉性，它的适用对象是罪行严重但又不必判处死刑，需要与社会永久隔绝的犯罪人。

根据《刑法》第 46 条的规定，无期徒刑和有期徒刑在执行场所、执行方式上是一致的，两者都是在监狱和其他执行场所执行。凡有劳动能力的，都应当参加劳动，接受教育和改造。但无期徒刑是一种终身剥夺自由的刑罚方式，在适用对象等方面与有期徒刑有所不同。无期徒刑是没有刑期计算问题的，先行羁押时间不能折抵刑期。根据《刑法》第 57 条的规定，被判处无期徒刑的犯罪分子，应当剥夺政治权利终身，在无期徒刑减为有期徒刑的时候，应当把剥夺政治权利的期限改为 3 年以上 10 年以下。

五、死刑

死刑是剥夺犯罪人生命的刑罚方法。死刑以剥夺犯罪人生命为特征，是极端严厉的刑罚方法，故死刑又称生命刑、极刑。死刑问题一直是我国刑法理论和实践中的热点问题之一。目前，对于死刑问题，我国刑法所体现的基本态度是：保留死刑，逐步减少死刑，而不是废除死刑，我国的死刑政策是“坚持少杀、反对多杀、防止错杀”。为此，我国刑法对死刑的适用作了一系列限制性的规定，并规定了严格的死刑核准程序和死刑缓期执行制度。

（一）适用死刑的限制性规定

第一，适用对象的限制。我国刑法关于死刑适用的对象限制主要体现在三个方面：①根据《刑法》第 48 条规定，死刑只适用于罪行极其严重的犯罪分子。所谓罪行极其严重，是指犯罪行为的社会危害极其严重，犯罪情节极其严重，犯罪人的人身危险性极其严重。凡是没有达到罪行极其严重的，一律不得适用死刑。②根据《刑法》第 49 条规定，两类犯罪人排除适用死刑，即犯罪的时候不满 18 周岁的未成年人和审判的时候怀孕的妇女，不适用死刑。其中“不适用死刑”是指绝对禁止判处死刑，包括死刑立即执行和死刑缓期 2 年执行。所谓审判的时候怀孕的妇女，按照最高人民法院的相关司法解释，应当作广义理解，包括从涉嫌犯罪被羁押以后到判决生效以前的整个阶段怀孕和曾经怀孕的妇女，甚至包括在羁押期间自然分娩、人工流产和自然流产的妇女。③根据《刑法修正案(八)》第 3 条规定，对于审判的时候已满 75 周岁的老年人限制适用死刑，即审判的时候已满 75 周岁的人，不适用死刑，但以特别残忍手段致人死亡的除外。

第二，在适用程序上的限制。根据《刑法》第 48 条规定，死刑除依法由最高人民法院判决的以外，都应当报请最高人民法院核准。刑事诉讼法对死刑案件的审理、复核、核准程序作了一系列严格的规定，最大限度地保证了死刑的正确适用。

第三，在执行上的限制。死刑包括两种不同的执行制度：一是死刑立即执行；二是死刑缓期 2 年执行。死刑缓期执行制度对贯彻少杀政策，最大限度地限制死刑的适用具有重要的意义。

（二）死刑缓期执行制度

1. 死刑缓期执行的概念及适用对象

根据《刑法》第 48 条规定，对于应当判处死刑的犯罪分子，如果不是必须立即执行的，可以判处死刑同时宣告缓期 2 年执行。这是我国独创的死刑缓期执行制度，简称“死缓”。死缓不是一种独立的刑罚方法，只是死刑的一种执行制度。根据《刑法》第 48 条、第 51 条的规定，死缓的考验期限为 2 年。死缓执行的期间从判决确定之日起计算，即死缓判决确定之前先行羁押的期间，不计算在死缓考验期限之内。

根据《刑法》第 48 条的规定，死缓适用的对象应当具备两个条件：①犯罪人的罪行极其严重，依法应当判处死刑。②不是必须立即执行死刑。何谓“不是必须立即执行死刑”，刑法无明文规定，一般认为，犯罪人有法定或者酌定从轻处罚情节，尚有挽救、改造可能，判处死缓已经能够达到刑罚的目的，不需要立即执行死刑的。

2. 死刑缓期执行后的法律后果

根据《刑法修正案（八）》第 4 条第 1 款规定，死刑缓期执行后的法律后果有三种情况：①死缓减为无期徒刑。在死刑缓期执行期间，如果没有故意犯罪，2 年期满以后，减为无期徒刑。②死缓减为有期徒刑。在死刑缓期执行期间，如果确有重大立功表现，2 年期满以后，减为 25 年有期徒刑。③死缓升为死刑立即执行。在死刑缓期执行期间，如果故意犯罪，查证属实的，由最高人民法院核准，执行死刑。需要注意的是，在死缓考验期内故意犯罪且查证属实的，应立即执行死刑，而不是等 2 年期满再执行死刑。

3. 死刑缓期执行减刑的限制

根据《刑法修正案（八）》第 4 条第 2 款规定，对判处死刑缓期执行的两类犯罪分子，人民法院根据犯罪情节等情况，可以同时决定对其限制减刑：①对于被判处死刑缓期执行的累犯。这里的累犯包括一般累犯和特殊累犯。②对于因故意杀人、强奸、抢劫、绑架、放火、爆炸、投放危险物质或者有组织的暴力性犯罪八种犯罪被判处死刑缓期执行的犯罪分子。

第三节　附　加　刑

一、罚金

罚金是强制犯罪人向国家缴纳一定数额金钱的刑罚方法。罚金是一种比较广泛适用的刑罚方法，我国刑法分则条文规定有罚金刑的约占 2/5。从现行刑法来看，罚金主要适用于贪利性犯罪或者与财产相关的犯罪，也适用于少数较轻的妨害社会管理秩序类的犯罪。罚金是对单位犯罪的单位适用的唯一的刑罚方法，对犯罪单位只能处以罚金，别无其他刑罚方法。

罚金的适用方式有两种：①单处罚金。如前述对犯罪单位只能判处罚金，别无选择。另一种更为常见的情形是，罚金作为一种与有关主刑并列的刑罚方法，可以根据犯罪的具体情况选择适用，如果只选择适用罚金而不适用主刑，就是单处罚金，也称选处罚金。此即罚金作为一种附加刑的单独适用。例如，《刑法》第 313 条："对人民法院的判决、裁定有能力执行而拒不执行，情节严重的，处三年以下有期徒刑、拘役或者罚金。"此种犯罪可以选择适用有期徒刑、拘役或者罚金，如果适用罚金而不适用有期徒刑、拘役，就是单处罚金或选处罚金。②并处罚金。是指对犯罪人适用主刑的同时附加适用罚金，此即罚金的附加适用。例如，《刑法》第 328 条规定，"盗掘具有历史、艺术、科学价值的古文化遗址、古墓葬的，处三年以上十年以下有期徒刑，并处罚金"。

罚金的数额应如何确定？根据《刑法》第 52 条规定，判处罚金，应当根据犯罪情节决定罚金数额。可见，刑法总则只对罚金数额作了原则性的规定。在刑法分则条文中，有的比较明确地规定了罚金的具体数额幅度，如 30 万元以下、1 万元以上 10 万元以下等；有的根据犯罪数额的一定比例或一定倍数确定罚金的数额，如对生产、销售伪劣商品的犯罪处以销售金额 50%以上 2 倍以下的罚金。但是，刑法分则对更多的犯罪没有规定具体的罚金数额，只是抽象地规定判处罚金，这时就要依照《刑法》第 52 条的规定，根据犯罪的具体情节，并酌情考虑犯罪人的经济状况，恰如其分地确定罚金数额。

根据《刑法》第 53 条规定，罚金在判决指定的期限内一次或者分期缴纳。期满不缴纳的，强制缴纳。对于不能全部缴纳罚金的，人民法院在任何时候发现被执行人有可以执行的财产，应当随时追缴。如果由于遭遇不能抗拒的灾祸缴纳确有困难的，可以酌情减少或者免除。

二、剥夺政治权利

所谓剥夺政治权利，是指剥夺犯罪人参加国家管理和政治活动的权利的一种刑罚方法。根据《刑法》第 54 条规定，剥夺政治权利是剥夺犯罪分子的下列权利：①选举权和被选举权；②言论、出版、集会、结社、游行、示威自由的权利；③担任国家机关职务的权利；④担任国有公司、企业、事业单位和人民团体领导职务的权利。

剥夺政治权利适用的对象较为广泛，既可以适用于危害国家安全的犯罪人，也可以适用于普通刑事犯罪人；既可以适用于情节严重的犯罪人，也可以适用于情节较轻的犯罪人。对危害国家安全的犯罪人，不论犯罪情节轻重，都应当适用剥夺政治权利。对死刑犯和无期徒刑犯，应当附加剥夺政治权利。

剥夺政治权利的适用分为应当附加适用、可以附加适用和独立适用三种方式：①应当附加适用。根据《刑法》第 56 条规定，对于危害国家安全的犯罪分子应当附加剥夺政治权利，但依照刑法分则规定独立适用剥夺政治权利的除外。《刑法》第 57 条规定，对于被判处死刑、无期徒刑的犯罪分子，应当剥夺政治权利终身。②可以附加适用。根据《刑法》第 56 条规定，对于故意杀人、强奸、放火、爆炸、投毒、抢劫等严重破坏社会秩序的犯罪分子，可以附加剥夺政治权利。另据最高人民法院的相关司法解释，对于故意伤害、盗窃等其他严重破坏社会秩序的犯罪，犯罪分子主观恶性较深、犯罪情节恶劣、罪行严重的，也可以附加剥夺政治权利。③独立适用。刑法分则规定了某些犯罪可以独立适用剥夺政治权利，如《刑法》第 103 条、第 104 条、第 105 条、第 238 条、第 246 条、第 278 条、第 279 条规定的犯罪，这主要是一些情节较轻的危害国家安全的犯罪、侵犯公民人身权利和民主权利的犯罪、妨害社会管理秩序的犯罪等。刑法分则如果把剥夺政治权利与相关主刑并列供选择适用时，一旦选择适用剥夺政治权利，就不能再适用主刑。

根据《刑法》第 55 条、第 57 条和第 58 条规定，剥夺政治权利的期限包括以下四种情形：①判处拘役、有期徒刑附加剥夺政治权利的，剥夺政治权利的期限为 1 年以上 5 年以下，从拘役、有期徒刑执行完毕之日或者假释之日起计算。剥夺政治权利的效力当然及于拘役、有期徒刑的执行期间。②判处管制附加剥夺政治权利的，剥夺政治权利的期限与管制的期限相等，同时执行。③对于被判处死刑、无期徒刑的犯罪分子，应当附加剥夺政治权利终身。在死刑缓期执行减为有期徒刑或者无期徒刑减为有期徒刑的时候，应当把附加剥夺政治权利的期限改为 3 年以上 10 年以下，从减刑后的有期徒刑执行完毕之日或者假释之日起计算，其效力当然施用于有期徒刑执行期间。④独立适用剥夺政治权利的期限，从判决执行之日起计算。

剥夺政治权利由公安机关执行。根据《刑法》第 58 条规定，被剥夺政治权利的犯罪分子，在执行期间，应当遵守法律、行政法规和国务院公安部门有关监督管理的规定，服从监督；不得行使《刑法》第 54 条规定的各项权利。

三、没收财产

没收财产是指将犯罪人个人所有财产的部分或者全部强制无偿收归国有的刑罚方法。没收财产的适用对象有两类：一是危害国家安全的犯罪。根据《刑法》第 113 条规定，犯危害国家安全罪的，可以并处没收财产。二是情节比较严重的贪利性犯罪。

从我国现行刑法分析，没收财产都是并处适用，没有独立适用的规定，即没收财产只能附加适用，不能独立适用，这是没收财产与其他附加刑的重要区别之一。没收财产附加适用的方式有两种：①与主刑并处。包括可以附加主刑适用和应当附加主刑适用两种情况。前者是指某罪的主刑可以附加没收财产，后者是指某罪的主刑必须附加没收财产。②与罚金选择并处。即没收财产与罚金有选择地附加主刑适用，或者没收财产附加主刑适用，或者罚金附加主刑适用，二者必居其一，但是没收财产和罚金不能同时附加于某种主刑适用。

根据《刑法》第 59 条规定，没收财产是没收犯罪分子个人所有财产的部分或者全部。没收全部财产的，应当对犯罪分子个人及其扶养的家属保留必需的生活费用。在没收财产的时候，不得没收犯罪分子家属所有或者应有的财产。

根据《刑法》第 60 条规定，没收财产以前犯罪分子所负的正当债务，需要以没收的财产偿还的，经债权人请求，应当偿还。以没收的财产偿还债务，必须具备四个条件：①必须是犯罪人在没收财产以前所负的债务；②必须是犯罪人所负的正当债务；③犯罪人所负的债务必须是需要以没收的财产偿还的；④必须经债权人请求。

没收财产由人民法院执行，没收的财产必须上缴国库。

四、驱逐出境

驱逐出境是指将犯罪的外国人强制驱逐出我国国境的刑罚方法。驱逐出境只适用于犯罪的外国人，包括无国籍人。驱逐出境可以独立适用，即判决生效时立即强制犯罪的外国人离开中国国境；驱逐出境也可以附加适用，这种情况是指在主刑执行完毕后强制该犯罪的外国人离开中国国境。

第四节　非刑罚处理方法

所谓非刑罚处理方法，是指在刑法规定的特定情况下，人民法院对犯罪人适用刑罚以外的处理方法。非刑罚处理方法不是刑罚，不具有刑罚的属性，一般适用于犯罪情节轻微不需要判处刑罚的犯罪人。非刑罚处理方法在教育犯罪人，安抚被害人，预防和减少犯罪等方面都有十分重要的作用。非刑罚处理方法主要有赔偿损失、训诫、责令具结悔过、赔礼道歉、由主管部门予以行政处罚或者行政处分等类型。

一、赔偿损失

赔偿损失包括两种情况：①人民法院责令犯罪人在承担刑事责任的同时要承担一定的民事赔偿责任。根据《刑法》第 36 条规定，由于犯罪行为而使被害人遭受经济损失的，对犯罪分子除依法给予刑事处罚外，还应根据情况判处赔偿经济损失。承担民事赔偿责任的犯罪分子，同时被判处罚金，其财产不足以全部支付的，或者被判处没收财产的，应当先承担对被害人的民事赔偿责任。②犯罪人因情节轻微不需要判处刑罚时，不能免除民事责任，人民法院仍然可以责令其赔偿被害人的经济损失。

二、训诫、责令具结悔过和责令赔礼道歉

训诫是指人民法院对犯罪人当庭予以教育和谴责的非刑罚处理方法；责令具结悔过是指人民法院责令犯罪人以书面形式保证改过自新、不再重犯的非刑罚处理方法；责令赔礼道歉是指人民法院责令犯罪人向被害人承认错误并表示歉意的

非刑罚处理方法。根据《刑法》第 37 条的规定，训诫、责令具结悔过和责令赔礼道歉，都是人民法院对犯罪情节轻微不需要判处刑罚的犯罪人适用的非刑罚处理方法。

三、由主管部门予以行政处罚或者行政处分

由主管部门予以行政处罚或者行政处分，是指人民法院对犯罪情节轻微不需要判处刑罚的犯罪人，建议并交由犯罪人的主管部门予以行政处罚或者行政处分的一种非刑罚处理方法。人民法院并不直接对犯罪人进行行政处罚或者行政处分，而是向其主管部门提出行政处罚或者行政处分的建议，再由该主管部门作出相应的行政处罚或者行政处分决定。行政处罚包括罚款、行政拘留等，行政处分包括警告、记过、开除等。

[复习题]

(1) 主刑和附加刑有何区别?

(2) 刑法关于拘役、有期徒刑的期限是如何规定的?

(3) 适用死刑有哪些限制性规定? 适用死缓有哪些条件?

[相关法规和司法解释]

(1) 最高人民法院研究室《关于死缓犯执行期起算问题的答复》

(2) 最高人民法院《关于死刑缓期执行的期间如何确定问题的批复》

(3) 最高人民法院《关于对怀孕妇女在羁押期间自然流产审判时是否可以适用死刑问题的批复》

(4) 最高人民法院《关于对判处死刑缓期二年执行期满后尚未裁定减刑前又犯新罪的罪犯能否执行死刑问题的批复》

(5) 最高人民法院《关于对于故意伤害、盗窃等严重破坏社会秩序的犯罪分子能否附加剥夺政治权利问题的批复》

(6) 最高人民法院《关于适用财产刑若干问题的规定》

(7) 最高人民法院、最高人民检察院、公安部、外交部、司法部、财政部《关于强制外国人出境的执行办法的规定》

第十五章　量 刑 制 度

【重点提示】

- 法定量刑情节与酌定量刑情节
- 一般累犯的成立条件
- 自首的成立条件
- 数罪并罚的一般原则
- 一般缓刑的适用条件

第一节　量刑的基本原则

一、量刑的概念和特征

所谓量刑，又称刑罚裁量，是指人民法院在确定被告人有罪的基础上，根据其罪行轻重及刑事责任的大小，依法对被告人判处一定刑罚的刑事审判活动。量刑的基本特征主要表现在以下几个方面：

第一，量刑的主体是人民法院。根据宪法、人民法院组织法及刑事诉讼法等规定，刑事审判权由人民法院统一行使，其他任何机关、单位、团体和个人都不享有刑事审判权。量刑权，即刑罚裁量权属于刑事审判权的重要组成部分。因此，量刑活动是人民法院的一项专门的刑事审判活动。

第二，量刑以定罪为前提和基础。对被告人是否判处刑罚、判处何种刑罚，都是以被告人被确定为有罪为前提的，没有犯罪，就不会产生刑事责任，也就不存在量刑问题。对被告人确定有罪，是刑事责任产生的依据，而刑事责任的大小则是对被告人适用刑罚及其轻重的根据。

第三，量刑是刑事审判活动的重要组成部分。刑事审判活动包括对被告人定罪和量刑两个基本环节。定罪是在查清案件事实的基础上，确定被告人的行为是否构成犯罪以及构成何种犯罪，而量刑则是在定罪的基础上决定对被告人是否判处刑罚、判处何种刑罚以及是否立即执行所判刑罚。定罪准确和量刑适当是正确解决被告人刑事责任的两个不可分割的有机组成部分。定罪是否准确，不仅决定着整个审判活动的最终结果是否正确，而且直接影响着量刑是否适当，定罪错误，量刑恰当也就无从谈起；同时，量刑又是刑事审判活动过程中一个相对独立的环节，定罪准确并不必然导致量刑的适当，量刑是衡量刑事审判工作质量的一个重要标准。

二、量刑的意义

量刑对于贯彻罪责刑相适应原则、实现刑法的任务和刑罚的目的具有十分重要的意义。首先，量刑活动是贯彻罪责刑相适应原则的重要保障。罪责刑相适应原则的基本要求是，刑罚的轻重应当与犯罪人所犯的罪行和应当承担的刑事责任相适应，做到重罪重罚、轻罪轻罚、罪刑相称、罚当其罪。量刑失当，必然导致罪刑关系的失衡。其次，量刑活动是实现刑法任务的基本保障。我国刑法的基本任务是惩罚犯罪和保护人民。公正、适度的量刑不仅有利于对犯罪分子给予应有的惩罚，而且有利于保护国家、社会和人民利益。最后，量刑活动是实现刑罚目的的重要保证。我国刑罚的目的在于预防犯罪，包括对受刑人的特殊预防和对社会公众的一般预防两个方面。量刑适当，昭示着刑罚的正义与公正，而正义、公正的刑罚不仅可以有效地发挥教育改造功能，而且可以树立有罪必罚的社会刑罚观，有利于发挥刑罚的震慑功能和安抚功能，从而实现刑罚预防犯罪的目的。

三、量刑的基本原则

量刑原则是指人民法院在刑罚裁量活动中必须遵循的基本准则，它贯穿于整个量刑活动过程之中。我国《刑法》第 61 条规定："对于犯罪分子决定刑罚的时候，应当根据犯罪的事实、犯罪的性质、情节和对于社会的危害程度，依照本法的有关规定判处。"根据这一规定，刑法理论将量刑的基本原则概括为：以犯罪事实为根据、以刑法为准绳。

（一）量刑必须以案件事实为根据

案件事实是指案件中客观存在的体现犯罪行为社会危害性程度以及犯罪人人身危险性大小的各种主客观事实情况。案件事实既有决定犯罪成立的事实（即犯罪构成要件事实），也包含单纯影响量刑轻重的事实。作为量刑根据的案件事实可以归纳为以下三个方面：

第一，犯罪的事实。这里的犯罪的事实主要是指犯罪构成要件的事实。这类犯罪事实首先是定罪的基础，由于定罪是量刑的前提，因此，构成要件事实也直接影响到刑罚适用的种类和轻重。

第二，犯罪的性质。从广义上讲，犯罪性质可以理解为不同犯罪之间相区别的本质属性，而犯罪的性质可以从不同的角度予以把握。如果着眼于犯罪构成的某个方面，犯罪的性质通常是指某一类犯罪的本质属性，即类罪的性质。譬如，着眼于犯罪的主观方面，可以将犯罪区分为故意犯罪与过失犯罪；着眼于犯罪侵犯的客体，可以将犯罪区分为危害国家利益的犯罪、危害社会公共利益的犯罪和危害公民个人利益的犯罪；着眼于犯罪的主体，可以将犯罪区分为身份犯和非身份犯；等等。如果着眼于犯罪构成的整体，犯罪的性质就是指各个具体犯罪的本质属性，即个罪的性质。由于罪名能够最直观地反映个罪性质的不同，因此，从某种程度上讲，犯罪的性质也可以理解为犯罪的名称，即罪名。不论是类罪的性质还是个罪的性质，均反映出不同犯罪的社会危害性的差异，因而刑法所确定的法定刑种类和轻重也各不相同。我国刑法分则主要根据犯罪行为所侵犯的同类客体，把犯罪分为十大类，在每一类中又设置了许多具体的罪名，并相应地规定了轻重有别的法定刑，如危害国家安全罪的法定刑一般都重于渎职罪的法定刑。在同类犯罪中，由于个罪的性质不同，法定刑的差别也较大，如侵犯公民人身权利、民主权利罪中的故意杀人罪的法定刑远远重于过失致人死亡罪的法定刑。因此，犯罪性质不仅是一个定罪问题，同时也是量刑首先必须考虑的前提问题。

第三，犯罪的情节。这里的犯罪情节，主要是指犯罪构成要件事实以外的其他能够影响量刑轻重的各种具体事实情况，即量刑情节。量刑情节较之犯罪事实的外延更为广泛，除了指犯罪中存在的事实情况之外，还包括案件发生前后所存在或者出现的各种影响量刑的事实情况，如累犯、自首、立功等。因此，同一性质的犯罪，由于情节不同，其社会危害程度以及被告人的人身危险性也有所不同，因而影响到量刑结果的不同。

《刑法》第61条中“对于社会危害程度”的规定，并不是一个独立于前三者的量刑根据，而是对前三者的总体评价，也就是通过对犯罪的事实、犯罪的性质、情节的全面考察，综合判断案件所具有的社会危害程度，从而为适当量刑提供完整的事实根据。

此外，国家的政治、经济形势，特别是社会治安形势对犯罪行为的社会危害性也有一定的影响。就同一种犯罪来说，即使案件事实、犯罪性质和情节相同或者相似，但是，在社会治安状况不同的情况下，犯罪的社会危害性也会呈现出程度上的差异。因此，社会形势一定程度上也能影响人民法院的量刑活动，当然这不是影响量刑的主要因素。

（二）量刑必须以刑法为准绳

查清犯罪事实是量刑适当的前提，要最终做到量刑适当，还必须严格依照刑法规定的各项量刑原则和具体要求。量刑必须以刑法为准绳是罪刑法定原则的必然要求。

刑法关于量刑制度和具体要求在刑法总则和刑法分则都有明确的规定。譬如，刑法总则规定的共同犯罪和未成年人犯罪的处罚原则，还有累犯、自首、立功制度等；我国刑法分则对每一种具体犯罪都规定了相应的刑罚种类及其幅度，在量刑时不得超越法定刑的范围。只有在具备法定的减轻处罚条件时，或者虽然没有法定减轻处罚条件，但经最高人民法院核准后，才能在法定刑以下适用刑罚。同时，在任何情况下，都不得高于法定刑范围和幅度对犯罪人裁量刑罚。

第二节　量刑的情节

广义的量刑情节是指一切影响刑罚轻重的各种主客观事实情况，狭义的量刑情节专指定罪情节以外的影响量刑轻重的事实情况。刑法理论通常把量刑情节分为法定量刑情节和酌定量刑情节两大类。

一、法定量刑情节

法定量刑情节可简称为法定情节，是指刑法或者有关司法解释中明文规定的量刑情节。根据量刑情节适用的范围，可以将法定情节分为刑法总则中的具有普遍适用意义的通用量刑情节和刑法分则中的个罪量刑情节。根据对犯罪人量刑轻重影响的方向及其程度，可将法定情节分为免除处罚情节、减轻处罚情节、从轻处罚情节和从重处罚情节。

所谓免除处罚情节，是指审判机关对犯罪人作有罪宣告，但免除其刑罚处罚所依据的事实情况。免除处罚情节包括应当免除处罚情节和可以免除处罚情节两类，前者如《刑法》第 24 条第 2 款关于没有造成损害的中止犯的规定，后者如《刑法》第 351 条第 3 款对非法种植毒品原植物在收获前自动铲除的处罚规定。

所谓减轻处罚情节，是指审判机关对犯罪分子在法定最低刑以下判处刑罚时所依据的事实情况。减轻处罚情节包括应当减轻处罚和可以减轻处罚两种情形，前者如《刑法》第 20 条第 2 款对防卫过当的规定，后者如《刑法》第 10 条对在国外犯罪，已在外国受过刑罚处罚的犯罪人的处罚规定。

所谓从轻处罚情节，是指人民法院对犯罪分子在法定刑的限度内处以较轻刑罚所依据的事实情况。从轻处罚情节有应当从轻处罚和可以从轻处罚两种情况。前者如《刑法》第 17 条第 3 款对未成年犯罪的处罚规定，后者如《刑法》第 19 条对又聋又哑或者盲人犯罪的处罚规定。

所谓从重处罚的情节，是指审判机关在法定刑的限度内对犯罪人处以较重刑罚所依据的事实情况。从重处罚情节均为应当从重处罚情况，例如，《刑法》第

29 条规定，教唆未满 18 周岁的人犯罪的应当从重处罚；又如，《刑法》第 237 条第 3 款规定，猥亵儿童的，分别依照前两款猥亵妇女罪从重处罚。这类规定均是法定的从重处罚情节，人民法院应当对上述犯罪分子在法定刑的限度内判处较重的刑罚。应当注意的是，从重处罚并不意味着一律处以该法定量刑幅度以内最重的刑罚，也不能划一条中线，处中线以上的刑罚就是从重，处中线以下的刑罚就是从轻。从重是根据犯罪的不同情节，在其基本犯罪情节的基础上选择较重的刑罚，其结果也可能在中线以下，但只要在其基本犯罪情节之上考虑了法定从重情节的因素，就是体现了依法从重。

需要说明的是，刑法常将应当从轻处罚、应当减轻处罚和应当免除处罚的情节规定在同一条款中，同样，刑法也常将可以从轻处罚、可以减轻处罚、可以免除处罚的情节规定在同一条款中，司法实践中，人民法院在量刑时究竟是对犯罪分子从轻处罚，还是减轻处罚或者免除处罚，应综合各方面的事实情况决定。

二、酌定量刑情节

酌定量刑情节可简称酌定情节，是指刑法没有明文规定的，由审判机关在司法实践中总结出来、符合立法精神的影响量刑轻重的事实情况。从司法实践看，常见的酌定情节主要有以下几种：

第一，犯罪动机。由于犯罪动机是引发犯罪行为的内在动因，反映着犯罪分子的主观恶性程度，因而在一定程度上影响着犯罪的社会危害性的大小。所以，犯罪动机往往成为量刑时考虑的一个重要的主观性事实情况。

第二，犯罪手段。犯罪手段虽然不是所有犯罪的构成要件事实，但往往成为影响犯罪危害性程度的客观事实。因此，犯罪手段是较为常见的一种量刑情节。一般来说，犯罪手段是否凶残、狡诈、恶劣，往往成为量刑时考虑的重要客观事实情况。

第三，犯罪的时间和地点。犯罪发生的时间和地点有时会直接影响到行为的社会危害性大小。例如，入户盗窃的危害性一般要大于扒窃行为，在光天化日之下实施的抢劫行为所具有的社会危害性要大于在深夜抢劫。因此，犯罪的时间、地点也是量刑时考虑的酌定情节。

第四，犯罪对象。犯罪对象的不同，也会在一定程度上影响到行为社会危害的程度。譬如，盗窃抗洪救灾物资的社会危害程度大于盗窃一般公私财物的社会危害程度，伤害孕妇的社会危害性比伤害一般人的社会危害性要大。但是，如果某一犯罪对象已成为犯罪构成要件时，就不再是量刑情节，而属于定罪事实。例如，拐卖妇女、儿童罪中的妇女和儿童就是本罪的对象要件，而非量刑情节。

第五，危害结果。危害结果的大小直接反映出行为的客观社会危害程度，因此是较为常见的一种量刑情节。应当注意的是，在有些犯罪中，危害结果属于犯罪构成要件事实。例如，过失致人重伤罪，重伤结果是构成该罪的必要条件，在这种情形下，危害结果不属于量刑情节，而是定罪事实。另外，在有些犯罪中危害结果已被刑法明文规定为加重法定刑的情节，这种情况下，危害结果属于法定量刑情节，而不是酌定量刑情节，如故意伤害罪中的重伤、死亡结果。

第六，犯罪前的一贯表现。这主要是指行为人平素品行如何、有无违法犯罪劣迹。虽然罪前的表现不是量刑的主要根据，但在一定程度上能够反映行为人的人身危险性大小和犯罪后改造的易难程度，因此，对量刑有一定的意义。一般说来，如果行为人在犯罪前一贯表现良好，表明其再犯可能性不大，悔过自新和改造较为容易，因而可以从宽处罚；如果行为人在犯罪前的一贯表现不良，有违法犯罪的劣迹，表明其人身危险性和改造难度较大，因而在量刑时可以考虑适当从重处罚。

第七，犯罪后的心理态度。行为人在犯罪后的心理态度在一定程度上反映了行为人的悔罪心理和改造易难程度，因此，行为人在犯罪后认罪、悔罪态度如何，有无忏悔的心理和表现、有无退赃、对行为造成的经济损失有无赔偿等，对于量刑会产生一定的影响作用。

第三节 累 犯

一、累犯的概念及种类

所谓累犯，是指因犯一定之罪而受过一定刑罚处罚，在刑罚执行完毕或赦免以后，在法定的期限内又犯一定之罪的犯罪人。在我国刑法中，累犯属于法定的从重处罚情节。对于累犯从重处罚的基本理由是，行为人没有收到刑罚教育改造的效果，其再次犯罪的可能性较大，所以应当加大对行为人的刑罚惩罚和教育的力度。根据《刑法修正案（八）》第 6 条和《刑法》第 65 条、第 66 条的规定，我国累犯分为一般累犯和特别累犯两种。所谓一般累犯，又称普通累犯，是指前罪和后罪都是或者其中之一是普通刑事犯罪的累犯。其中的前罪是指曾经被法院宣判过的犯罪，后罪是指正在被法院审理的犯罪；其中的普通刑事犯罪是指危害国家安全罪以外的所有犯罪。所谓特别累犯，是指前罪和后罪都是危害国家安全犯罪、恐怖活动犯罪、黑社会性质组织犯罪的累犯。

二、累犯的成立条件

（一）一般累犯的成立条件

《刑法修正案（八）》第 6 条规定：“被判处有期徒刑以上刑罚的犯罪分子，

刑罚执行完毕或者赦免以后，在五年以内再犯应当判处有期徒刑以上刑罚之罪的，是累犯，应当从重处罚，但是过失犯罪和不满十八周岁的人犯罪的除外。”根据这一规定，一般累犯的成立必须具备以下四个条件：

（1）主体条件。犯罪主体必须是犯罪时已年满 18 周岁的成年人，犯罪时未满 18 周岁的未成年人不能构成累犯。

（2）罪质条件。前罪与后罪都必须是故意犯罪。如果其中之一是过失犯罪，则不能成立累犯，而属于一般的再犯情形。

（3）刑罚条件。前罪必须是被判处有期徒刑以上刑罚，后罪也应当被判处有期徒刑以上刑罚。如果在前罪已经判处的刑罚和后罪所应判处的刑罚中有一个是有期徒刑以下刑罚的（不包括有期徒刑），则不能成立累犯。

（4）时间条件。后罪发生在前罪的刑罚执行完毕或者赦免以后 5 年之内。这里的刑罚执行完毕是指主刑执行完毕，不包括附加刑在内，附加刑是否执行完毕不影响累犯的成立。这里的赦免，是指国家在特定的时期针对一定的犯罪人或者一定的犯罪行为免除追诉或者刑罚执行的一项刑罚执行制度。

这里的 5 年是从前罪的刑罚执行完毕或赦免之日起计算。如果后罪发生在前罪刑罚执行期间，不构成累犯，而应实行数罪并罚。对于假释犯来说，如果后罪发生在假释考验期满后的 5 年内，则构成累犯；如果后罪发生在假释考验期内，则不构成累犯，而应撤销假释，实行数罪并罚。对于缓刑犯而言，如果在缓刑考验期满后又犯新罪的，不构成累犯，因为，缓刑期满的结果是原判刑罚不再执行，因而不存在刑罚执行完毕的问题，不具备累犯的成立条件；如果在缓刑考验期内又犯罪的，也不构成累犯，而应当撤销缓刑，实行数罪并罚。

（二）特别累犯的成立条件

《刑法修正案（八）》第 7 条规定：“危害国家安全犯罪、恐怖活动犯罪、黑社会性质的组织犯罪的犯罪分子，在刑罚执行完毕或者赦免以后，在任何时候再犯上述任一类罪的，都以累犯论处。”根据这一规定，特别累犯的构成条件要比一般累犯简单，只要具备罪质条件便可构成特别累犯，即前罪和后罪都是危害国家安全的犯罪、恐怖活动犯罪、黑社会性质的组织犯罪，除此之外，没有刑罚条件和时间条件的限制。因此，不论前罪与后罪的罪行严重程度如何，也不论前罪与后罪之间的间隔时间长短，都不影响特别累犯的成立。

三、累犯的处罚原则

根据《刑法》第 65 条第 1 款的规定，对累犯应当从重处罚。所谓应当从重处罚，包含两层含义：一是法院在量刑时必须从重处罚，二是相对于非累犯而言从重处罚。

第四节　自首与坦白

一、自首

（一）自首的概念和种类

根据《刑法》第 67 条第 1 款的规定，所谓自首，是指犯罪人在犯罪以后自动投案，如实供述自己所犯罪行的行为。在我国刑法中自首是一个法定从宽量刑情节，自首制度是一项重要的量刑制度，是惩办与宽大相结合的刑事政策在量刑活动中的具体体现。贯彻执行这一制度，对于争取、挽救、改造多数犯罪分子，孤立、打击、瓦解少数犯罪分子，提高诉讼效率，节省司法资源，正确、及时地处理刑事案件，发挥着极为重要的意义。

我国刑法中的自首包括一般自首和特别自首两种类型。所谓一般自首，是指犯罪人在犯罪以后自动投案，如实供述自己罪行的行为；所谓特别自首，是指被采取强制措施的犯罪嫌疑人、被告人和正在服刑的罪犯，如实供述司法机关尚未掌握的本人其他罪行的行为。

（二）一般自首的成立条件

第一，犯罪人在犯罪后自动投案。自动投案是成立自首的先决条件，它是指犯罪分子犯罪以后，尚未被司法机关追诉之前主动向司法机关投案的行为。自动投案包含以下两个基本内容：①投案的时间。自动投案行为必须发生在犯罪人被司法机关抓获以前。根据 1998 年 5 月 9 日最高人民法院《关于处理自首和立功具体应用法律若干问题的解释》第 1 条规定，自动投案是指犯罪事实和犯罪嫌疑人均未被司法机关发觉，或者虽被发觉，但犯罪嫌疑人尚未受到讯问、未被采取强制措施时，主动、直接向公安机关、人民检察院或者人民法院投案。②投案的场所。一般情况下，犯罪嫌疑人投案的场所是司法机关，包括公安机关、人民检察、人民法院。如果接受投案的司法机关不具有管辖权，接受投案的机关应当按照刑事诉讼法的规定将投案材料移送到有管辖权的司法机关。例如，人民法院不能直接受理尚未提起公诉的案件，若犯罪嫌疑人直接向人民法院投案的，人民法院应当首先接受投案材料，然后按照刑事诉讼法关于管辖权的规定，将投案材料移送到有管辖权的公安机关或人民检察院。

此外，为了鼓励犯罪人在犯罪后向司法机关主动投案自首，上述司法解释对投案的部门、投案的时间、投案的方式和途径等也作了放宽要求的规定，即只要有下列情形之一的，均视为自动投案：①犯罪嫌疑人向其所在单位、城乡基层组织或者其他有关负责人员投案的；②委托他人先代为投案或者先以信电投案的；③罪行尚未被司法机关发觉，仅因形迹可疑，被有关组织或者司法机关盘问、教育后主动交代自己的罪行的；④犯罪后逃跑，在被通缉、追捕过程中主动投案的；⑤经查实确已准备去投案或者正在投案中被公安机关捕获的；⑥并非出于犯罪嫌疑人主动而是经亲友规劝、陪同投案的；⑦公安机关通知犯罪嫌疑人的亲友或者亲友主动投案后，将犯罪嫌疑人送去投案的。但是，如果犯罪嫌疑人自动投案后又逃跑的，不能认定为自首。

第二，如实供述自己的罪行。根据上述司法解释规定，所谓如实供述自己的罪行，是指犯罪嫌疑人自动投案后，如实交代自己的主要犯罪事实。这里的主要犯罪事实，是指对于定罪或者量刑具有重要影响的犯罪事实和情节。对于犯有数罪的，如果犯罪嫌疑人只如实供述所犯数罪中部分犯罪的，只对如实供述部分的犯罪认定为自首。对于共同犯罪案件中的犯罪嫌疑人，除如实供述自己的罪行，还应当供述所知的同案犯，主犯则应当供述所知其他同案犯的共同犯罪事实，才能认定为自首。但是，如果犯罪嫌疑人自动投案并如实供述自己的罪行后又翻供的，不能认定为自首，但在一审判决前又能如实供述的，应当认定为自首。

（三）特殊自首的成立条件

根据《刑法》第 67 条第 2 款的规定，特殊自首的成立条件有两个：①自首人必须是被采取强制措施的犯罪嫌疑人、被告人或者正在服刑的罪犯；②自首人必须如实供述了司法机关尚未掌握的本人其他罪行。这里的其他罪行，是指与司法机关已掌握的或者判决确定的罪行属于不同种的罪行，如果所供述的罪行与司法机关已掌握的或者判决确定的罪行属于同种罪行的，不能按照自首论，但可以酌情从轻处罚；如实供述的同种罪行较重的，一般应当从轻处罚。

（四）自首的处罚原则

根据《刑法》第 67 条、第 68 条和《刑法修正案（八）》第 9 条的规定，对自首的处罚有以下两个原则：①一般情况下，对于自首的犯罪分子，可以从轻或者减轻处罚。其中，所谓可以，是指对于自首犯并非一律从宽处罚。但从立法的规定来看，是以从宽处罚为主，以不从宽处罚为例外，至于实际是否给予从宽处罚，要综合全案的犯罪事实、犯罪性质和情节。②对于犯罪较轻的自首犯，可以免除处罚。犯罪较轻是对自首犯予以免除处罚的前提。所谓犯罪较轻，理论上一般认为是指应当判处 3 年以下有期徒刑的犯罪。

二、坦白

所谓坦白，是指犯罪分子在被动归案后，如实交代自己被指控的犯罪事实的行为。可见，坦白和自首均可表现为行为人在犯罪后向司法机关如实交代所犯罪行的行为，两者的根本区别在于，犯罪分子归案和交代罪行是否主动。坦白是被动归案，交代所犯罪行也不象自首那样具有主动性，而带有一定的被迫性和被动性；自首表现为自动投案，主动供述自己的犯罪事实。特殊自首虽然没有自动投案的特征，但所供述的内容是司法机关尚未掌握的犯罪事实，而坦白所交代的则是司法机关已经发觉和掌握的罪行。

《刑法修正案（八）》第 8 条确立了坦白从宽的原则，具体表现在两个方面：①犯罪嫌疑人如实供述自己罪行的，可以从轻处罚；②因犯罪嫌疑人如实供述自己罪行，避免特别严重后果发生的，可以减轻处罚。

第五节　立　　功

一、立功的概念和类型

根据《刑法》第 68 条的规定，所谓立功，是指犯罪分子揭发他人犯罪行为，查证属实的，或者提供重要线索，从而得以侦破其他案件等其他行为。立功是我国刑法中的一个法定从宽量刑情节，立功从宽处罚制度是我国长期以来一直坚持的一项重要刑事政策，其意义在于提高诉讼效率，分化瓦解犯罪组织，激励犯罪分子悔过自新。

根据《刑法》第 68 条以及上述司法解释第 5 条规定，立功的类型主要有以下三种：①检举、揭发型立功。这是指犯罪分子到案后有检举、揭发他人犯罪行为，包括在共同犯罪案件中揭发同案犯的共同犯罪以外的其他犯罪，经查证属实的。②提供线索型立功。这是指犯罪分子到案后向司法机关提供侦破案件的重要线索，经查证属实的。③其他立功。这种立功主要包括：阻止他人犯罪活动的，协助司法机关抓捕其他犯罪嫌疑人（包括同案犯）的，具有其他有利于国家和社会的突出表现的等。

二、立功的处罚原则

根据《刑法》第 68 条和《刑法修正案（八）》第 9 条的规定，犯罪分子有立功表现的，可以从轻或者减轻处罚，有重大立功表现的，可以减轻或者免除处罚。所谓重大立功表现，是指下列情形之一的：①犯罪分子有检举、揭发他人重大犯罪行为，经查证属实的；②向司法机关提供侦破其他重大案件的重要线索，经查证属实的；③阻止他人重大犯罪活动的；④协助司法机关抓捕其他重大犯罪嫌疑人（包括同案犯）的；⑤对国家和社会有其他重大贡献等表现的。其中的“重大犯罪”、“重大案件”、“重大犯罪嫌疑人”的标准，一般是指犯罪嫌疑人、被告人可能被判处无期徒刑以上刑罚，或者案件在本省、自治区、直辖市或者全国范围内有较大影响等情形。

第六节　数罪并罚

一、数罪并罚的概念和特点

所谓数罪并罚，是指人民法院对一人犯数罪分别定罪量刑后，依照法定的原则将所犯的数罪进行合并处罚的一项量刑制度。根据《刑法》第 69 条、第 70 条、第 71 条以及《刑法修正案（八）》第 10 条的规定，数罪并罚制度具有以下三个特点：

（1）一人犯有数罪，这是实行数罪并罚的前提。所谓数罪，是指存在数个具备独立犯罪构成要件的犯罪。但不包括按法律规定以一罪处理的数罪情形，如惯犯，也不包括实践中按一罪处断的数罪情形，如连续犯、牵连犯、吸收犯等。

（2）所犯数罪发生在法定的期间内。根据刑法规定，只有当判决宣告以前或刑罚执行完毕以前，或者在缓刑、假释考验期内发现行为人犯数罪的，才实行数罪并罚。具体而言，实行数罪并罚的情形有以下三种：①判决宣告前一人犯数罪的；②判决宣告以后，刑罚执行完毕以前，发现有漏罪没有审判的；③判决宣告以后，刑罚执行完毕以前，犯罪人又犯新罪的。

（3）数罪并罚的原则和方法具有法定性。根据刑法规定，对于一人犯数罪的，应当先分别定罪量刑，然后依照法定的原则决定应当执行的刑罚。

二、数罪并罚的一般原则

所谓数罪并罚原则，是指对于一人所犯数罪进行合并处罚所依据的基本准则。纵观世界各国刑法的规定，数罪并罚原则主要有以下几种：

（1）并科原则，亦称相加原则。这是指对于一人所犯的数罪进行分别定罪量刑，然后将数罪所判处的刑罚合并执行。该原则在一定程度上体现了刑法的公正性和罪刑相适应原则的要求。但在很多情况下，这项原则是难以或者无法贯彻的。譬如，当数罪中最重刑是无期徒刑或者死刑时，合并执行全部刑罚是不现实的。再如，如果数个有期徒刑相加的刑期过长，就失去了执行的意义。因此，很少有国家单纯采取这一原则。

（2）吸收原则。这是指对于一人所犯的数罪，采取重罪主刑吸收轻罪主刑的合并处罚原则，其结果是只执行最重之罪的刑罚，不再执行其他较轻之刑。吸收原则在解决数罪中最重刑是无期徒刑或死刑时显示出合理性。但其弊端在于，不利于体现罪刑相适应原则，因此，并没有哪个国家单纯采取这项原则的。

（3）限制加重原则。这是指以数罪中的最重刑罚为基础，在一定限度内提高实际执行的刑罚期限的原则。该原则主要是解决有期自由刑的并罚情形，对于数罪中存在无期徒刑、死刑或者附加刑时，无法适用。因此，限制加重原则同样存在一定的局限性，单纯采取这项原则，也无法解决数罪并罚的所有情况。

由于每一项原则都有其合理之处，又存在自身的不足，因此，各国刑法一般都同时采取并科原则、吸收原则和限制加重原则，从而发挥各项原则所长，克服和弥补其中之不足。

三、中国刑法中的数罪并罚原则

《刑法修正案（八）》第 10 条规定："判决宣告以前一人犯数罪的，除判处死刑和无期徒刑的以外，应当在总和刑期以下、数刑中最高刑期以上，酌情决定执行的刑期，但是管制最高不能超过三年，拘役最高不能超过一年，有期徒刑总和刑期不满三十五年的，最高不能超过二十年，总和刑期在三十五年以上的，最高不能超过二十五年。数罪中有判处附加刑的，附加刑仍须执行，其中附加刑种类相同的，合并执行，种类不同的，分别执行。"从这一规定可以看出，我国刑法关于数罪并罚的原则是：以限制加重原则为主，兼采吸收原则和并科原则。

第一，主刑的吸收原则。如果数罪中最重刑是死刑或无期徒刑的，只执行死刑或无期徒刑，其他较轻的主刑被吸收而不再执行。如果有两个或两个以上的罪被判死刑，或者均为无期徒刑的，也只执行死刑或者无期徒刑。

第二，自由刑的限制加重原则。对于数罪之刑均为有期徒刑或者拘役、管制时，采取限制加重原则，具体而言：①如果数个主刑均为有期徒刑的，应当在总和刑期以下，数刑中最高刑期以上，酌情决定应当执行的刑期。对于有期徒刑总和刑期不满 35 年的，最高不能超过 20 年，总和刑期在 35 年以上的，最高不能超过 25 年。这里的"以上"包括本数，即包括总和刑期为 35 年的情形。②如果数个主刑均为拘役时，应当在总和刑期以下，数刑中最高刑期以上，酌情决定应当执行的刑期，但最高不能超过 1 年。③如果数个主刑均为管制的，应当在总和刑期以下，数刑中最高刑期以上，酌情决定应当执行的刑期，但最高不能超过

3年。对于数罪之刑同时存在有期徒刑、拘役和管制的情形，刑法对此没有明确规定，在理论上一般主张采取折算的方法予以解决，即拘役1日折算有期徒刑1日，管制2日折算有期徒刑或者拘役1日，在折合成的同种有期徒刑的基础之上，再按照限制加重原则决定应当执行的刑罚。

第三，附加刑的并罚原则。根据《刑法修正案（八）》第10条的规定可知，附加刑的并罚方法有两种：一是同种附加刑的并罚方法。对于附加刑种类相同的，应合并执行。这里存在三种情况，即都被判处财产刑；都被判处剥夺政治权利；都被判处驱逐出境。而对于同种附加刑的情况，有时需要采取吸收原则，有时则要采取并科原则。二是不同种附加刑的并罚方法。对于种类不同的附加刑，应分别执行。这里的“分别执行”，可以理解为采用并科原则。

四、不同数罪情形下的数罪并罚方法

根据《刑法修正案（八）》第10条以及《刑法》第70条、第71条的规定，对不同数罪的情形，实行数罪并罚时采取不同的方法。

（一）判决宣告以前一人犯数罪的并罚方法

所谓判决宣告以前一人犯数罪的情形，是指在判决已经宣告并发生法律效力之前，一人同时犯有两个或者两个以上独立的犯罪。这是最常见的一种数罪并罚的情形。对此，根据《刑法修正案（八）》第10条规定，判决宣告以前一人犯数罪的，除判处死刑和无期徒刑的以外，应当在总和刑期以下、数刑中最高刑期以上，酌情决定执行的刑期，但是管制最高不能超过3年，拘役最高不能超过1年，有期徒刑总和刑期不满35年的，最高不能超过20年，总和刑期在35年以上的，最高不能超过25年。数罪中有判处附加刑的，附加刑仍须执行，其中附加刑种类相同的，合并执行，种类不同的，分别执行。

这里存在一个值得研究的问题：当数罪是同种性质的犯罪时，是按一罪处罚还是按数罪并罚。对此，学界有不同的主张。第一种主张是“一罚说”，认为对于同种数罪的，应当按照一罪酌情从重处罚，而无须数罪并罚。第二种主张是“并罚说”，认为对于同种数罪的，应当实行并罚，主要理由是，我国刑法对于数罪并罚中的“数罪”并没有限制为“异种数罪”，因此不能将同种数罪的情形排除在数罪并罚之外。第三种主张是“折中说”，认为对于同种数罪，原则上应以一罪从重处罚，但是犯罪的法定刑过轻，按一罪处罚难以体现罪刑相适应原则的要求时，可以有限制地实行数罪并罚。我们赞同第三种主张。

（二）判决宣告以后刑罚执行完毕以前发现漏罪的并罚方法

所谓判决宣告以后，刑罚执行完毕以前发现漏罪的情形，简称“漏罪”情形，是指实际发生在原判决宣告之前，但直到原判决执行完毕前才发现的依法应当追诉的犯罪。根据《刑法》第70条规定，在判决宣告以后刑罚执行完毕以前，发现被判刑的犯罪分子在判决宣告以前还有其他罪没有判决的，应当对新发现的罪作出判决，把前后两个判决所判处的刑罚，依照《刑法修正案（八）》第10条的规定，决定执行的刑罚。已执行的刑期，应计算在新判决决定的刑期以内。这种并罚方法称为“先并后减”的方法，具体分为三个步骤：①对发现的漏罪进行审理并判处一定的刑罚；②按照一般数罪并罚的原则将原判决所确定的刑罚与漏罪判决所确定的刑罚实行并罚，由此决定并罚后应执行的刑罚；③在并罚后应执行的刑罚中减去原判刑罚中已经执行的刑期，最终的结果就是实际应当执行的刑罚。例如，甲犯抢劫罪被判处6年有期徒刑，在刑罚执行2年以后发现甲在被判抢劫罪之前还犯有盗窃罪。假设对漏判的盗窃罪判处5年有期徒刑，按照一般数罪并罚的原则，应先在6年以上11年以下决定应当执行的刑罚。假定合并后的结果是8年，由于甲已服刑2年，因此，甲实际应当服刑的期限还有6年。

（三）判决宣告以后刑罚执行完毕以前又犯新罪的并罚方法

所谓判决宣告以后刑罚执行完毕以前又犯新罪的情形，是指犯罪人在服刑期间又犯新罪的情形，对此，《刑法》第71条规定，判决宣告以后，刑罚执行完毕以前，被判刑的犯罪分子又犯罪的，应当对新犯的罪作出判决，把前罪没有执行的刑罚和后罪所判处的刑罚，依照《刑法修正案（八）》第10条的规定，决定执行的刑罚。这种并罚方法称为“先减后并”的方法，具体分为两个步骤：①对新犯的罪进行审理并判处一定的刑罚；②将新罪的刑罚与原判刑罚中尚未执行的余刑，按照数罪并罚的原则实行并罚，最终的结果就是实际应当执行的刑罚。例如，甲因犯抢劫罪被判处有期徒刑15年，执行10年后又犯故意伤害罪。假设对新犯的故意伤害罪判处有期徒刑12年。这样，应当将原判刑罚中还没有执行的5年刑期与新罪所判处的12年刑期实行并罚，即在12年以上17年以下决定某甲还应当服刑的刑期。“先减后并”比“先并后减”所确定的并罚结果明显要重，按照“先并后减”的并罚方法，犯罪人实际服刑的刑期一般不会超过20年，但是按照“先减后并”的方法并罚，犯罪人实际服刑的刑期可能会突破20年。就上例来看，假如并罚的结果是13年，那么，甲实际的服刑期为23年。

第七节　缓　　刑

一、缓刑的概念、性质和种类

（一）缓刑的概念

从各国刑法的规定来看，最广义的缓刑包括缓予起诉、刑罚暂缓宣告和刑罚暂缓执行三种类型。缓予起诉又称起诉犹豫，是指公诉机关认为被告人有罪的同时，附条件地不予起诉的一项诉讼制度；刑罚暂缓宣告又称宣告犹豫，是指法院对被告人确定有罪的同时，附条件地不予宣告刑罚的一项量刑制度；刑罚暂缓执行又称执行犹豫，是指对被告人定罪判刑的同时，附条件地不予执行原判刑罚的一项量刑制度。

我国刑法中的缓刑属于刑罚暂缓执行制度，其特点在于，保留了已宣告的刑罚执行的可能性，如果被判缓刑的犯罪人能够在判决所确定的一定考验期内遵守法定的要求和制度，考验期满后原判刑罚就不再执行；反之，如果违反了缓刑考验期的规定或者发现漏罪、重新犯罪的，原判刑罚将实际执行。缓刑的意义在于激发和提高犯罪人改过自新的积极性，缓解监狱的重负，避免短期自由刑的弊端，并充分利用社会资源对犯罪人实施矫正。

（二）缓刑的性质

缓刑不同于免除刑罚。免除刑罚，即免予刑事处分，是指法院对犯罪情节较轻的被告人只宣告犯罪的成立，但免除其刑罚处罚。而缓刑是对被告人宣告有罪的同时，还确定了一定的刑罚，只是暂不执行所判处的刑罚，而保留了执行刑罚的可能性。

缓刑不同于监外执行。监外执行并非是一种刑法实体上的裁量制度，而是因某种法定的特殊情况而变更刑罚执行场所的一项临时性刑罚执行措施。譬如，患某种严重疾病的罪犯、怀孕或者正在哺乳的女犯不宜在狱内服刑的，可以放到社会上服刑，一旦这些特殊情况消失后，则必须将犯罪人重新收监继续执行原判刑罚，但是，在监狱外的期间仍然计入所应执行的刑期。而缓刑是附条件的不执行所判刑罚的一项量刑制度，两者的目的和法律后果完全不同。

缓刑不同于死缓制度。死缓是指对判处死刑的犯罪人缓期 2 年执行，其虽然也是暂缓执行原判刑罚的一项制度，但它是专属死刑制度中的一项执行制度，不适用于其他刑种。而缓刑是适用于被判处 3 年以下有期徒刑和拘役的犯罪人，其所附的条件和法律后果均与死缓制度有重大的区别。

（三）缓刑的种类

我国刑法中的缓刑有两类：一是一般缓刑，二是战时缓刑。所谓一般缓刑，是指人民法院对于被判处拘役、3 年以下有期徒刑的犯罪分子，并符合一定条件的，确定一定的考验期，如果犯罪分子在考验期内没有发生法律规定的应当撤销缓刑的事由，原判刑罚就不再执行的制度。所谓战时缓刑，对于被判处 3 年以下有期徒刑的没有现实危险的军人，暂不执行所判刑罚，允许其戴罪立功，确有立功表现时，可以撤销原判刑罚，不以犯罪论处的一项量刑制度。一般缓刑与战时缓刑的主要区别在于法律后果不同，前者在缓刑考验期满之后原判刑罚不再执行，但并不消除原判决所宣告的犯罪；后者在缓刑结束后不仅原判刑罚不再执行，而且也不以犯罪论处。

二、一般缓刑

（一）一般缓刑的适用条件

根据《刑法修正案（八）》第 11 条和 12 条规定，一般缓刑的适用条件有三个：

第一，对象条件。缓刑适用的对象必须是被判处拘役或者 3 年以下有期徒刑的犯罪分子。缓刑只能适用于罪行较轻的犯罪人，这是缓刑适用的一项基本原则。一般说来，被判处拘役或 3 年以下有期徒刑的犯罪人属于轻刑犯，其人身危险性一般较小，放到社会上监督改造，不致于对社会有太大的危险。

第二，实质条件。这是适用缓刑的主要依据。根据《刑法修正案（八）》第 11 条的规定，只有同时具备以下几个方面的具体条件，才符合适用缓刑的实质条件：①犯罪情节较轻；②有悔罪表现；③没有再犯罪的危险；④宣告缓刑对所居住社区没有重大不良影响。

第三，排除条件。对于累犯和犯罪集团的首要分子，不适用缓刑。累犯和犯罪集团的首要分子不仅具有较深的犯罪主观恶性，而且人身危险较大，适用缓刑难以防止其再犯罪，故刑法排除对累犯和犯罪集团的首要分子适用缓刑。

根据《刑法修正案（八）》第 11 条的规定，对于符合上述三项条件的犯罪分子可以宣告缓刑，对于符合上述三项条件但不满 18 周岁的未成年犯、怀孕的女犯和已满 75 周岁的老年犯人，则应当宣告缓刑。

（二）一般缓刑的考验期

缓刑的考验期，是指对宣告缓刑的犯罪分子进行考察的一定期限。缓刑的考验期是缓刑制度的重要组成部分，人民法院在对犯罪分子判处刑罚并宣告缓刑的同时，应根据刑法的规定，结合案件的具体情况，确定适当的考验期限。根据《刑法》第73条的规定，缓刑考验期如下：①拘役的缓刑考验期为原判刑期以上1年以下，但是不能少于2个月。②有期徒刑的缓刑期为原判刑期以上5年以下，但是不能少于1年。缓刑考验期从判决发生法律效力之日起计算，判决前先行羁押的日期，不予折抵缓刑考验期。

在确定考验期时应注意以下两点：其一，缓刑考验期的长短应参照原判刑期的长短确定，可以等于或适当长于原判刑期，但不能短于原判刑期，也不宜超过原判刑期的一倍；其二，在确定具体的缓刑考验期时，应根据犯罪情节和犯罪分子的个人情况依法确定。

（三）一般缓刑的考察

第一，遵守法院作出的禁止令。根据《刑法修正案（八）》第11条规定，对于被宣告缓刑的犯罪分子，可以根据犯罪情况，同时禁止其在缓刑考验期限内从事特定活动，进入特定区域、场所，接触特定的人。

第二，遵守刑法的规定。根据《刑法》第75条的规定，被宣告缓刑的犯罪分子，应遵守下列规定：①遵守法律、行政法规，服从监督；②按照考察机关的规定报告自己的活动情况；③遵守考察机关关于会客的规定；④离开所居住的市、县或者迁居，应当报经考察机关批准。

第三，接受社区矫正。根据《刑法修正案（八）》第13规定，对于宣告缓刑的犯罪分子，在缓刑考验期限内，依法实行社区矫正，如果没有《刑法》第77条规定的情形，缓刑考验期满，原判的刑罚就不再执行，并公开予以宣告。

（四）一般缓刑考验的后果

根据《刑法》第77条和《刑法修正案（八）》第11条的规定，缓刑考验的法律后果有三种：

第一，在符合下列条件时，不再执行原判刑罚：①在缓刑考验期内，犯罪分子未再犯新罪；②在缓刑考验期内，未发现判决宣告前还有其他未判决的罪行；③在缓刑考验期内，犯罪分子没有违反法律、行政法规或者国务院有关部门关于缓刑的监督管理规定且情节严重的行为。在这种情形下，犯罪人被视为未执行过刑罚的人，以后再犯此罪的也不构成累犯。

第二，如果宣告缓刑的犯罪分子在缓刑考验期间，违反法律、行政法规或者国务院有关部门关于缓刑的监督管理规定，或者违反人民法院判决中的禁止令，情节严重的，应撤销缓刑，执行原判刑罚。

第三，被宣告缓刑的犯罪分子，在缓刑考验期限内犯新罪或者发现判决宣告以前还有其他罪没有判决的，应当撤销缓刑，对新犯的罪或者新发现的罪作出判决，把前罪和后罪所判处的刑罚，依照《刑法修正案（八）》第10条的规定，实行数罪并罚。

三、战时缓刑

（一）战时缓刑的适用条件

根据《刑法》第449条规定，战时缓刑的适用条件有三个：

第一，时间条件，即犯罪的时间和审判的时间正处于战时。所谓战时，根据《刑法》第451条的规定，是指国家宣布进入战争状态、部队受领作战任务或者遭敌突然袭击时。部队执行戒严任务或者处置突发性暴力事件时，以战时论。

第二，对象条件，即只能适用于被判处3年以下有期徒刑的犯罪军人。

第三，实质条件，即必须在战时宣告缓刑没有现实危险的。是否有现实危险，可以从犯罪的性质、情节、造成的危害结果，以及被告人犯罪后的悔罪态度和犯罪前的一贯表现等方面进行综合考察。

（二）战时缓刑的考察和法律后果

战时缓刑考察的内容是被告人在战时具有立功表现。如果被告人具有立功表现，则原判刑罚不再执行，并且也不以犯罪论处；反之，如果被告人没有立功表现，甚至有其他违法犯罪行为的，应撤消缓刑，执行原判刑罚或者实行数罪并罚。

［复习题］

（1）简述法定量刑情节与酌定量刑情节的概念。

（2）累犯的成立条件有哪些？

（3）自首的成立条件是什么？

(4) 对于漏罪和新罪的数罪并罚方法有何不同?

(5) 一般缓刑的适用条件有哪些?

[相关法规和司法解释]

(1) 最高人民法院《关于处理自首和立功具体应用法律若干问题的解释》

(2) 最高人民法院研究室《关于如何理解犯罪嫌疑人自动投案的有关问题的答复》

(3) 最高人民法院《关于撤销缓刑时罪犯在宣告缓刑前羁押的时间能否折抵刑期问题的批复》

(4) 最高人民法院《关于对贪污、受贿、挪用公款犯罪分子依法正确适用缓刑的若干规定》

(5) 最高人民法院《关于缓刑考验期内表现好的罪犯可否缩减其缓刑考验期限的批复》

(6) 最高人民法院《关于对数罪中有判处无期徒刑以上刑罚的案件如何实行数罪并罚的通知》

(7) 最高人民法院《关于在附加剥夺政治权利执行期间重新犯罪的被告人是否适用数罪并罚问题的批复》

(8) 最高人民法院《关于判决宣告后又发现被判刑的犯罪分子的同种漏罪是否实行数罪并罚问题的批复》

(9) 最高人民法院、最高人民检察院、公安部、司法部《关于开展社区矫正试点工作的通知》

第十六章　刑罚执行制度

【重点提示】

- 减刑的适用条件
- 假释的适用条件
- 假释的考察

第一节　刑罚执行制度概述

一、刑罚执行的概念

刑罚执行，简称为行刑，是指由刑罚执行机关将已经发生法律效力的刑事裁判所确定的刑罚付诸实施的一项刑事司法活动。其中，主要包括减刑和假释两项刑罚执行制度。刑罚执行具有以下几个方面的特征：

第一，刑罚执行是国家刑事司法活动中的一个有机组成部分。刑事司法活动是指国家刑事司法机关依法进行的追究犯罪人刑事责任的一项司法活动。一个完整的刑事司法活动由刑事司法审判活动（包括刑事侦查、起诉、审判三个阶段）和刑罚执行活动两个方面组成。其中，刑事司法审判活动的基本任务在于确定犯罪嫌疑人、被告人刑事责任的有无及其大小，它始于刑事侦查活动，经过起诉、刑事审判两个基本环节，最终以发生法律效力的刑事裁判作为刑事司法审判活动结束的标志。刑罚执行活动是继刑事司法审判活动之后进行的实现生效刑事裁判所确定的犯罪人刑事责任的关键环节。刑事司法审判活动与刑罚执行活动是前后相继、相对独立，又相互依存、相互制约的两个刑事司法活动，刑罚执行活动是整个刑事司法活动的目的得以实现的最终保障。

第二，刑罚执行的主体是国家专门的刑罚执行机关。刑罚执行权属于国家刑罚权的有机组成部分，由国家的专门机关行使，其他任何机关、单位和个人均无权行使和干涉。根据相关法律法规的规定，有权行使刑罚执行权的机关有司法行政机关、公安机关、人民法院和狱政管理机关。其中，司法行政机关主要负责管制刑、剥夺政治权利刑、缓刑和假释的执行，公安机关主要负责拘役刑的执行，人民法院主要负责罚金、没收财产刑以及死刑立即执行的执行，狱政管理机关主要负责有期徒刑、无期徒刑以及死刑缓期 2 年执行的执行。

第三，刑罚执行的依据是人民法院依法作出的发生法律效力的包含刑罚内容的有罪裁判。人民法院作出的生效刑事判决或者裁定（简称裁判）标志着刑事司法审判活动的终结，从刑事审判活动的最终结果来看，刑事裁判包括有罪裁判和无罪裁判两大类。只有生效的有罪裁判才意味着刑事被告人是犯罪人，并应当承担一定的刑事责任。刑事责任的实现方式主要有两种：一是定罪判刑，即确定被告人的行为构成犯罪，同时判处被告人一定的刑罚处罚，这是刑事责任最普遍的一种实现途径；二是定罪免刑，即在确定被告人的行为构成犯罪的同时，免除被告人刑罚处罚，同时可以判定被告人一定的非刑罚处罚措施，譬如，予以训诫、责令具结悔过、赔礼道歉、赔偿损失，或者建议主管部门予以行政处罚或者行政处分。刑罚执行活动所依据的有罪刑事裁判只能是定罪判刑的裁判，即包含刑罚内容的有罪裁判。凡是无罪裁判或者定罪免刑的裁判均不能引起刑罚执行活动。

二、刑罚执行的原则

刑罚执行的原则是指刑罚执行机关在刑罚执行过程中应当遵循的基本准则。根据我国刑法的规定和司法实践，一般认为刑罚执行的原则主要有教育原则、个别化原则、社会化原则、人道主义原则等。

教育原则是指在刑罚执行过程中以预防犯罪为目的，通过刑罚的执行对犯罪人以及社会公众均起到积极的教育作用。其中，对受刑人的教育是刑罚执行的核心内容。当然，刑罚的教育功能并不排斥刑罚的惩罚属性，只有将刑罚的惩罚性与教育功能有机地结合，才能更有效地发挥刑罚的教育功能。刑罚的执行必然会给受刑人带来一定的精神痛苦和利益损失，这本身就是对犯罪人进行的一种深刻的教育过程。同时，在犯罪人承受刑罚的过程中，刑罚执行部门和人员通过对犯罪人开展思想道德教育、心理矫正、文化教育、生产技能培训等工作，促使受刑人能够改过自新，树立遵纪守法观念，重新做守法的公民。

个别化原则，也称区别对待原则，是指在刑罚执行过程中根据各个受刑人的不同情况，采取相应的处罚与教育措施，即因人施刑、因人施教，从而有效地发挥刑罚的教育和改造功能，以实现刑罚特殊预防的目的。所谓受刑人的不同情况，是指受刑人的性别、年龄、性格、文化程度、犯罪类型、人身危险性程度等诸多情形。

社会化原则是指在刑罚执行过程中充分利用社会资源、调动社会力量参与对受刑人进行矫正，从而使受刑人更易于回归社会，融入正常的社会生活，不致重新犯罪。因此，执行刑罚工作的主体不是单一的国家刑罚执行部门，而应当是全社会共同关注和协作的一项系统工程；刑罚执行的场所不应当是单一的封闭型监狱，而应当建立开放或者半开放式的社会矫正场所，为犯罪人回归社会创造条件；刑罚的执行工作不应当截止于刑罚执行完毕，而应当将安置、帮教刑满释放人的工作作为刑罚执行工作的必要延伸。

人道主义原则是指在刑罚执行过程中对受刑人所采取的各种执行措施都应符合人道主义精神。譬如，应当尊重犯罪人的人格和名誉，不得羞辱、虐待受刑人员，死刑执行方法应当人道化，对监禁的罪犯实施最低生活保障，对少年犯、老病残犯、怀孕或哺乳的女犯给予特殊的待遇，在财产刑的执行中适当考虑受刑人的基本生活的需要，等等。

第二节　减　　刑

一、减刑的概念和性质

所谓减刑，是指对于被判处自由刑的犯罪人，根据其服刑期间的悔改和立功表现，适当地减轻原判刑罚的一项刑罚执行制度。减刑制度能够有效地鼓励犯罪人积极改过自新、争取立功表现，因此，减刑制度是实现刑罚特别预防目的的重要手段，是惩罚与教育相结合刑事政策的充分体现。

减刑不同于减轻处罚。减刑是一种刑罚执行制度，并不是改变原判刑罚，而是在原判刑罚所确定的刑期基础上做适当的缩减，减刑的依据是犯罪人服刑中的悔改和立功表现；减轻处罚属于量刑制度，是指人民法院在审判过程中对具备法定减轻处罚情节的，在法定最低刑以下判处刑罚，减轻处罚的依据是犯罪人的犯罪情节。

减刑不同于改判。改判是指对已生效的刑事判决，由于认定的事实或者所依据的证据确有错误，或者所适用法律确有错误，而通过再审程序对其错误予以纠正。因此，改判的目的在于纠正原判决的错误。减刑是在原判决的基础上，根据犯罪人的悔改或者立功表现适当缩减原判决所确定的刑期，减刑的幅度受到原判决确定的刑罚制约，减刑的目的在于激励犯罪人悔改和立功，实现刑罚特殊预防的目的。

二、减刑适用的条件

根据《刑法》第 78 条规定，适用减刑必须符合以下两个条件：

第一，对象条件，即减刑只适用于被判处自由刑的犯罪人，具体而言，是指被判处管制、拘役、有期徒刑、无期徒刑的犯罪人。被判处财产刑、资格刑或者死刑的犯罪人不属于减刑的范畴。对于被判处自由刑的犯罪人来说，不论原罪的性质如何、轻重程度、刑期长短，都可以成为减刑的对象。

第二，实质条件，即减刑只适用于在刑罚执行过程中确有悔改表现或者立功表现的犯罪人。所谓确有悔改表现，是指犯罪人在刑罚执行期间能够认真遵守监规，接受教育改造，确实存在悔罪和改过的表现。根据最高人民法院 1997 年 11 月8 日《关于办理减刑、假释案件具体应用法律若干问题的规定》第 1 条第 1 项规定，同时具备以下四种情形的，应当属于“确有悔改表现”：①认罪服法；②认真遵守监规，接受教育改造；③积极参加政治、文化、技术学习；④积极参加劳动，爱护公物，完成劳动任务。

所谓立功表现，是指犯罪人在服刑期间做出一些有利于国家和社会的行为。根据上述司法解释第 1 条第 2 项规定，具有下列情形之一的，属于“立功表现”：①检举、揭发监内外犯罪活动，或者提供重要的破案线索，经查证属实的；②阻止他人犯罪活动的；③在生产、科研中进行技术革新，成绩突出的；④在抢险救灾或者排除重大事故中表现积极的；⑤有其他利于国家和社会的突出事迹的。

此外，根据《刑法》第 78 条的规定，下列 6 种情形之一的，属于“重大立功表现”：①阻止他人重大犯罪活动的；②检举监狱内外重大犯罪活动，经查证属实的；③有发明创造或者重大技术革新的；④在日常生产、生活中舍己救人的；⑤在抗御自然灾害或者重大事故中有突出表现的；⑥对国家和社会有其他重大贡献的。

三、减刑的限度

减刑并不是对原判决的否定，而是在原判刑期基础上作适当的缩减，因此，减刑的幅度受到原判刑期的制约。根据《刑法修正案（八）》第 15 条的规定，减刑以后实际执行的刑期是：①判处管制、拘役、有期徒刑的，不能少于原判刑期的 1/2；②判处无期徒刑的，不能少于 13 年；③人民法院依照《刑法》第 50 条第 2 款规定限制减刑的死刑缓期执行的犯罪分子，缓期执行期满后依法减为无期徒刑的，不能少于 25 年，缓期执行期满后依法减为 25 年有期徒刑的，不能少于 20 年。

另外，根据上述司法解释的规定：①对确有悔改或者立功表现的有期徒刑罪犯，一般一次减刑不超过 1 年有期徒刑。②确有悔改并有立功表现，或者有重大立功表现的，一般一次减刑不超过 2 年有期徒刑。③被判处 10 年以上有期徒刑的罪犯，如果悔改表现突出，或者有立功表现的，一次减刑不得超过 2 年有期徒刑；悔改表现突出并有立功表现的，或者有重大立功表现的，一次减刑不得超过 3 年有期徒刑。④对犯罪时未成年的罪犯的减刑，可以比照成年罪犯适度减刑。

对确有悔改或者立功表现的无期徒刑罪犯，服刑两年后可以减刑。一般可以减为 18 年以上 20 年以下有期徒刑；对于重大立功表现的，可以减为 13 年以上

18 年以下有期徒刑。

在有期徒刑罪犯减刑时，对附加剥夺政治权利的刑期可以酌减。酌减后剥夺政治权利的期限最短不得少于 1 年。对于宣告缓刑的罪犯，一般不适用减刑。如果在缓刑考验期有重大立功表现的，可以予以减刑，同时缩减其缓刑考验期。

四、减刑的程序

根据《刑法》第 79 条规定："对于犯罪分子的减刑，由执行机关向中级以上人民法院提出减刑建议书。人民法院应当组成合议庭进行审理，对确有悔改或者立功事实的，裁定予以减刑。非经法定程序不得减刑。"同时，根据《刑事诉讼法》第 222 条规定，人民检察院认为人民法院的减刑裁定不当的，应当在收到裁定书副本后 20 日内，向人民法院提出书面纠正意见。人民法院应当在收到纠正意见书后 1 个月内重新组成合议庭进行审理，作出最终裁定。

五、减刑后刑期的计算

原判刑罚的种类不同，减刑后刑期的计算方法也各不相同。根据《刑法》第 80 条的规定及立法精神，对于被判处管制、拘役、有期徒刑的罪犯，减刑后的刑期从原判刑罚执行之日起计算，原判刑期已执行的刑期应当计入减刑后的刑期之内。对于被判无期徒刑减为有期徒刑的，从裁定减刑之日起计算，已执行的刑期不计入减刑后的刑期之内。

第三节　假　　释

一、假释的概念和性质

所谓假释，是指对被判处有期徒刑和无期徒刑的罪犯，在执行一定刑期以后，基于法定的情形，附条件地将罪犯提前释放的一项刑罚执行制度。假释是世界各国刑事立法中普通采用的一种刑罚执行制度，对于激励犯罪人自我改造，预防再犯具有积极的意义。

假释与监外执行不同。两者虽然都是刑罚执行制度，都是把正在服刑的犯罪人放到监狱之外，但假释是涉及实体处理的一种刑罚执行制度，而监外执行只是监禁刑的一种变通执行方法，二者在适用条件和适用方式及法律后果上有明显区别。①从适用条件来看，监外执行是适用于因服刑人身体患有严重疾病需保外就医等情形，假释是适用于服刑表现好的犯罪人；②从适用方式来看，被监外执行的犯罪人需提供保证，在监外执行期间，一般无须由专门机关进行监督，而假释是附条件的提前释放，即在释放后的一定期间内需对假释的罪犯进行监督考察；③从法律后果来看，监外执行的犯罪人在监外执行的期间计入服刑期，一旦监外执行事由消除而服刑期间未满时，应收监继续执行，而假释的犯罪人在假释考验期间内，符合法定条件的，即认为其原判刑罚已经执行完毕。

假释不同于缓刑。虽然两者都是附条件地不执行一定的刑罚，但假释属于刑罚执行制度，而缓刑属于刑罚裁量制度。两者在适用对象及法律后果方面均不相同。①从适用对象来看，缓刑是适用于被判3年以下有期徒刑或拘役的犯罪人，而假释适用于被判有期徒刑和无期徒刑且正在服刑的犯罪人；②从法律后果来看，缓刑是附条件地不执行原判刑罚，而假释是附条件地不执行余刑。缓刑考验期满后，原判刑罚就不再执行，假释考验期满后，视为原判刑罚已经执行完毕。

假释不同于减刑。①从适用对象来看，减刑适用于正在服刑中的被判无期徒刑、有期徒刑、拘役、管制的犯罪人，而假释适用于有期徒刑和无期徒刑的犯罪人；②从适用的条件来看，减刑适用的条件是有悔改表现或者立功表现，而假释适用的条件是有悔改表现；③从法律后果来看，减刑是不附任何条件的直接缩减原判刑罚的刑期，减刑不可逆转，而假释是附条件地减少原判刑罚的实际执行期限，假释可以撤销。

二、假释的适用条件

根据《刑法修正案（八）》第16条规定：“被判处有期徒刑的犯罪分子，执行原判刑期二分之一以上，被判处无期徒刑的犯罪分子，实际执行十三年以上，如果认真遵守监规，接受教育改造，确有悔改表现，没有再犯罪的危险的，可以假释。如果有特殊情况，经最高人民法院核准，可以不受上述执行刑期的限制。对累犯以及因故意杀人、强奸、抢劫、绑架、放火、爆炸、投放危险物质或者有组织的暴力性犯罪被判处十年以上有期徒刑、无期徒刑的犯罪分子，不得假释。对犯罪分子决定假释时，应当考虑其假释后对所居住社区的影响。”根据该条的规定，适用假释的条件可归纳为四个：

第一，对象条件，即假释只适用于被判处有期徒刑和无期徒刑的犯罪人。

第二，时间条件，即假释必须是在罪犯已经执行了一部分刑罚之后才能适用。在假释制度中设置时间条件，是为了确保对正在服刑的犯罪人有足够的时间进行考察，以便准确判断犯罪人是否确有悔改表现，同时，也是为了使被假释的犯罪人实际服刑期间不至于脱离原判刑期太远，以维护原判决的严肃性。假释的时间条件具体是指，被判有期徒刑的罪犯，执行原判刑期1/2以上，被判无期徒刑的罪犯，实际执行13年以上，才能适用假释。此外，根据最高人民法院《关于办理减刑、假释案件具体应用法律若干问题的规定》第15条规定，对死刑缓期执行罪犯减为无期徒刑或者有期徒刑后，符合刑法规定的，可以假释。但是，上述期限不是绝对的，如果有特殊情况，经最高人民法院核准，可以不受上述执行期间的限制。这是时间条件中的一个例外。所谓特殊情况，根据上述司法解释第11条规定，是指有国家政治、国防、外交等方面特殊需要的情况。

第三，实质条件，这是对正在服刑的罪犯是否适用假释的主要依据。具体是指犯罪分子能够认真遵守监规，接受教育改造，确有悔改表现，没有再犯罪的危险的，才能适用假释。此外，对犯罪分子决定假释时，还应当考虑其假释后对所居住社区的影响。

(4) 排除条件。对累犯以及因故意杀人、强奸、抢劫、绑架、放火、爆炸、投放危险物质或者有组织的暴力性犯罪被判处10年以上有期徒刑、无期徒刑的犯罪分子，不得假释。累犯因其人身危险性较大，不具备假释的实质条件，故意杀人、强奸、抢劫、绑架、放火、爆炸等暴力性犯罪被判10年以上有期徒刑、无期徒刑的犯罪人，已经给社会和公民造成了极为严重的危害，为有效地对这类罪犯进行改造，并避免适用假释而再次严重危害社会，因而排除适用假释。

三、假释的决定程序

根据《刑法》第82条规定，对于犯罪分子的假释，依照《刑法》第79条规定的程序进行，具体程序是，由监狱执行机关报送假释建议书和相关材料，由中级以上人民法院组成合议庭对材料进行审查，并作出是否准许假释的裁定。

四、假释的考验

(一) 假释的考验期

假释是附条件地提前释放罪犯，所附的条件就是对假释犯进行一定期限的考察，并保留剩余刑（指有期徒刑）或原判刑（指无期徒刑）执行的可能性。如果被假释的犯罪分子能够遵守法律的规定，并继续保持良好表现，考验期届满，视为刑罚已执行完毕。为了便于对被假释犯的监督，同时又不使其终身受监督，就必须对被假释犯设立一定的考验期间。根据《刑法》第83条的规定，被判处有期徒刑的假释考验期间为其原判刑的剩余刑期，被判无期徒刑的假释考验期间为10年。假释考验期从假释之日起计算。

（二）假释考验的内容

根据《刑法修正案（八）》第17条的规定，对假释的犯罪分子，在假释考验期限内，依法实行社区矫正，如果没有出现《刑法》第86条规定的情形，假释考验期满，就认为原判刑罚已经执行完毕，并公开予以宣告。

根据《关于开展社区矫正试点工作的通知》的规定，对被假释的犯罪人，由司法行政机关予以监督。监督的主要内容是被假释的犯罪人在考验期内应当遵守《刑法》第84条规定的四项内容：①遵守法律、行政法规，服从监督；②按照监督机关的规定报告自己的活动情况；③遵守监督机关关于会客的规定；④离开所居住的市、县或者迁居，应当报经监督机关批准。

五、假释的撤销及处理

假释的可逆转性，即依法定情形可以撤销假释，是假释制度的一大特点。根据《刑法》第86条及《刑法修正案（八）》第18条的规定，撤销假释的事由有三项：①被假释的犯罪分子在假释考验期内又犯新罪；②被假释的犯罪分子在假释考验期内发现有漏判的罪行；③被假释的犯罪分子在假释考验期限内有违反法律、行政法规或者国务院有关部门关于假释的监督管理规定的行为，尚未构成犯罪的。

假释依法被撤销以后，原判刑罚要继续执行，执行期间以原判刑罚为准，不受经过多长考验期间的影响。如果是又犯新罪或者发现有漏判罪行的，应当依照数罪并罚的原则处理。不构成犯罪或没有漏罪但有其他违法违规行为的，应依法撤销假释，重新收监执行。

［复习题］

（1）减刑适用的条件是什么？

（2）假释适用的条件是什么？在什么情况下可以撤销假释？

［相关法规和司法解释］

（1）最高人民法院《关于办理减刑、假释具体应用法律若干问题的规定》

（2）最高人民法院《关于办理假释案件几个问题的意见（试行）》

第十七章　刑罚的消灭

【重点提示】

- 刑罚消灭事由的种类
- 时效的概念和种类
- 追诉时效的延长和中断

第一节　刑罚消灭概述

一、刑罚消灭的概念

所谓刑罚消灭，是指基于法定的或者事实的原因，致使代表国家的司法机关不能对犯罪人行使具体的刑罚权。刑罚消灭具有如下特征：

第一，刑罚消灭是以行为人的行为构成犯罪并应当给予刑罚处罚或者正在执行刑罚为前提，即只有在刑罚存在的前提下，才谈得上刑罚消灭的问题。具体分为两种情况：①行为人的行为已构成犯罪，司法机关应当追究其刑事责任并应适用刑罚而尚未适用的；②已经对犯罪人判处刑罚但尚未执行或正在执行之中的。如果行为人的行为不构成犯罪，则刑罚根本不存在，就无刑罚消灭的问题。

第二，刑罚消灭是代表国家的司法机关丧失对犯罪人行使具体的刑罚权。刑罚权是国家对犯罪人实行刑罚惩罚的权力，包括制刑权、求刑权、量刑权和行刑权。制刑权是指国家通过立法机关创制刑罚的权力；求刑权是指请求对犯罪人予以刑罚惩罚的权力，又称起诉权，起诉权又分为公诉和自诉两种；量刑权是审判机关裁量决定刑罚的权力；行刑权是国家对犯罪人执行刑罚的权力。刑罚消灭不可能是制刑权的消灭，只能是求刑权、量刑权或行刑权的消灭。例如，犯罪已过追诉时效的，求刑权会消灭；在审判期间被告人死亡的，量刑权会消灭；在刑罚执行过程中遇到特赦的，行刑权会消灭。

第三，刑罚消灭必须存在某种法定的或者事实的原因。引起刑罚消灭的原因可分两类：一类是法定原因，即法律明确规定的能够引起刑罚消灭的原因，如超过追诉时效、赦免等。在这种情况下，刑罚权的行使虽然在客观上是可能的，但由于法律的规定而不再行使。另一类是事实上的原因，即由于某种特定事实的出现导致刑罚权的行使在客观上不可能，如犯罪人死亡，使刑罚的对象不存在，自然导致刑罚权的消灭。

二、刑罚消灭事由的种类

如上所述，刑罚消灭包括求刑权的消灭、量刑权的消灭和行刑权的消灭三种，因此刑罚消灭的事由可分为三类，即求刑权消灭事由、量刑权消灭事由、行刑权消灭事由。刑罚消灭的具体事由可归纳如下：

第一，超过追诉时效。犯罪发生后，司法机关在法律规定的追诉时效期限内未追诉的，追诉期限届满，求刑权归于消灭。

第二，犯罪人死亡。如果犯罪人在起诉前死亡的，求刑权消灭；如果犯罪人在审判过程中死亡的，量刑权消灭；如果犯罪人在刑罚执行过程中死亡的，尚未执行的刑罚的行刑权消灭。

第三，告诉才处理的犯罪，有告诉权的人不予告诉或者撤回告诉。对于告诉才处理的犯罪，如果有告诉权的人没有告诉，即使在追诉期限内，法院亦不能主动追究，量刑权不能行使。这种情况严格说来并不是求刑权消灭，只是求刑权没有行使。在自诉人基于某种原因于判决前撤回告诉的，审判机关不得再继续审理该案，量刑权随撤回告诉而消灭。

第四，行为构成犯罪，但行为之后法律已废除该罪。依照行为时法，行为构成犯罪，但行为后法律已废止该行为构成犯罪的，如果是在起诉前废止的，则求刑权消灭；如果是在审理期间废止的，则量刑权消灭；如果判决确定后法律才废止的，行刑权不能消灭，所判处的刑罚应当执行。

第五，大赦。犯罪人所犯之罪被追诉前即被大赦的，求刑权消灭；犯罪人已被起诉，但在判决确定前被大赦的，量刑权消灭；犯罪人在刑罚执行期间被大赦的，其罪之宣告与刑之执行均消灭。

第六，特赦。特赦只适用于正在执行刑罚的犯罪分子，因此特赦只导致行刑权的消灭。

第七，缓刑。被宣告缓刑的犯罪人在缓刑考验期限内没有出现撤销缓刑的法定情形，缓刑考验期满后，原判刑罚即不再执行，行刑权便归于消灭。

第八，假释。被假释的犯罪人在假释考验期限内没有发生撤销假释的法定事由，假释考验期满，即视为刑罚已经执行完毕，行刑权归于消灭。

第九，减刑。犯罪人被宣告减刑的，减去的那部分刑罚的行刑权归于消灭。

第十，减免刑罚执行。我国《刑法》第 53 条规定，犯罪人如果由于遭遇不能抗拒的灾祸缴纳罚金确实有困难的，可以酌情减少或者免除。当罚金被依法减少或者免除缴纳时，被减免的部分或全部的罚金刑的行刑权消灭。

第二节 时　　效

一、时效概述

（一）时效的概念

所谓时效，是指刑事法律规定的国家对犯罪人行使刑罚请求权或刑罚执行权的有效期限，分为追诉时效和行刑时效。所谓追诉时效，是指刑法规定的请求对犯罪人追究刑事责任的有效期限。在追诉时效期限内，公诉机关或者自诉人有权请求法院追究犯罪人的刑事责任，超过追诉时效，公诉机关或者自诉人不得再请求追究犯罪人的刑事责任。不过，对于公诉案件，追诉是从侦查机关对犯罪嫌疑人采取强制措施开始的，只要对犯罪嫌疑人采取强制措施是在追诉时效期限内，就应当认为没有超过追诉时效，公诉机关就有权请求对犯罪嫌疑人追究刑事责任。所谓行刑时效，是指刑法规定的对被判处刑罚的人执行刑罚的有效期限。在行刑时效期限内，刑罚执行机关有权执行刑罚，超过行刑时效，刑罚执行机关不得再执行刑罚。可见，即使已经作出罪刑宣告，如果超过行刑时效，行刑机关也不能行使行刑权，行刑权归于消灭。

大多数国家既规定了追诉时效，也规定了行刑时效，但我国刑法只规定了追诉时效，没有规定行刑时效。

（二）追诉时效的意义

第一，追诉时效有利于实现刑罚的目的。刑罚的目的是预防犯罪，如果犯罪分子在犯罪之后的相当长时间没有再犯罪，说明其已经改恶从善，人身危险性已经消除，如果仍对其进行追诉，从特殊预防来看，已无必要；就一般预防而言，犯罪已过去那么久，早已为社会所淡忘，也很难收到适用刑罚的效果。另外，由于追诉时效中断的规定，促使犯罪分子在追诉时效期限内不再犯罪，起到了特殊预防的作用。

第二，追诉时效有利于司法机关集中精力打击现行犯罪。犯罪后未被追诉的案件，一般都是一些比较疑难的案件，当时尚且没有侦破，而随着时间的推移和环境变迁，各种证据及相关材料的调查和搜集更加困难，侦查、起诉或审判更难以进行。如果不规定追诉时效，司法机关就不得不无限期地面临“无头案”的困扰；有了追诉时效的规定，司法机关就可以摆脱陈年旧案的拖累，节约大量的人力、物力和财力，从而将有限的司法资源用在当前案件的办理上，更有效地打击现行犯罪。

第三，追诉时效有利于社会的安定团结。对超过追诉时效的犯罪不再追诉，一方面，使被害人和犯罪人之间已经稳定的关系不因旧事重提而再度陷入紧张；另一方面，使犯罪分子不再因担心被追究刑事责任而无法正常工作和生活，有利于其更好地承担其家庭和社会的责任。

二、追诉时效的期限

（一）追诉时效期限的划分

关于追诉时效的期限，各国刑法规定的不尽相同，有的以犯罪为标准规定追诉时效期限，有的以刑罚为标准规定追诉时效期限，有的以犯罪与刑罚两方面内容为标准规定追诉时效期限，我国刑法是以法定刑为标准规定追诉时效期限。根据《刑法》第 87 条的规定，追诉时效期限划分为四个档次：①法定最高刑为不满 5 年有期徒刑的，其追诉时效期限为 5 年。②法定最高刑为 5 年以上不满 10 年有期徒刑的，其追诉时效期限为 10 年。③法定最高刑为 10 年以上有期徒刑的，其追诉时效期限为 15 年。④法定最高刑为无期徒刑、死刑的，其追诉时效期限为 20 年。如果 20 年以后认为必须追诉的，须报请最高人民检察院核准。

法定刑的高低是与犯罪的社会危害性及人身危险性的大小相一致的，追诉时效期限的长短由法定刑的高低来决定，使得追诉时效期限的长短与犯罪的社会危害性和人身危险性的大小相一致。社会危害性越大、人身危险性越大，追诉时效期限就越长，反之则越短，因此，以法定最高刑为标准是比较科学和合理的。

（二）追诉时效期限的确定

如果所犯之罪的刑罚只规定了一个量刑幅度，只要按该量刑幅度的最高刑确定追诉时效期限即可，但是，如果所犯之罪的刑罚有几个量刑幅度，如何认定追诉时效的期限，则存在不同的意见。一种意见认为，应按刑法规定的该罪的法定最高刑为标准确定追诉时效期限，即一个罪尽管有几个量刑幅度，但只有一种追诉时效期限。例如，刑法规定的故意伤害罪的法定最高刑是死刑，不论伤害行为造成轻伤、重伤或者死亡，都应按死刑这一标准确定追诉时效期限。但是，这一观点无视同一性质的犯罪行为之间社会危害性的巨大差异，有违追诉时效期限长短应与犯罪行为的社会危害性大小相一致的原理。另一种意见认为应按照该行为所应当适用的某一量刑幅度的最高刑为标准确定追诉时效期限。例如，故意伤害行为造成轻伤对应的法定刑是3年以下有期徒刑、拘役或者管制，造成重伤对应的法定刑是3年以上10年以下有期徒刑，造成死亡对应的法定刑是10年以上有期徒刑、无期徒刑或者死刑。因此，上述三种伤害行为对应的法定最高刑分别是3年有期徒刑、10年有期徒刑和死刑，相应的追诉时效期限应当是5年、15年和20年。这一观点考虑了不同行为的社会危害性的大小，符合刑法关于追诉时效期限的立法精神和相关司法解释的规定。最高人民法院《关于适用刑法第十二条几个问题的解释》第2条规定："如果刑法规定的某一犯罪只有一个法定刑幅度，法定最高刑或者最低刑是指该法定刑幅度的最高刑或者最低刑；如果刑法规定的某一犯罪有两个以上的法定刑幅度，法定最高刑或者最低刑是指具体犯罪行为应当适用的法定刑幅度的最高刑或者最低刑。"据此，追诉时效期限的确定可以分以下三种情况：

（1）所犯之罪的刑罚分别由几条或者几款规定了几个量刑幅度时，按照具体犯罪行为应当适用的条或款所规定的最高刑确定追诉时效期限。例如，破坏交通工具罪的刑罚分别规定在《刑法》第116条和第119条，第116条规定，尚未造成严重后果的，处3年以上10年以下有期徒刑；第119条规定，造成严重后果的，处10年以上有期徒刑、无期徒刑或者死刑。当犯罪人所犯的破坏交通工具罪符合第116条的规定时，其法定最高刑为10年有期徒刑，追诉时效期限为15年;符合第119条的规定时，其法定最高刑是死刑，追诉时效期限为20年。

（2）所犯之罪由同一条文规定了几个量刑幅度时，按照具体犯罪行为应当适用的某个量刑幅度的最高刑确定追诉时效期限。

（3）所犯之罪的刑罚只有一个量刑幅度时，按照该量刑幅度的最高刑来确定追诉时效期限。例如，《刑法》第235条规定的过失致人重伤罪只有一个量刑幅度，即3年以下有期徒刑或者拘役，其最高法定刑为3年有期徒刑，追诉时效期限为5年。

为了促进祖国的和平统一，对于去台人员过去在祖国大陆所犯罪行是否追诉的问题，最高人民法院与最高人民检察院于1988年3月14日和1989年9月7日两次发布公告明确指出：①去台人员在中华人民共和国成立前在大陆所犯罪行，根据刑法关于追诉时效规定的精神不再追诉。②去台人员在中华人民共和国成立后，犯罪地地方人民政权建立前所犯罪行，不再追诉。③去台人员在中华人民共和国成立后，犯罪地地方人民政权建立前犯有罪行，并连续或继续到当地人民政权建立后的，追诉期限从犯罪行为终了之日起计算。凡超过刑法规定的追诉时效期限的，不再追诉。

三、追诉期限的计算

根据《刑法》第89条的规定，追诉期限的计算分为两种情况：

（1）一般犯罪追诉期限的计算。根据《刑法》第 89 条第 1 款的规定，追诉期限从犯罪之日起计算。所谓犯罪之日，应理解为犯罪成立之日，即行为符合犯罪构成之日。这里的犯罪构成既可以是既遂犯的犯罪构成，也可以是未完成形态的犯罪构成，还可以是共同犯罪形态的犯罪构成。因此，所成立的犯罪既可以是既遂犯，也可以是未遂犯、中止犯、预备犯，还可以是共同犯罪。由于不同犯罪的构成要件存在差异，其“犯罪成立之日”的具体认定标准也不尽相同。例如，行为犯的犯罪成立之日为犯罪行为实施完毕之日或停止之日，结果犯的犯罪结果发生之日为既遂形态的犯罪成立之日，其犯罪行为停止之日为未遂形态的犯罪成立之日。

（2）连续犯和继续犯追诉期限的计算。根据《刑法》第 89 条第 1 款的规定，连续犯和继续犯的追诉期限应从犯罪行为终了之日起计算。由于连续犯或继续犯的犯罪成立之日往往早于犯罪行为终了之日，因此，其追诉期限应从犯罪行为终了之日起开始计算。例如，非法拘禁罪是继续犯，如果对被害人非法拘禁长达 1 年之久，其追诉期限应从非法拘禁行为结束之日开始计算。

四、追诉时效的中断和延长

（一）追诉时效的中断

所谓追诉时效的中断，是指在追诉期限内，因发生法律规定的事由，而使以前所经过的时效期限归于无效，追诉期限重新计算的制度。我国《刑法》第 89 条第 2 款规定：“在追诉期限以内又犯罪的，前罪追诉的期限从犯后罪之日起计算。”因此，在追诉期限内又犯罪的，是追诉时效中断的事由，前罪的追诉期限应从后罪成立之日起重新开始计算，并且这种中断可以是多次。例如，行为人于 2000 年 1 月 1 日故意伤害致人轻伤的，其追诉时效期限是 5 年，如果不犯后罪，追诉期限至 2004 年 12 月 31 日。如果行为人于 2004 年 12 月 1 日又犯盗窃罪，使得其原来的故意伤害罪的追诉期限从 2004 年 12 月 1 日起重新计算，即追诉期限至 2009 年 11 月 30 日。当然后罪也有其追诉时效期限，且不受前罪时效的影响。

（二）追诉时效的延长

所谓追诉时效的延长，是指在追诉时效期限内，因发生法律规定的事由，致使追诉期限无限延长的制度。我国刑法规定了两种追诉时效延长的情况。

第一，《刑法》第 88 条第 1 款规定：“在人民检察院、公安机关、国家安全机关立案侦查或者人民法院受理案件以后，逃避侦查或者审判的，不受追诉期限的限制。”这种情况的追诉时效的延长必须具备两个条件：①案件已被侦查机关立案侦查或者已被人民法院受理。所谓立案侦查，主要是指立案，立案是侦查阶段的开始，是案件进入刑事诉讼程序的起点和标志。所谓人民法院已经受理，是指人民法院已经接受自诉人的自诉或者人民检察院的公诉。②行为人实施了逃避侦查或者审判的行为。所谓逃避侦查或者审判的行为，是指通过逃跑或者藏匿等手段，使侦查或者审判无法进行的行为。如果侦查机关根本没有发觉、怀疑行为人，即便行为人外出进行躲避，也没有妨碍侦查机关的侦查活动，追诉时效不能延长。

第二，《刑法》第 88 条第 2 款规定：“被害人在追诉期限内提出控告，人民法院、人民检察院、公安机关应当立案而不予立案的，不受追诉期限的限制。”这种情况的追诉时效的延长必须具备两个条件：①被害人在追诉期限内向有关机关提出了控告，即只要被害人在追诉期限内向人民法院、人民检察院、公安机关提出了控告，而不管该机关是否具有管辖权，都可以引起诉讼时效的延长。根据刑事诉讼法规定，当有关机关接到控告后，不管有无管辖权，都应当接受，然后转到有管辖权的机关处理。因此，即使被害人向无管辖权的上述机关进行控告，也可以引起诉讼时效的延长。②人民法院、人民检察院、公安机关应当立案而不予立案。所谓应当立案，是指根据刑事法律的规定，符合立案的条件。不予立案的原因可能多种多样，无论什么原因都不影响追诉时效的延长。

第三节　赦　　免

一、赦免的概念和种类

所谓赦免，是指国家对于犯罪分子宣告免除其罪或者免除其刑罚的一部或者全部的制度。赦免包括大赦和特赦两种。所谓大赦，是指国家对某一时期内犯有一定罪行的不特定犯罪分子免予追诉和免除刑罚执行的制度。大赦的对象既可以是国家某一时期的各种或者特定罪行的犯罪人，也可以是某一地区的全体犯罪人，还可以是参与某一事件的所有犯罪人。大赦既赦免其刑，亦赦免其罪，即被赦免的犯罪人既不受刑罚处罚，也不存在犯罪的记录。所谓特赦，是指国家对特定的犯罪分子免除其部分刑罚或者全部刑罚的制度。特赦的对象是特定的犯罪分子，其效果只是刑罚的减免而不消灭犯罪记录。

大赦和特赦的区别主要有三点：①赦免对象不同。大赦的对象是不特定的，范围广，也可以是某一特定事件的全体犯罪分子；特赦只限于特定的犯罪分子。②赦免效力不同。大赦既赦其刑，亦赦其罪；特赦只赦其刑，不赦其罪。因此大赦后再犯罪的不构成累犯，特赦后再犯罪的，如果符合累犯条件，可构成累犯。③赦免程序不同。大赦通常要经过立法程序，制定法律；特赦一般无须经过如此严格的程序，通常经由一定的机关、团体或者个人提出申请，有特赦权的国家元首、政府首脑决定即可实行。

二、中国的特赦制度及其特点

我国 1954 年宪法对大赦和特赦均作了规定，并将大赦的决定权赋予全国人民代表大会，将特赦的决定权赋予全国人民代表大会常务委员会，大赦令和特赦令均由国家主席发布。但之后的宪法包括现行宪法都只规定了特赦，而没有规定大赦。我国现行宪法规定的特赦，由全国人大常务委员会决定，由国家主席发布特赦令。

自 1959 年以来，我国先后实行了七次特赦：第一次是 1959 年 9 月 17 日，在新中国成立 10 周年大庆前夕，对确实改恶从善的蒋介石集团和伪满洲国的战争罪犯、反革命罪犯和普通刑事犯适用了特赦，是特赦对象最广的一次。第二次、第三次特赦分别于 1960 年 1 月 19 日和 1961 年 12 月 16 日实行，对象是确实改恶从善的蒋介石集团和伪满洲国战争罪犯。第四次、第五次、第六次特赦分别于 1963 年 3 月 30 日、1964 年 12 月 12 日、1966 年 3 月 29 日实行，对象是确实改恶从善的蒋介石集团、伪满洲国和伪蒙疆自治政府的战争罪犯。最后一次是 1975 年 3 月 17 日，对经过较长期间关押和改造的全部战争罪犯实行特赦。从我国实行的七次特赦来看，具有如下特点：

第一，特赦的对象不是针对个别罪犯，而是以一类或几类犯罪分子为对象。七次特赦基本是对成批的战争罪犯实行，只在第一次特赦中包括了反革命罪犯和普通刑事罪犯。这表明我国的特赦主要着眼于国家政治形势发展的需要，着眼于最广泛的民主统一战线的建立。

第二，特赦的条件是罪犯需要经过一定时间的关押和改造，并且确实改恶从善的。对于虽被宣告判处刑罚但尚未执行刑罚的罪犯不在特赦之列；对于虽然执行了一定的刑期但没有改恶从善的，也不在特赦之列。这既体现了惩办与宽大相结合、惩办与改造相结合的刑事政策，又体现了特赦制度与刑罚执行的目的性的统一。

第三，根据罪犯的罪行轻重和悔改表现区别对待。对罪行较轻所判刑罚轻的罪犯，予以释放；对罪行重所判刑罚较重的罪犯，只予以减轻刑罚。

第四，特赦的效力只及于刑罚不及于罪，即特赦的效力只是免除执行剩余的刑罚或者减轻原判刑罚，不是免除执行全部刑罚，更不是宣告其罪归于消灭。

第五，实行特赦的程序比较严格。每次特赦都是由全国人民代表大会常务委员会根据中共中央或者国务院的建议作出决定，再由最高人民法院和高级人民法院负责执行。在设有国家主席期间，均由国家主席颁布特赦令。

[复习题]

(1) 刑罚消灭的事由有哪些?

(2) 简述时效的概念和分类。

(3) 如何确定追诉时效的期限?

(4) 如何理解追诉时效的中断和延长?

[相关法规和司法解释]

最高人民法院《关于人民法院审判严重刑事犯罪案件中具体应用法律的若干问题的答复(三)》